Der ärztlich assistierte Suizid

RECHT & MEDIZIN

Herausgegeben von den Professoren
Dr. Erwin Deutsch, Dr. Adolf Laufs, Dr. Hans-Ludwig Schreiber

Bd./Vol. 82

PETER LANG
Frankfurt am Main · Berlin · Bern · Bruxelles · New York · Oxford · Wien

Amelia Kuschel

Der ärztlich assistierte Suizid

Straftat oder Akt der Nächstenliebe

PETER LANG
Europäischer Verlag der Wissenschaften

Bibliografische Information der Deutschen Nationalbibliothek
Die Deutsche Nationalbibliothek verzeichnet diese Publikation in der Deutschen Nationalbibliografie; detaillierte bibliografische Daten sind im Internet über <http://www.d-nb.de> abrufbar.

Zugl.: Göttingen, Univ., Diss., 2005

D 7
ISSN 0172-116X
ISBN-10: 3-631-55159-2
ISBN-13: 978-3-631-55159-2

www.peterlang.de

In Liebe meinen Eltern

„Das Leben muss man das ganze Leben lang lernen,
und was Dich vielleicht noch mehr erstaunen mag,
das Leben lang muss man das Sterben lernen.“
Seneca (ca. 4 v. Chr. – 65 n. Chr.)

Vorwort

Bei der vorliegenden Arbeit handelt es sich um eine Dissertation, die im Juli 2005 der Juristischen Fakultät der Georg-August-Universität zu Göttingen vorgelegt wurde.

Sehr herzlich danke ich meinem verehrten Doktorvater, Herrn Professor Dr. Dr. h.c. Hans-Ludwig Schreiber, für die Anregung zu dieser Arbeit sowie für die Förderung und Aufnahme selbiger in diese Schriftenreihe; vor allen Dingen aber danke ich ihm für die hervorragende und überaus freundliche Betreuung des Promotionsvorhabens.

Mein Dank gilt zudem Herrn Professor Dr. Harald Bogs für die zügige Erstellung des Zweitgutachtens.

Danken möchte ich ferner dem Hauptgeschäftsführer des Arbeitgeberverbandes Mitte e.V., Herrn Clemens Freiherr von Wendt, dem Präsidenten des Arbeitgeberverbandes Mitte e.V., Herrn Joachim Tonollo, dem Präsidenten des Verbandes der Metallindustriellen Niedersachsens, Bezirksgruppe Süd e.V., Herrn Herbert Hohmann, dem geschäftsführenden Gesellschafter der HKS-Unternehmensgruppe, Herrn Heiko Keilholz sowie Herrn Dr. jur. Reinhard Göhner, Hauptgeschäftsführer der Bundesvereinigung der Arbeitgeberverbände, für ihre verständnisvolle und ermutigende Begleitung während der Abfassung der Promotionsschrift.

Besonderer Dank gilt nicht zuletzt meinem wundervollen Partner, Professor Dr. med. Friedrich Knollmann, für seine aufrichtige und bedingungslose Liebe.

Vor allem aber und von ganzem Herzen danke ich meinen Eltern, Waltraut und Hans-Jürgen Kuschel. Sie haben mich nicht nur stets selbstlos unterstützt, sondern mir mit ihrem stetigen Rückhalt letztlich alles erst ermöglicht. Meinen Eltern sowie meinem Bruder Alexander Kuschel widme ich diese Arbeit.

Inhaltsverzeichnis

A. Einführung

Das Verbot der aktiven Sterbehilfe in der Bundesrepublik Deutschland einerseits und das Bedürfnis nach einer für alle Beteiligten und vor allem für alle Betroffenen befriedigenden Lösung für die Praxis andererseits geben immer wieder Anlass zur Diskussion über die strafrechtlichen Grenzen der Sterbehilfe, nicht nur in Deutschland. Nicht zuletzt die immer weiter fortschreitende Entwicklung der modernen Medizin und ihre Möglichkeiten, Leben zu erhalten und zu verlängern, münden - neben dem erfreulichen Aspekt des Besiegens oder Aufhaltens von Krankheiten – immer häufiger in der Frage, ab wann die Schwelle zu einer *„aufgedrängten Lebensverlängerung“*, die eher einem Dahinvegetieren denn einem lebenswerten Leben noch entspricht, überschritten ist.

Bei uneingeschränkter Anwendung aller zur Verfügung stehenden medizinischen Möglichkeiten drängt sich vermehrt der Eindruck auf, der Patient werde in sklavischer Beflissenheit der Mediziner, alles zur Erhaltung des Lebens Mögliche zu unternehmen, zu einem bloßen Objekt der modernen Medizin. Den behandelnden Ärzten ist hier angesichts der rechtlichen Unsicherheiten freilich kein Vorwurf zu machen.

Entwickelt bzw. vielmehr verändert hat sich aber auch die grundsätzliche Einstellung zu Leben und Sterben. Nahm man früher eine zum Tode führende Krankheit als von Gott bzw. der Natur auferlegtes Schicksal hin und fand darin einen letzten, tragenden Sinn, so wird heute verbreitet nur ein uneingeschränktes, leidfreies, glückliches Leben als sinnvoll akzeptiert[1]. Der heute immer mehr in den Hintergrund gedrängte Glaube gab früher dem Leiden, das oftmals unverständlich und sinnlos erscheint, seinen Sinn: Denn es ist Teilnahme am Leiden Jesu Christi selbst (vgl. Kol. 2, 24). So sagte auch der Apostel Paulus von sich: *„Christus will ich erkennen und die Macht seiner Auferstehung und die Gemeinschaft mit seinem Leiden; sein Tod soll mich prägen“* (Phil 3, 10)[2]. Heute ist aber vor allem angesichts der Fortschritte in der Medizin der Tod nur noch selten das natürliche Ende des Lebenslaufes, sondern immer mehr eine bewusste Entscheidung.

Hauptproblem ist rechtlich gesehen zum einen die Abgrenzung der strafbewehrten Mittäterschaft einer Selbsttötung gegenüber der (nur) straflosen Teilnahme daran und zum anderen die juristische Grauzone, die sich aus dem Konflikt der ärztlichen Hilfeleistungspflicht einerseits und dem grundrechtlich viel-

---

1 Schreiber NStZ 1986, 337, 337

2 Z.B. auch nachlesbar unter: Evangelische Kirche in Deutschland – Eine Textsammlung kirchlicher Erklärungen, Januar 2003, Gemeinsame Texte 17 – www.ekd.de/EKD-Texte/2064_sterbebegleitung_sterbehilfe_3.html

fältig ausgestalteten Selbstbestimmungsrecht des Patienten andererseits ergibt. Während ersteres Problem einen langjährigen juristischen Streitstand betrifft, bezeichnet letzteres eine gegenwärtige Unsicherheit, die sich vor allem in der Ärzteschaft auswirkt. Diese Grauzone wird angesichts der heute immer rasanteren Entwicklung in der Medizin zudem ständig größer. So entspricht es zwar ärztlichem Selbstverständnis, bei einem bewusstlosen oder sonst urteilsunfähigen Patienten die zu leistende Hilfe auf die Erhaltung des Lebens auszurichten, solange bei einem dem Tode nahen Kranken oder Verletzten Aussichten auf Besserung bestehen[3]. Dennoch hat der Bundesgerichtshof immerhin eingeräumt, der Arzt dürfe berücksichtigen, dass es keine Rechtsverpflichtung zur Erhaltung eines erlöschenden Lebens um jeden Preis gebe[4]. Zum ärztlichen Aufgabenbereich gehöre nämlich auch die Beachtung des Selbstbestimmungsrechts des Patienten[5]. Fraglich ist hierbei aber, welche Bedeutung dem vom Patienten vorher erklärten Willen zukommt.

Hierzu sei an den jüngsten Fall passiver Sterbehilfe erinnert. Die Amerikanerin Terri Schiavo lag im Alter von 41 Jahren seit 15 Jahren, nachdem sie mit Herzversagen zusammengebrochen und ihr Gehirn hierdurch zeitweise von der Sauerstoffversorgung abgeschnitten war, in einem wachkomaähnlichen Zustand. Es waren keinerlei Gehirnfunktionen zu verzeichnen, sie gab aber Laute von sich, atmete selbständig, drehte den Kopf und öffnete auch die Augen. Ihre sie pflegenden Eltern sagten, Terri wusste, wenn sie sie besuchen kamen, merkte und signalisierte das auch. Ihr Ehemann dagegen hatte eine Gerichtsentscheidung erwirkt, aufgrund derer die künstliche Ernährung eingestellt wurde, so dass sie nur mit Flüssigkeitszufuhr in ca. 2 Wochen verhungert sein sollte. Terri habe – so behauptete er – immer gesagt, sie wolle nicht durch medizinische Apparaturen am Leben gehalten werden und dahinvegetieren. Eine schriftliche Erklärung der Wachkomapatientin gab es nicht.

Zweifelhaft ist gerade in einem solchen Fall, ob sich eine so junge (Mitte 20), bis zum Zeitpunkt ihres Zusammenbruchs gesunde Frau, wirklich ernsthaft mit dem Thema Sterben befasst hat oder, ob es sich nicht vielmehr um eine allgemein gehaltene, grundsätzliche Diskussion gehandelt oder – auch diese Möglichkeit ist zu beachten – ob es von Terri tatsächlich überhaupt eine solche Äußerung gegeben hat. Letztere beiden Varianten klingen bedauerlicherweise wahrscheinlicher. Man kann wohl nur in absoluten Ausnahmefällen davon ausgehen, dass sich ein kerngesunder, dem durchschnittlichen Sterbealter noch weit

---

3 vgl. II c der vom Vorstand der Bundesärztekammer verabschiedeten Richtlinien für die Sterbehilfe und II Satz 2 des hierzu vom Vorstand veröffentlichten Kommentars, beides abgedruckt im Dt. Ärztebl. 1979, 957 ff.

4 BGHSt 32, 367, 379

5 BVerfGE 52, 131, 170

entfernter Mensch bereits ernsthaft vorgestellt hat, wie er sich entscheiden würde, wenn er vor der Wahl des Weiterlebens oder Sterbens stünde, zumal diese Situation schließlich auch nicht pauschal im Vorhinein beantwortet werden kann, sondern im Idealfall erst dann abschließend durchdacht werden kann, wenn alle Umstände des konkreten Einzelfalls bekannt sind. Wie Terri sich tatsächlich entschieden hätte für den Fall, dass sie nicht unter Schmerzen leidend, sondern eben „*nur*" im Koma liegend über lange Zeit auf Pflege angewiesen ist, kann wohl jedenfalls nicht aus einer solchen angeblichen Äußerung ihrerseits abgeleitet werden. Es drängt sich außerdem der Verdacht auf, dass es ihrem Ehemann – zumindest auch – um Geld geht. Ihm sollen angeblich 1 Mio. $ Schmerzensgeld zustehen; die Auszahlung soll aber durch Terri`s Tod bedingt sein. Zudem lebte Terri's Ehemann bereits in einer neuen Partnerschaft. Eine Scheidung von Terri kam wohl aus religiösen Gründen für ihn nicht in Betracht. Terri's Vater hatte in einer verzweifelten Fernsehansprache „*von Vater zu Vater*" George Bush um Hilfe gebeten. Eine erneute Gerichtsentscheidung hatte die gerichtliche Verfügung zunächst aufgehoben; Terri durfte – zumindest vorerst – weiterleben und von ihren Eltern umsorgt werden.

Dies war aber nicht umsonst eines der langwierigsten und heikelsten Verfahren in der amerikanischen Rechtsgeschichte[6]: Im Oktober 2003 wurde in einem Eilverfahren ein Gesetz beschlossen, das dem Gouverneur die Möglichkeit gab, auf unbestimmte Dauer zu verhindern, dass einem Patienten im Wachkoma, der keine Patientenverfügung verfasst hat, die künstliche Ernährung und Versorgung mit Flüssigkeit vorenthalten wird, wenn ein Familienmitglied sich gegen diesen Entzug ausgesprochen hat. Diese Voraussetzungen lagen im Fall Schiavo vor. Da das Gesetz aber nur 15 Tage in Kraft war, so dass es auch nur in diesem einen Fall, in dem der Rechtsweg zu diesem Zeitpunkt ausgeschöpft war, Anwendung fand, hatte ein erstinstanzliches Gericht es als verfassungswidrig eingestuft. Es sei ein Einzelfallgesetz, das zudem noch die Gewaltenteilung suspendiere, indem es den Gouverneur ermächtigte, trotz eines abschließenden Urteils eine gerichtlich angeordnete Maßnahme, den Abbruch der Ernährung und Flüssigkeitsversorgung, zu suspendieren. In mehr als zwanzig gerichtlichen Entscheidungen in den vergangenen sieben Jahren wurde wieder und wieder dem Ehemann, Michael Schiavo, der mittlerweile mit seiner neuen Lebenspartnerin zwei Kinder hat, das Recht zugesprochen, über das Los seiner Frau zu entscheiden[7]. Nachdem Richter George Geer aus Florida angeordnet hatte, die künstliche Ernährung abzubrechen und am Freitag, 18. März 2005, die Magensonde entfernt wurde, kehrte der US-Präsident George Bush, der hierfür extra seine Ferien auf seiner Ranch in Crawford, Texas, abgebrochen hatte, am Sonntag nach Wa-

---

6 vgl. FAZ 03.09.2004
7 vgl. FAZ vom 23.03.2005

shington zurück, um später – eine Stunde nach Mitternacht – ein Gesetz zur Rettung von Terri Schiavo zu unterzeichnen[8]. Dieses Gesetz ermöglichte den Eltern von Terri, nun vor ein Bundesgericht zu ziehen. Doch auch das Bundesberufungsgericht half den Eltern nicht. So starb, wohl durch Verdursten, Terri Schiavo nach 13 Tagen am 31. März 2005. Ein unglaublicher Fall, der so manche Zweifel, nicht nur am Rechtssystem, sondern auch an der Menschlichkeit aufkommen lässt.

Tatsache dürfte wohl unstreitig sein, dass es ungeachtet des bisher in Deutschland in § 216 StGB manifestierten Verbots der aktiven Sterbehilfe zahlreiche, nur zum Teil an die Öffentlichkeit gelangende Fälle von aktiver Sterbehilfe gibt; ebenso wie in allen anderen Ländern, die diese verbieten[9]. Dennoch setzt sich in der politischen Diskussion immer wieder der Ruf nach einem strikten Verbot der aktiven Sterbehilfe durch. Anlass für die neueren Forderungen nach einer Regelung der Sterbehilfe wie sie zum Beispiel im US-Staat Oregon existiert[10], ist unter anderem auch die Änderung in der höchstrichterlichen Rechtsprechung, die auch zur Neuformulierung bestehender Handreichungen für Ärzte im Umgang mit diesem Thema geführt hat[11]. Ausgeweitet wird die Problematik darüber hinaus durch die bewusst verwendeten unterschiedlichen Termini[12] und bewusst gewählte negative oder positive Begrifflichkeiten, wie zum Beispiel *„Sterbenlassen“* = etwas Menschliches, *„Töten“* = schlechthin unmenschlich[13].

Mit nachstehender Untersuchung soll erörtert werden, ob der ärztlich assistierte Suizid ein möglicher Ausweg aus der oben aufgezeigten Grauzone der juristischen Unsicherheiten bzw. eine deutsche Antwort auf die Frage ist, inwieweit und welche Formen der Sterbehilfe zukünftig gesetzlich zulässig sein sollten, und wie eine entsprechende Regelung aussehen könnte.

---

8 FAZ vom 22. März 2005
9 Nachweise zu Studien bei Wernstedt/Mohr/Kettler, S.228 f.; Wehkamp, passim/ S.4
10 siehe B. VIII., S. 88 ff.
11 hierzu B. VII., S. 81 ff.
12 Scheffler in: Joerden, S. 249 ff.
13 Birnbacher, Medizin-Recht-Ethik, Rechtsphilosophische Hefte VIII, 1998, 75, 75 ff.

B. Rechtliche und tatsächliche Aspekte

I. Formen der Sterbehilfe

Die Sterbehilfe umfasst alle Verhaltensweisen, die einem unheilbar Leidenden in mehr oder minder großer Todesnähe Beistand, Erleichterung, Schmerzlinderung und sonstige Hilfe gewähren[14]. Der Begriff „*Euthanasie*" bedeutet „*schönes Sterben*"[15] oder „*guter Tod*" (griechisch: Euthanasia)[16].

1.) Reine/ Echte Sterbehilfe

Rechtlich unproblematisch[17] ist die so genannte „*reine*" oder „*echte*" Euthanasie als diejenige Hilfe beim Sterben, die nicht lebensverkürzend wirkt[18]. Sie liegt vor, wenn einem Sterbendem schmerzlindernde oder bewusstseinsdämpfende Mittel verabreicht werden, die mit keinerlei Lebensverkürzung verbunden sind (daher auch: Hilfe *im* Sterben); soweit dies mit ausdrücklicher oder mutmaßlicher Einwilligung des Patienten geschieht, ist sie zweifelsohne nicht strafbar[19].

So gehört auch die Schmerzlinderung zu den Pflichten eines jeden Arztes, der sich bei Nichtbefolgung derselben wegen unterlassener Hilfeleistung oder wegen vorsätzlicher oder fahrlässiger Körperverletzung durch Unterlassen strafbar machen kann[20]. Der BGH stellte hierzu fest, dass dann, wenn die Wiederherstellung der Gesundheit nicht möglich sei, jedenfalls die Pflicht bestehe, die Schmerzen des Patienten im Rahmen des Möglichen zu lindern[21]. Daher könne auch die tatsächlich mögliche Nichtlinderung von Schmerzen den Tatbestand der Körperverletzung erfüllen. Vor diesem Hintergrund wurde im übrigen die Strafbarkeit einer Vernachlässigung der Schmerzbekämpfung in einem Alternativentwurf eines Gesetzes zur Sterbehilfe[22] nicht noch einmal explizit aufgenommen[23].

Zur reinen Sterbehilfe gehören aber selbstverständlich auch alle anderen zwischenmenschlichen Handlungen, wie die psychische Hilfeleistung, menschliche

---

14 Schreiber NStZ 1986, 337, 338
15 Maurach/Schroeder/Maiwald StrafR BT.1 § 1 Rn.30
16 Eser in: Eid, S.47: bei den Römern: „*felici vel honesta morte mori*", wurde wohl nur im Sinne eines leichten und schmerzfreien Todes verstanden.
17 Schreiber NStZ 1986, 337, 338
18 Möllering Teil 2, I 1a (8); Wessels/Hettinger § 1 III 2 Rn.31
19 Wessels/Hettinger § 1 III 2 Rn.31
20 Hanack in: Hiersche S. 123 ff.
21 BGH, LM § 230 StGB Nr.6 zitiert bei Schreiber NStZ 1986, 337, 339 Fn.28
22 siehe unter B. XII., S. 101 ff. mehr zum AE-Sterbehilfe, Baumann u.a., 1986
23 Schreiber NStZ 1986, 337, 339 (Fn. 28)

Zuwendung, Fürsorge, Begleitung, Zuspruch und Pflege[24], die in der Diskussion zur Sterbehilfe eher im Hintergrund bleiben, aber dennoch für den Betroffenen ganz essentielle Aspekte ihres Zustandes darstellen.

So formulierte auch bereits 1979 die Deutsche Gesellschaft für Chirurgie in ihrer Resolution: *„Todkranke und Sterbende bedürfen bis zu ihrem Ende der besonderen Zuwendung und persönlichen Betreuung. Sie verlangen nach menschlicher Nähe und Fürsorge. Ihnen sollte die Vereinsamung durch räumliche und seelische Isolierung erspart bleiben."*[25]

Noch deutlicher formulierte es ein Arbeitskreis von Professoren des Strafrechts und der Medizin in seinem Alternativentwurf eines Gesetzes über die Sterbehilfe: *„Es besteht Grund zu der Annahme, dass die rechtliche Problematik einer aktiven Sterbehilfe erheblich entschärft würde, wenn es gelingen könnte, zu einer besseren Pflege und Betreuung der hoffnungslos Kranken zu kommen. Patienten würden kaum ernsthaft ihre Tötung verlangen, wenn sie sich medizinisch wie menschlich gut versorgt fühlten und zu Hause und im Krankenhaus die erforderliche Zuwendung fänden"*[26].

Das Sterben ist die letzte große Lebensaufgabe, die der Mensch zu bewältigen hat. Diese Aufgabe kann ihm niemand abnehmen, wohl aber kann und muss ihm dabei geholfen werden[27].

2.) Aktive (direkte) Sterbehilfe

a) Definition

Die aktive Sterbehilfe erfasst die gezielte, direkte Tötung eines unheilbar Kranken; sie kürzt einen Krankheitsverlauf gezielt ab und führt den Tod des Patienten herbei[28]. Sie stellt nach geltendem Recht eine Straftat gegen das Leben im Sinne der §§ 211 ff. StGB dar[29]. Auch bei ausdrücklichem und ernstlichen Verlangen des Betroffenen ist sie als „*Tötung auf Verlangen*" durch § 216 StGB

---

24 Schreiber NStZ 1986, 337, 339

25 Mitteilungen der Deutschen Gesellschaft für Chirurgie, 1979, H. 3, auch abgedruckt in Alternativentwurf eines Gesetzes über Sterbehilfe (AE-Sterbehilfe), Baumann u.a., 1986

26 AE-Sterbehilfe, aaO., Begr. S.34

27 Evangelische Kirche in Deutschland – Eine Textsammlung kirchlicher Erklärungen, Januar 2003, Gemeinsame Texte 17 – www.ekd.de/EKD-Texte/2064_sterbebegleitung_sterbehilfe_3.html

28 Wessels/Hettinger § 1 III 1 Rn.28; MünchKommStGB-Schneider Vor §§ 211 ff. Rn.91

29 Wessels/Hettinger § 1 III 1 Rn.28; Schönke/Schröder-Eser Vorbem §§ 211 ff. Rn.24; MünchKommStGB-Schneider Vor §§ 211 ff. Rn.91

unter Strafe gestellt. Statistisch gesehen spielt dieses Delikt kaum eine Rolle, wobei natürlich von einer erheblichen Dunkelziffer ausgegangen wird[30].

b) Rechtliche Diskussion

Es gibt verschiedene Ansatzpunkte, um dennoch zu einer Straflosigkeit der aktiven Sterbehilfe zu gelangen.

So wird zum Teil versucht, eine Rechtfertigung wegen Gewohnheitsrechts oder der Wahrung berechtigter Interessen anzunehmen[31] oder über den rechtfertigenden Notstand gemäß § 34 StGB zu gehen[32]. Es liege ein der Notstandsabwägung zugänglicher Konflikt zwischen Schmerzverlängerung und Lebensverkürzung vor[33]. Da die Notstandshandlung aber gemäß § 34 Satz 2 StGB ein „*angemessenes Mittel*" sein muss, kann nach gegenwärtiger Rechtslage im Hinblick auf die Missbrauchsgefahr und die Notwendigkeit, die das Tötungsverbot schützende Tabuzone zu erhalten, nicht allgemein davon ausgegangen werden[34]. Andere sprechen sich in extremen Ausnahmesituationen dennoch für eine Rechtfertigung über den Notstand aus[35].

Ebenfalls in Erwägung gezogen wird eine Entschuldigung durch übergesetzlichen, entschuldigenden Notstand analog § 35 StGB[36] sowie ein Schuldspruch unter Strafverzicht analog § 60 StGB[37]. Eine Position tritt sogar für die Freigabe der aktiven Sterbehilfe auf Verlangen des Kranken ein[38]. So schlug bereits 1985 anlässlich der Anhörung im Rechtsausschuss des Deutschen Bundestages die Humanistische Union die Einführung eines weiteren Absatzes in § 216 StGB vor, der wie folgt lauten sollte: „*Der Täter handelt dann nicht rechtswidrig, wenn er die Tat begangen hat, um einen menschenwürdigen Tod herbeizufüh-*

---

30 Schreiber NStZ 1986, 337, 339;

31 Nachweise bei von Dellingshausen, S. 281 f.

32 Engisch, Euthanasie und Vernichtung lebensunwerten Lebens in strafrechtlicher Beleuchtung, S. 12; von Dellingshausen, Sterbehilfe und Grenzen der S. 299 f.

33 Geilen, Euthanasie und Selbstbestimmung, 1975, S. 26

34 Geilen, Euthanasie und Selbstbestimmung, 1975, S.27/ 29

35 Hirsch in FS-Welzel, 1974, S. 795 f. (mit Fn.66): Im Sinne des (übergesetzlichen) rechtfertigenden Notstandes ist es denkbar, dass das Interesse des damit einverstandenen Sterbenden an der Linderung seiner unerträglichen Qualen als vorrangig anzusehen ist gegenüber dem Risiko der geringeren Lebensverkürzung.; Simson FS-Schwinge 1973, S. 89, 108 ff.

36 von Dellingshausen, S. 350 ff.

37 Eser, in: Auer-Menzel-Eser, S. 70; Hanack, in: Hiersche, S. 156; Engisch, Der Arzt an den Grenzen des Lebens, S. 52, erwägt weitergehend einen Freispruch in extrem gelagerten Fällen.

38 Deutsche Gesellschaft für humanes Sterben Broschüre 1982, 1.6.2.; ebenso die Humanistische Union

ren"[39]. Über Selbsttötung und Einwilligung zur Tötung müsse – so auch andere Ansichten - der einzelne selbst entscheiden, vor seinem Gewissen, vor seinem Nächsten, vor Gott - den Staat gehe das nichts an[40].

Diesen Ansätzen wird unter Hinweis auf die Gefahr eines Dammbruchs beim Lebensschutz entschieden entgegengetreten und die strikte Aufrechterhaltung des Euthanasieverbots verlangt[41]. Der staatliche Lebensschutz dürfe nicht durchbrochen werden, das menschliche Leben werde sonst fremd verfügbar[42]. Nicht zuletzt wird auch auf die Gefahr hingewiesen, dass auf Alte und Kranke, die sich oft selbst schon als Last für ihre Umwelt und schlichtweg unnütz empfinden, derart Druck ausgeübt oder Einfluss genommen werden könnte, dass sie letztlich „*freiwillig*" ihre Tötung verlangen[43].

3.) (Aktive) Indirekte Sterbehilfe

a) Definition

Hierunter fällt die palliative Behandlung eines Schwerstkranken, insbesondere die potente Schmerztherapie unter Inkaufnahme einer möglichen Lebensverkürzung als unbeabsichtigte Nebenwirkung[44].

b) Bewertung

Der 3. Strafsenat des Bundesgerichtshofs hat in seinem Urteil vom 15. November 1996[45] zur indirekten Sterbehilfe ausgeführt: „*Eine ärztlich gebotene schmerzlindernde Medikation entsprechend dem erklärten oder mutmaßlichen Patientenwillen wird bei einem Sterbenden nicht dadurch unzulässig, dass sie als unbeabsichtigte, aber in Kauf genommene unvermeidbare Nebenfolge den Todeseintritt beschleunigen kann.*"

Zur Begründung heißt es unter anderem: „*Die Ermöglichung eines Todes in Würde und Schmerzfreiheit gemäß dem erklärten oder mutmaßlichen Patientenwillen ist ein höherwertiges Rechtsgut als die Aussicht, unter schwersten,*

---

39 Sten. Prot., 10. Wahlperiode, 51. Sitzung des Rechtsausschusses des Deutschen Bundestages 15.05.1985, Anl. S. 145

40 Schmitt JZ 1985, 365 ff.; ders. JZ 1979 462 ff.; Schmitt in FS-Maurach 1972, 113, 117f.; Kauffmann, MedR 1983, 121, 124

41 LK-Jähnke, vor § 211 Rn.14; Birnbacher, Tun und Unterlassen, 1995, S.358 ff.; Schönke/Schröder-Eser Vorbem §§ 211 ff. Rn.27 ff.

42 Eser in Eser: Suizid und Euthanasie, 1976, S. 400

43 Schreiber Sten. Prot., 10. Wahlperiode, 51. Sitzung des Rechtsausschusses des Deutschen Bundestages 15.05.1985, Anl. S. 99; vgl. auch Rudolphi, Altenpflege, 1981, 309

44 Kühl Vor § 211 Rn.7; Maurach/Schroeder/Maiwald StrafR BT Tb.1 § 1 VI Rn.33

45 BGHSt 42, 301, 301

insbesondere so genannter Vernichtungsschmerzen noch kurze Zeit länger leben zu müssen."[46] Der 5. Strafsenat des Bundesgerichtshofs hat sich dieser Auffassung Anfang 2001 ausdrücklich angeschlossen[47].

Nur wenige Stimmen findet man, die sich gegen die Zulässigkeit der indirekten Sterbehilfe wenden[48].

Auch in der kirchlichen Ethik wird sie allgemein für zulässig gehalten, seit Papst Pius XII. in seiner Ansprache beim Internationalen Symposium für Anästhesie im Jahre 1957 ausführte, die Schmerzmittelgabe mit unvermeidbarer Nebenwirkung einer Lebensverkürzung sei bei Todkranken dann erlaubt, wenn ein anderes Mittel nicht zur Verfügung stehe und die Lebensverkürzung nicht angestrebt werde[49].

Quasi Leitsätze für den Bereich ärztlicher Ethik wurden seine folgenden Ausführungen zu diesem Thema[50]. Pius XII. lehnte Euthanasie im Sinne von direkter Tötung zwar als unsittlich entschieden ab. Er gestand aber in aller Deutlichkeit zu, dass der Arzt nicht verpflichtet sei, dann Wiederbelebungs-maßnahmen durchzuführen, wenn nach kompetentem ärztlichem Urteil eine Wiederherstellung der Lebensfähigkeit nicht zu erreichen ist. Des weiteren seien schmerzunterdrückende Pharmaka auch dann zu verabreichen, wenn sie eine Verkürzung der Lebensdauer mitbewirken, sofern sie nicht mit der verdeckten oder direkten Absicht verabreicht werden, den Tod schnell herbeizuführen. Auf jeden Fall sei hier aber eine direkte oder indirekte Zustimmung des Patienten erforderlich. Damit hat er die passive und indirekte Sterbehilfe grundsätzlich zugestanden.

c) Rechtliche Diskussion

Weniger eindeutig ist die Begründung der Straflosigkeit der indirekten Sterbehilfe, da nach wie vor ungeklärt ist, wie das Ergebnis der Straflosigkeit strafrechtsdogmatisch gerechtfertigt werden kann[51].

---

[46] BGHSt 42, 301, 305

[47] BGHSt 46, 279, 284/ 285

[48] Kohlhaas NJW 1973, 548, 550; Schmidt in Ponsold, S. 12 f.; Maurach StrafR BT, 5. Auflage, § 1 II B 1b S.14 f.;

[49] Pius XII, Anaesthesist 1957, 197

[50] Rede vom 24.11.1956 „*Über Probleme der Wiederbelebung*", in Herder Korr.12 (1957), 228 – 230; Allocutio „*Trois questions religieuses et morales concernant l'anagésie*" vom 24.02.1957, in: AAS 49 (1957), 129 – 147; Allocutio an den internationalen Neuro- psycho-pharmakologischen Kongress vom 09.09.1958, in: AAS 50 (1958), 687 – 696 jeweils zitiert bei Eid, S.22 f. mit Fn.28

[51] MünchKommStGB-Schneider Vor §§ 211 Rn.96

Während teilweise der Tötungsvorsatz verneint wird[52] oder jedenfalls seine Nachweisbarkeit bezweifelt wird[53], nehmen andere an, die lebensgefährliche Schmerzlinderung bei Moribunden falle nicht in den Schutzbereich der Norm[54]. Wieder andere ziehen den Rechtfertigungsgrund des erlaubten Risikos heran[55] oder halten nur einen Schuldvorwurf für ausgeschlossen[56]. Überwiegend wird aber auf die Grundsätze des rechtfertigenden Notstands zurückgegriffen[57].

Zweifelsfrei überzeugend ist allerdings keine der genannten Lösungsmöglichkeiten. So kann jedenfalls der Eventualvorsatz nach den sonst gebräuchlichen rechtlichen Theorien nicht verneint werden[58]. Der Eventualvorsatz umfasst bedingt vorsätzliches Handeln, das den Erfolg nicht beabsichtigt und wobei der Täter auch nicht sicher weiß, dass es zur Erfüllung des Tatbestandes kommen wird[59]. Nach wohl herrschender Ansicht handelt demnach mit bedingtem Vorsatz, wer den Erfolgseintritt als möglich – nicht ganz fern liegend – erkennt und ihn billigend in Kauf nimmt[60]. So wird ein Arzt, der dem schwer leidenden Patienten zur Schmerzlinderung Morphium verabreicht, *„sich des Bewusstseins nicht entschlagen können, dass die Morphiumgaben möglicherweise dazu führen, dass der Herzschlag des Patienten einige Takte oder selbst Minuten früher aussetzt als ohne die Einwirkung des Morphiums – gleichwohl wird schwerlich jemand auf den Gedanken kommen, die Vornahme der Injektion als eine Betätigung des Entschlusses anzusehen, gegen den Patienten einen Totschlag zu begehen“*[61].

Konsequenz der These vom fehlenden Schutzbereich der Norm dagegen wäre eine weitgehende allgemeine Minderung des Schutzes für ein zu Ende gehendes Leben. Es ließe sich von diesem Standpunkt aus nicht mehr begründen, warum dann die direkte, aktive Sterbehilfe nicht auch zulässig sein soll[62].

---

52 Bockelmann in: Ponsold, 3.Aufl., 1967, S.8; Engisch in FS-Bockelmann, S. 532 f.

53 Schmitt JZ 1979, 462, 465

54 Krey StrafR BT Bd. 1 § 1 Rn.14; ähnlich Wessels StrafR BT-1, Rn.32 und Blei StrafR BT § 5 VI 3 S.17

55 Maurach/Schroeder/Maiwald StrafR BT Tb.1 § 1 Rn.33; Merkel JZ 1996, 1145, 1147 ff.

56 Laufs, ArztR, Rn.217

57 Herzberg NJW 1996, 3043, 3043; Stratenwerth, SchwZStR 1978, 60, 79; Wassermann in: Hedeby, S. 131; Hanack in: Hiersche, S. 132 f.; Simson FS-Schwinge 1973, 89, 97; weitere Nachw. bei Rickmann, S. 52 ff., 70 f.

58 überzeugend: Rickmann S. 71 ff.

59 MünchKommStGB-Joecks § 16 Rn.18

60 BGH-Beschluss vom 07.07.1999 – 2 StR 177/99 – NStZ 1999, 507, 508; Tröndle/Fischer § 15 Rn.11a – d; Maurach/Zipf AT Tb.1 § 22 Rn.37

61 Blei BT § 5 VI 3 S.17

62 Eser in Auer-Menzel-Eser, Zwischen Heilauftrag und Sterbehilfe, 1977, S. 89; Schreiber NStZ 1986, 337, 340

Zweifelhaft wird hingegen ein Abstellen auf das erlaubte Risiko jedenfalls dann, wenn sich – was oft der Fall sein wird – das Risiko der Lebensverkürzung derart erhöht, dass ein Ausbleiben des Todes nicht mehr erwartet werden kann[63].

Bei aller Kritik erscheint strafrechtsdogmatisch gesehen der rechtfertigende Notstand gemäß § 34 StGB vorzugswürdig, auch wenn das Leben eigentlich einer Güterabwägung nicht zugänglich ist. Im Rahmen der Abwägung der sich gegenüberstehenden Rechtsgüter – die Befreiung von Angst, Schmerzen, unerträglichen physischen und psychischen Qualen einerseits und der nur kurzfristige Aufschub der Lebensbeendigung andererseits – kann der Sterbehilfe der Vorzug zu geben sein. Voraussetzung ist hierbei, dass der als absolut und insoweit eigentlich unabwägbare absolute Wert des Lebens relativiert wird und Gesichtspunkte der Lebensqualität maßgeblich sein lässt[64]. Mit anderen Worten kommt die derzeit im herrschenden Schrifttum favorisierte Rechtfertigung der indirekten Sterbehilfe nach Maßgabe von § 34 StGB strafrechtlich nur dann in Betracht, wenn das Interesse des in die Behandlung (mutmaßlich) einwilligenden Patienten das entgegenstehende Interesse an längstmöglicher Lebenserhaltung überwiegt[65].

4.) Passive Sterbehilfe

a) Definition

Diese Form der Sterbehilfe bezeichnet den Verzicht auf lebensverlängernde Behandlungsmaßnahmen, insbesondere auf die Wiederherstellung und Aufrechterhaltung vitaler Funktionen durch intensivmedizinische Verfahren, bei progredienten[66] Erkrankungen mit infauster[67] Prognose, aber auch den (aktiven) Abbruch bereits begonnener lebenserhaltender oder –verlängernder Maßnahmen[68]. Auf die rechtliche Unterscheidung zwischen Handlung oder Unterlassung soll es hierbei nicht ankommen, was dogmatisch unterschiedlich begründet wird[69].

Der Bundesgerichtshof präzisiert die Voraussetzungen für die passive Sterbehilfe in Anlehnung an die „*Richtlinien für die Sterbehilfe*“ der Bundesärztekammer

---

63 Rickmann S.69 und 71
64 Stratenwerth SchwZStR 1978, 60, 77ff./79f.; Kaufmann JZ 1982, 481, 482
65 MünchKommStGB-Schneider Vor §§ 211 Rn.100
66 = fortschreitend, mit zunehmender Verschlimmerung
67 = ohne jede Aussicht auf Besserung
68 Schönke/Schröder-Eser Vorbem. §§ 211 ff. Rn.27 ff.; MünchKommStGB-Schneider Vor §§ 211 ff. Rn.92
69 Roxin in FS-Engisch 380, 395 ff.; Geilen in FS-Heinitz 1972, 383 f. mit Fn.22; LK-Jähnke vor § 211 Rn.17; eingehende Darstellung bei Rickmann 90 ff., 93

wie folgt: *„Sterbehilfe setzt somit voraus, dass das Grundleiden eines Kranken nach ärztlicher Überzeugung unumkehrbar (irreversibel) ist, einen tödlichen Verlauf angenommen hat und der Tod in kurzer Zeit eintreten wird (unmittelbare Todesnähe)“*[70]. Der Arzt begeht folglich stets dann eine Tötung durch Unterlassen, wenn durch die unterlassene Maßnahme eine nicht völlig unwesentliche Verlängerung des Lebens möglich gewesen wäre[71]. Eine Zeit von mehreren Stunden bzw. von einem Tag wäre dabei schon wesentlich[72]. Es handelt sich folglich um einen sehr schmalen Grad, der zur Strafbarkeit führt.

b) Bewertung

Obwohl die konkreten Grenzen der Behandlungspflicht nicht leicht zu bestimmen sind, besteht jedoch zumindest dahingehend Einigkeit, dass für die Erhaltung eines Lebens nicht alle zur Verfügung stehenden technischen Möglichkeiten ausgeschöpft werden müssen[73].

Der BGH stellte hierzu in seinem *„Wittig-Urteil“*[74] fest: *„Andererseits darf der Arzt berücksichtigen, dass es keine Rechtsverpflichtung zur Erhaltung eines erlöschenden Lebens um jeden Preis gibt. Maßnahmen zur Lebensverlängerung sind nicht schon deswegen unerlässlich, weil sie technisch möglich sind. Angesichts des bisherige Grenzen überschreitenden Fortschritts medizinischer Technologie bestimmt nicht die Effizienz der Apparatur, sondern die an der Achtung des Lebens und der Menschenwürde ausgerichtete Einzelfallentscheidung die Grenze ärztlicher Behandlungspflicht“*[75].

Nur vereinzelt wird ein absoluter Vorrang der Lebenserhaltung vertreten[76]. Herrschend wird die Verbindlichkeit des von einem willens- und urteilsfähigen Patienten erklärten Behandlungsverzichts angenommen, da sonst das Selbstbestimmungsrecht zugunsten einer Pflicht zum Weiterleben auf Null reduziert würde; aus diesem Grund soll auch § 216 StGB nicht entgegenstehen, dessen Anwendungsbereich jedenfalls nicht den so genannten *„Normalpatienten“* umfassen soll[77]. Es bestehe schließlich keine Behandlungspflicht; vielmehr ist nach Ansicht der Rechtsprechung jeder ärztliche Heileingriff, der die körperliche In-

---

70 BGHSt Urteil vom 13.09.1994 – 1 StR 357/ 94 (S. 14 ff.) -

71 LK-Jähnke § 212 Rn.4

72 BayObLGSt JZ 1973, 319 mit Anm. Geilen JZ 1973, 320, 321; BGH NStZ 1981, 218, 219 mit Anm. Wolfslast 220 f.; Wachsmuth/Schreiber NJW 1982, 2094, 2097

73 Schmitt JZ 1973, 462, 466

74 vgl. B. II. 1.), S. 31

75 BGHSt 32, 367, 379 f.

76 Bockelmann in: Ponsold S. 8

77 BGH NStZ 1983, 117, 118; Hanack in: Hiersche S. 142; Stratenwerth SchwZStR 1978, 60, 69; Kaufmann MedR 1983, 122; Spann MedR 1983, 13, 15; LK-Jähnke § 216 Rn.9; Schönke/Schröder-Eser § 216 Rn.11; Wassermann in Hedeby, S. 136

tegrität nicht nur unerheblich beeinträchtigt, eine tatbestandsmäßige Körperverletzung, auch wenn der Eingriff aus medizinischen Gründen angezeigt ist und „*lege artis*" durchgeführt wird[78]. Die Rechtswidrigkeit der Körperverletzung entfällt hiernach erst und nur dann, sofern eine wirksame – unter Umständen auch nur eine mutmaßliche – Einwilligung des Patienten vorliegt. Daher ist es nur konsequent, auch bei einer bereits begonnenen Behandlung stets in jedem Stadium die Einwilligung bzw. deren jederzeit möglichen Widerruf zu beachten, da anderenfalls die Fortsetzung einer Behandlung bei wirksam erklärtem Weiterbehandlungsverzicht (wieder) eine tatbestandsmäßige Körperverletzung darstellen würde.

Spätestens seit dem Urteil des 3. Strafsenats des BGH vom 08. Mai 1991[79] gibt es keine Zweifel mehr an der Zulässigkeit der passiven Sterbehilfe, wie sich bereits aus dem Leitsatz dieser Entscheidung ergibt: „*Auch bei aussichtsloser Prognose darf Sterbehilfe nicht durch gezieltes Töten (also durch aktive Euthanasie), sondern nur entsprechend dem erklärten oder mutmaßlichen Patientenwillen durch die Nichteinleitung oder den Abbruch lebensverlängernder Maßnahmen geleistet werden, um dem Sterbenden – ggf. unter wirksamer Schmerzmedikation - seinen natürlichen, der Würde des Menschen gemäßen Verlauf zu lassen.*"

Es wird daher trotz der leicht irreführenden Terminologie *passive* Sterbehilfe gerade nicht danach differenziert, ob eine bereits eingeleitete lebensverlängernde Maßnahme durch aktives Tun abgebrochen oder von vornherein unterlassen wird. Dies hatte bereits auch das Landgericht Ravensburg[80] so entschieden, indem es einen Mann, der für seine an ALS[81] leidende Ehefrau auf deren Wunsch hin das Beatmungsgerät abgeschaltet hatte, von dem Vorwurf der Tötung auf Verlangen freisprach. Es liege – so stellte das erkennende Gericht – fest, kein Verstoß gegen das strafbewehrte Verbot der Tötung auf Verlangen vor, weil es nicht Sinn und Zweck sei, im Todeskampf befindliche Menschen gegen ihren Willen am Sterben zu hindern.

---

[78] BGHSt 11, 111, 114 f.; 12, 379, 382 f.; 16, 309, 309 ff.

[79] BGHSt 37, 376, 376 ff.

[80] LG Ravensburg Urteil vom 03.12.1986, NStZ 1987, 229, 229 f.

[81] Amyotrophe Lateralsklerose = Unheilbare Krankheit, bei der die Nervenzellen geschädigt werden, die für die Steuerung der Muskeln verantwortlich sind. Sie führt zu einer zunehmenden Schwächung der Muskulatur bis hin zur Lähmung derselben und zu Muskelschwund. Intelligenz sowie übrige Funktionen des Nervensystems und die Sinnesorgane bleiben normal erhalten. Die durchschnittliche Lebenserwartung liegt bei bis ca. 5 Jahre.

5.) Ärztlich assistierter Suizid

a) Definition
Beim medizinisch assistierten Suizid erhält der Patient ärztliche Hilfe, etwa durch Auswahl eines tödlich wirkenden Medikamentes oder durch Zurverfügungstellung eines Bechers mit tödlich wirkender Medizin, die der Patient dann selbst zu sich nimmt[82]. Die unmittelbar zum Tode führende Handlung wird beim assistierten Selbstmord vom Suizidenten selbst, und nicht vom ärztlichen Helfer vorgenommen. Die letzte Entscheidung liegt also beim Betroffenen.

b) Bewertung
Der Suizid ist nicht strafbar, so dass auch eine Teilnahme daran mangels teilnahmefähiger Haupttat nicht strafbar sein kann[83].

Problematisch ist hierbei aber zum einen, ab wann die Grenze der lediglich straflosen Gehilfenhandlung zur strafbaren Mittäterschaft überschritten wird[84]. Zum anderen führen die Grundsätze der Rechtsprechung nicht selten zu widersinnigen Ergebnissen, wenn es heißt, dass jeder Suizidversuch ein Unglücksfall im Sinne des § 323 c StGB darstelle, unabhängig davon, ob der Suizident frei verantwortlich gehandelt hat oder nicht[85] mit der Konsequenz, dass dem Suizidenten zwar der Strick gereicht werden dürfe, ihm aber – sobald er sich erhängt und infolgedessen das Bewusstsein und somit die Tatherrschaft verliert – dem Helfer die Tatherrschaft zufalle, so dass eine Hilfeleistungspflicht nach § 323 c StGB entstehe; dies zumindest dann, wenn der Beteiligte (der nicht notwendig Garant sein muss) noch die tatsächliche Möglichkeit besitzt, durch sein Eingreifen dem Geschehen eine Wende zu geben[86] und der Tod bei sofortiger ärztlicher Hilfe mit einer an Sicherheit grenzenden Wahrscheinlichkeit nicht oder erheblich später eingetreten wäre[87]. Der Arzt ist nach derzeitiger Rechtsprechung also verpflichtet – will er sich seiner Straflosigkeit sicher sein – einen Patienten nach Überlassung des Giftbechers mit seinem weiteren Schicksal allein zu lassen.

Darüber hinaus ist der ärztlich assistierte Suizid nur schwerlich in Einklang mit den derzeit geltenden berufsständischen Grundsätzen zu bringen[88].

---

[82] Schreiber FS-Jakobs (S.1 f. des Manuskripts)
[83] siehe hierzu B. III., S. 48
[84] siehe auch hierzu B. III. 4.), S. 54 ff.
[85] BGHSt 6, 147, 149; BGHSt 13, 162, 169; 32, 367, 375; Wessels BT-1 Rn.58
[86] OLG München NJW 1987, 2940, 2942; BGHSt 2, 150, 156; 13, 162, 166
[87] BGH NStZ 1985, 26, 27
[88] siehe hierzu unten B. VII., S. 81 ff.

II. Rechtsprechung

Anlass für die neueren Forderungen nach einer expliziten Regelung der Sterbehilfe, wie sie zum Beispiel im US-Staat Oregon existiert[89], ist unter anderem die Änderung in der höchstrichterlichen Rechtsprechung, die auch zur Neuformulierung bestehender Handreichungen für Ärzte im Umgang mit diesem Thema geführt hat[90].

1.) Das Krefelder Urteil: Der „Wittig - Fall“[91]

Das Landgericht Krefeld hatte den Angeklagten, den Hausarzt der 76jährigen Witwe U., vom Vorwurf der Tötung auf Verlangen durch Nichtgewährung ärztlicher Hilfe (§ 216 StGB) freigesprochen. Dem Urteil liegt folgender Sachverhalt zugrunde.

Frau U. litt an hochgradiger Verkalkung der Herzkranzgefäße und an Gehbeschwerden wegen einer Hüft- und Kniearthrose. Sie beschäftigte sich daher viel mit dem Thema Suizid und las hierzu einschlägige Literatur. Nach dem Tod ihres Ehemannes – von ihr „*Peterle*“ genannt – im März 1981 sah sie in ihrem Leben keinen Sinn mehr und äußerte sowohl gegenüber dem Angeklagten als auch gegenüber Dritten die Absicht, aus dem Leben zu scheiden. Der Angeklagte, der vergeblich versuchte, sie von ihren Selbstmordgedanken abzubringen, wusste, dass Frau U. schon im Oktober 1980 ein Schriftstück mit folgendem Inhalt auf ihrem Schreibtisch aufbewahrte: „*Willenserklärung. Im Vollbesitz meiner Sinne bitte ich meinen Arzt keine Einweisung in ein Krankenhaus oder Pflegeheim, keine Intensivstation und keine Anwendung lebensverlängernder Medikamente. Ich möchte einen würdigen Tod sterben. Keine Anwendung von Apparaten. Keine Organentnahme.*“ Ein weiteres Schriftstück etwa desselben Inhalts vom 13. April 1981 enthielt dann die zusätzliche Erklärung: „*Ich bin über 76 Jahre alt und möchte nicht länger leben.*“

Bei einem mit Frau U. verabredeten Hausbesuch am 28. November 1981 öffnete sie nicht. Mit einem in der Nähe wohnenden früheren mitangeklagten Bekannten der Frau U., der einen Zweitschlüssel besaß, gelangten beide in die Wohnung und fanden Frau U. bewusstlos auf der Couch liegend. Unter ihren gefalteten Händen fanden sie eine handschriftliche Notiz: „*An meinen Arzt – bitte kein Krankenhaus – Erlösung! – 28.11.1981 – Ch.U.*“. Auf einem weiteren in der Wohnung befindlichen Zettel hatte sie geschrieben: „*- ich will zu meinem Peterle –* “. Der Angeklagte stellte fest, dass sie offensichtlich eine Überdosis

---

[89] siehe B. VIII., S. 88 ff.
[90] siehe B. VII., 81 ff.
[91] BGHSt 32, 367 ff.

Morphium und Schlafmittel zu sich genommen hatte. Aufgrund vor Ort vorgenommener Untersuchungen ging er davon aus, dass Frau U. nicht, jedenfalls nicht ohne schwere Dauerschäden, zu retten sein werde. Diese Feststellung in Verbindung mit ihrem immer wieder geäußerten Selbsttötungswillen und der Ablehnung intensivmedizinischer, lebenserhal-tender Behandlungen führten zu seinem Entschluss, nichts zu ihrer Rettung zu veranlassen. Ob das Leben der Frau U., wäre sie sofort in ein Krankenhaus eingeliefert worden oder wären andere Rettungsmaßnahmen eingeleitet worden, hätte gerettet werden können, war nicht mehr feststellbar.

An letztgenannter Unfeststellbarkeit scheitert – so das Landgericht Krefeld - schließlich auch eine Strafbarkeit wegen vollendeter Tötung auf Verlangen, da eine Handlung des Angeklagten nicht im Sinne der condicio-sine-qua-non-Formel hinzugedacht werden kann, so dass der tatbestandsmäßige Erfolg mit an Sicherheit grenzender Wahrscheinlichkeit entfiele. Seine Untätigkeit war demnach nicht kausal für den Tod der Frau U.

Eine versuchte Tötung auf Verlangen scheide aus, weil dieses Delikt nicht durch Unterlassen begangen werden könne, wenn sich der Garant für das Leben des Selbstmörders dessen frei verantwortlichem Tötungsentschluss unterordne und einen Selbstmord nur geschehen lasse[92].

Bei einer solchen Sachlage sei auch kein Unglücksfall im Sinne des § 323 c StGB anzunehmen; im übrigen sei bei Eintreffen des Angeklagten Hilfe weder erforderlich noch ihm zumutbar gewesen[93].

Der 3. Strafsenat des Bundesgerichtshofs hat hierzu in der Revision ausgeführt, eine Strafbarkeit wegen Tötung auf Verlangen durch Unterlassen ärztlicher Hilfsmaßnahmen komme sehr wohl in Betracht. Die Annahme des Landgerichts, ein solches nur Geschehenlassen eines freiverantwortlichen Selbstmordes sei bei Unterordnung des Fürsorgepflichtigen unter den Willen des Suizidenten nicht von § 216 StGB erfasst, finde keinerlei Grundlage[94]. Dies insbesondere im vorliegenden Fall nicht, da der Angeklagte nach eigener Einlassung etwaige Rettungsmaßnahmen mit dem bedingten Vorsatz unterließ, den ohne ärztliches Eingreifen unmittelbar bevorstehenden Tod nicht unter Inkaufnahme schwerer Dauerschäden zu verhindern[95]. Eine Strafbarkeit des Angeklagten scheitere auch nicht an einer Garantenstellung, da ihm Frau U. entsprechende Rettungsmaßnahmen nach einem Selbstmordversuch untersagt habe. Denn beide hatten erst

---

92 BGHSt 32, 367, 369
93 BGHSt 32, 367, 369
94 BGHSt 32, 367, 371
95 BGHSt 32, 367, 370

am Vortag den oben genannten Hausbesuchstermin vereinbart, womit ein Garantenpflichten begründendes Arzt-Patienten-Verhältnis vorlag. Aller-dings verneint der Senat in dieser konkreten Situation die hiervon getrennt zu beurteilende Pflicht zur Lebensrettung[96].

Das bemerkenswerte an dieser Entscheidung ist nun, dass der BGH selbst einräumt, der Arzt dürfe berücksichtigen, dass es keine Rechtsverpflichtung zur Erhaltung eines erlöschenden Lebens um jeden Preis gebe[97]. Ein wesentlicher Bestandteil des ärztlichen Aufgabenbereichs sei nämlich auch die Beachtung des Selbstbestimmungsrechts des Patienten[98].

So hat der BGH auch für den Fall einer unbedingt notwendigen Operation erkannt, dass der Arzt das in Art. 2 Abs. 2 Satz 1 GG gewährleistete Recht auf körperliche Unversehrtheit auch gegenüber einem Patienten respektieren müsse, der es ablehnt, einen lebensrettenden Eingriff zu dulden[99]. Dies wird auch in der Literatur anerkannt[100].

Hierin liegt aber gerade die Schwierigkeit. Der Arzt hat den Konflikt zwischen ärztlichem Auftrag, jede Chance zur Rettung des Lebens seiner Patientin zu nutzen, und dem Gebot, ihr Selbstbestimmungsrecht zu achten, durch pflichtgemäße ärztliche Entscheidung zu lösen. Diese Abwägung hat sich an den Maßstäben der Rechtsordnung und der Standesethik zu orientieren[101].
So darf sich nach Ansicht des 3. Strafsenats der Arzt jedenfalls dann, wenn der Suizident, der ohne ärztlichen Eingriff sterben wird, schon bewusstlos ist, nicht allein nach dessen vor Eintritt der Bewusstlosigkeit erklärten Willen richten; ihm obliegt vielmehr eine eigenverantwortliche Entscheidung über das Für und Wider eines auch nur möglicherweise erfolgreichen Eingriffs[102].

Grundsätzlich besteht hierbei ein Abwägungsvorsprung zugunsten des Lebensschutzes; dies ergibt sich nicht nur in rechtlicher Hinsicht aus der gesetzgeberischen Wertung des § 216 StGB, der fremdes Leben – eben auch bei ausdrücklichem und ernsthaftem Verlangen des Suizidenten – für unantastbar erklärt, sondern auch aus ärztlichem Selbstverständnis[103]. Primäre Aufgabe eines jeden Arztes ist es hiernach, seinem Patienten die bestmögliche, wirksamste Hilfe zu

---

96 BGHSt 32, 367, 377
97 BGHSt 32, 367, 379
98 BVerfGE 52, 131, 170
99 BGHSt 11, 111, 113/ 114
100 Geiger JZ 1983, 153, 153 m.w.N.
101 BGHSt 32, 367, 377 f.
102 BGHSt 32, 367, 378
103 vgl. dazu B. VII., S. 85 ff., Richtlinien und Handreichungen der BAK etc.

leisten, die die Anwendung aller zur Verfügung stehender Mittel zur Heilung oder Besserung der Erkrankung und auch zur Verlängerung des Lebens beinhaltet. Dementsprechend verlangen auch die vom Vorstand der Bundesärztekammer verabschiedeten Richtlinien für die Sterbehilfe, bei einem bewusstlosen oder sonst urteilsunfähigen Patienten die zu leistende Hilfe auf die Erhaltung des Lebens auszurichten, solange bei einem dem Tode nahen Kranken oder Verletzten Aussicht auf Besserung besteht[104]. Darüber hinaus fordert die Resolution der Deutschen Gesellschaft für Chirurgie zur Behandlung Todkranker und Sterbender auch bei ungewisser Prognose sogar dann eine ärztliche Behandlung, wenn mit irreparablen Schäden zu rechnen ist, weist aber auch darauf hin, dass sich die Behandlung Bewusstloser nach dem vernünftig verstandenen Interesse und dem mutmaßlichen Willen des Kranken in seiner gegenwärtigen Situation richten soll[105].

Im vorliegenden Fall fiel die Abwägung durch den Angeklagten letztlich gegen das Leben der Frau U. aus. Die Straflosigkeit ergibt sich hier aber nach Auffassung des BGH nicht – wie vom Landgericht angenommen – aus der bloßen, grundsätzlich unzulässigen Unterordnung des ärztlichen Handelns unter den Todeswunsch des Suizidenten. Vielmehr befand sich der Angeklagte in einer ausnahmeähnlichen Grenzsituation zwischen seiner ärztlichen Verpflichtung zur Erhaltung des Lebens und der Achtung des Selbstbe-stimmungsrechts der Patientin, die hier insbesondere dadurch verschärft war, dass der Angeklagte unwiderlegt davon ausging, die vitalen Funktionen des Organismus seien so schwer beeinträchtigt, dass der fortschreitende Verfall letztlich nicht mehr aufgehalten werden könne. Hinzu kam sein aus langjähriger Betreuung erlangtes Wissen um die strikte Ablehnung jeglicher intensivmedizinischer Maßnahmen, die nun zusätzlich zur Irreversibilität der Schädigungen erforderlich geworden wären. Aus einer Gesamtschau dieses Konflikts, in dem sich der Angeklagte befand, kam der BGH zur Entscheidung, dass diese ärztliche Gewissensentscheidung, die nicht den bequemeren Weg der Einweisung, sondern das Ausharren in Respekt vor der Persönlichkeit der Sterbenden bis zum endgültigen Eintritt ihres Todes beinhaltete, nicht von Rechts wegen als unvertretbar angesehen werden dürfe.

Entgegen der Ansicht des Landgerichts lag hier nach Auffassung des BGH zwar ein Unglücksfall im Sinne des § 323 c StGB vor, und auch die Hilfeleistung war noch erforderlich, da nicht von vornherein offenkundig nutzlos[106]. Allerdings bedürfe die Zumutbarkeit der Hilfeleistung gerade in *„äußersten Grenzlagen“*

---

[104] Dt. Ärztebl. 1979, 957 ff.

[105] II 1 Satz 2, III 3 der Hinweise, abgedruckt in FAZ vom 26.April 1979 S.8, zitiert bei BGHSt 32, 367, 379

[106] vgl. BGHSt 14, 213 ff.; JR 1956, 347, 348

besonderer Prüfung[107]. An diesem Punkt führen dann wiederum die besonderen grenzwertigen Umstände der Konfliktsituation, in der sich der Angeklagte befand, zur Straflosigkeit.

2.) Der „Hackethal - Beschluss“[108]

Das Landgericht Traunstein hatte die Eröffnung des Hauptverfahrens gegen den Angeschuldigten Prof. H. wegen Tötung auf Verlangen unter Mithilfe der übrigen Angeschuldigten abgelehnt. Die sofortige Beschwerde der Staatsanwaltschaft hiergegen wies das OLG München als unbegründet zurück. Zur Entscheidung stand hierbei folgendes Tatgeschehen.

Frau E. litt seit März 1978 unter einer Krebsgeschwulst im Gesicht, die in den folgenden Jahren zahlreiche Operationen erforderlich gemacht hatte. Seither war sie auf eine hohe Medikamenteneinnahme angewiesen, darunter starke Schmerzmittel. Außer starken Schmerzen am Auge sowie im Stirn- und Schläfenbereich beklagte sie eine Behinderung des Mundschlusses. Ihr Gesicht war stark vernarbt und durch offene Wunden beidseitig an den Naseneingängen sowie an einem Nasenflügel gekennzeichnet. Das Krebsid breitete sich in der Folgezeit auf eine Oberkieferhöhle aus und wuchs auch in die Schädelbasis. Frau E. wurde aufgrund ihrer ausweglosen Situation depressiv. Am 06.09.1983 war sie erstmals bei Prof. H. zur Untersuchung. Am 18.04.1984 verstarb Frau E. im Alter von 69 Jahren. Der Obduktionsbefund ergab, dass Frau E. eine schwerstkranke Patientin mit schwersten Schmerzzuständen gewesen ist, bei der zudem aufgrund der Krebswucherungen mit einer starken Einbuße der Funktion der Organe der Mundhöhle, speziell beim Schluckakt, zu rechnen war. Der vorgefundene Befall eines Teils des Stammhirns ließ darauf schließen, dass ein Ableben der Patientin innerhalb weniger Tage nach Eintritt ihres tatsächlichen Todes nicht auszuschließen gewesen ist.

Bei ihrer ersten stationären Behandlung in der Klinik des Prof. H. klagte Frau E. einer Ärztin ihr Leid und bat sie, ihr in irgendeiner Weise zu helfen, aus dem Leben zu scheiden. Ihr fehle der Mut, aus dem 5.Stockwerk der Klinik zu springen, zumal nicht sicher sei, ob dies tatsächlich den Tod für sie bedeute, wisse aber auch nicht, wie sie an tödlich wirkende Tabletten komme. Sie klammerte sich öfters an die Ärztin, die nach eigener Aussage noch nie einen so entstellten Menschen gesehen hatte, und bat: „*Helft mir doch, ich kann nicht mehr*“. Die Ärztin verständigte Prof. H. von der Situation, der zunächst zurückhaltend reagierte.

---

[107] BGHSt 6, 147 ff.; 13, 162 ff.

[108] OLG München NJW 1987, 2940 ff.

Kurz vor ihrer Entlassung aus der Klinik war abzusehen, dass mit einer Besserung ihres Zustandes nicht mehr zu rechnen war, sondern dass die Krankheit vielmehr schnell fortschreiten würde. So ließ sich Frau E. von Prof. H. das Versprechen geben, dass er ihr nach Möglichkeit helfen werde, wenn sie den Entschluss fasse, aus dem Leben zu scheiden. Zu Hause verschlimmerte sich ihr Zustand zusehends. Die Nahrungsaufnahme war immer eingeschränkter möglich, sie konnte kaum noch etwas sehen und litt unter unerträglichen Schmerzen. Davon unterrichtete sie auch die Klinik und erinnerte Prof. H. an das Versprechen, der sich schließlich, nach mehreren Telefonaten mit ihr, zur Einlösung desselben bereit erklärte.

Am 16.04.1984 brachte eine mitangeschuldigte Ärztin Frau E. in die Klinik, bevor sie am 18.04.1984 gegen 19.30 Uhr sterben sollte. Am Tag ihres Todes wurde noch ein Gespräch zwischen ihr und Prof. H. auf Video aufgezeichnet, in dem sie erklärte, aus dem Leben scheiden zu wollen. Nachdem die Ärztin und Prof. H. die Wirkung verschiedener Gifte erörtert hatten, unterrichteten sie Frau E. hiervon, die sich sofort für Kaliumcyanid entschied, da ihr ein sicheres und schnell wirkendes Gift wichtig war.

Am Abend ihres Sterbetages sprach Prof. H. nochmals mit Frau E., unter anderem auch wiederholt über die Gefährlichkeit des Giftes. Abschließend umarmte Frau E. ihn, verabschiedete sich und bedankte sich bei ihm. Prof. H. übergab sodann im Sprechzimmer der Ärztin in einem Pappbecher die mehrfache Dosis Gift, die zum Tod eines Menschen erforderlich sei, mit der Anweisung, den Becher mit Wasser halb aufzufüllen. Die Ärztin brachte Frau E. den Giftbecher, den diese dann in mehreren Schlucken austrank. Kurze Zeit später verlor sie in den Armen einer weiteren Angeschuldigten das Bewusstsein, die sie daraufhin auf das Bett zurücksinken ließ. So liegend verstarb Frau E., ohne dass ein Todeskampf, Krämpfe oder sonstige Leiden ersichtlich waren.

Eine Bestrafung wegen unmittelbarer Täterschaft des § 216 StGB durch Prof. H. lehnte der Senat ab, da Frau E. den Giftbecher, der zum Tod führte, aus eigener Kraft zu sich genommen hatte.

Ebenso schied eine mittelbare Täterschaft aus, da – ungeachtet der hierzu vertretenen verschiedenen Ansichten[109] – die Ermittlungen ergaben, dass Frau E. bis zuletzt einhellig im Zustand freier Willensentscheidung eigenverantwortlich gehandelt hatte. Der Auffassung der Staatsanwaltschaft, Prof. H. habe das zum Tode führende Geschehen tatsächlich beherrscht und sei daher wegen Tötung

---

109 vgl. dazu unter B. Ziffer III. 4.), S. 54 ff.

auf Verlangen zu verurteilen, da er das Ob, Wie und Wann der Tat bestimmt und das Geschehen bis zuletzt in der Hand gehabt habe, kann nicht gefolgt werden. Frau E. hat entgegen der Darstellung der Staatsanwaltschaft nicht nur durch die eigenhändige Gifteinnahme zum Gesamtvorgang beigetragen, sondern hat das ganze Tatgeschehen erst in Gang gesetzt. Wie oben verkürzt dargestellt, war es Frau E., die nicht nachgab, ehe Prof. H. ihr sein Versprechen gab sowie Frau E. auch bis zum letztendlichen Sterbetag nicht nachließ, ihre Entschlossenheit, aus dem Leben zu scheiden – sogar vor einer Videokamera – zum Ausdruck zu bringen. Das Überlassen des Giftes stellt somit richtigerweise eine straflose Beihilfehandlung zur Selbsttötung dar.

In Betracht kam nach Ansicht des Senats auch nicht eine Tötung auf Verlangen durch Unterlassen. Zwar könne auch derjenige, der zuvor straflos Beihilfe zum Suizid geleistet hat, sich wegen Unterlassens strafbar machen, wenn er rechtlich dafür einzustehen habe, dass der Erfolg nicht eintritt, vgl. § 13 StGB, und der Suizident selbst nicht mehr in der Lage ist, von der Tat zurückzutreten.

Während die Staatsanwaltschaft für die für Prof. H. entstandene Erfolgsabwendungspflicht auf den Zeitpunkt bereits unmittelbar nach Gifteinnahme abstellt, da Frau E. schon von da an hinsichtlich des weiteren Geschehens machtlos gewesen sei, stellt der Senat richtigerweise auf den Eintritt der Bewusstlosigkeit ab. Denn bis zu diesem Zeitpunkt hätte Frau E. noch Anweisungen zu ihrer Rettung geben können. Sie äußerte aber nichts dergleichen. So stellt auch der Bundesgerichtshof klar, dass, solange der Suizident noch Herr des Geschehens ist, die Tatherrschaft bei ihm liege, und ein Dritter deshalb in diesem Zeitraum mangels Tatherrschaft nicht verpflichtet sei, einzuschreiten[110]. Vor Eintritt der Bewusstlosigkeit kann sich eine Rechtspflicht zum Einschreiten allerdings aus der für jedermann geltenden allgemeinen Hilfeleistungspflicht aus § 323 c StGB ergeben[111]. Der Übergang der Tatherrschaft auf Prof. H. im Zeitpunkt des Bewusstseinsverlustes der Frau E. bzw. die Kausalität seines Untätigbleibens für den Erfolgseintritt scheiterte letztlich aber daran, dass zugunsten des Angeschuldigten nicht auszuschließen war, dass auch bei seinem sofortigen Eingreifen ihr Tod nicht mehr hätte verhindert werden können.

Nach den Feststellungen blieb nur eine versuchte Tötung auf Verlangen für die Zeit nach Eintritt der Bewusstlosigkeit zur Prüfung. Der Versuchstatbestand setzt aber einen entsprechenden Tatentschluss und damit ein vorsätzliches Handeln voraus. Das bedeutet, dass Prof. H. gewusst oder zumindest damit gerechnet haben müsste, dass sein sofortiges Eingreifen geeignet gewesen wäre, den

---

[110] BGHSt 32, 369, 374/ 375 = NJW 1984, 2639 ff.
[111] BGHSt 32, 367, 375

Tod zu vermeiden, und er dennoch für einen von ihm für möglich gehaltenen Fall der Rettung hatte untätig bleiben wollen[112]. Davon konnte nicht ausgegangen werden. Prof. H. hatte der Patientin das Kaliumcyanid als schnell und sicher wirkendes Gift erklärt und die mehrfache Dosis dessen, was zur Tötung eines Menschen erforderlich gewesen wäre, bereitgestellt; diese Annahme entsprach auch den Feststellungen eines Sachverständigengutachtens. Zudem wurde gutachterlich festgestellt, dass der Tod nach Einnahme von großen Mengen des Giftes nahezu hundertprozentig und blitzartig erfolgt[113]. Daher kann nicht angenommen werden, dass Prof. H. nach Eintritt der Bewusstlosigkeit eine Rettung noch für möglich gehalten hat, weshalb auch eine Versuchsstrafbarkeit ausscheidet.

Eine etwaige Verkennung der Giftwirkung und Fehleinschätzung der Rettungschancen könnte zur Annahme einer fahrlässigen Tötung führen. Diese scheitert jedoch wiederum an der nicht nachweisbaren Kausalität[114].

Schließlich führte der Senat noch aus, dass selbst wenn die Patientin nach Bewusstloswerden durch sofortiges ärztliches Eingreifen noch zu retten gewesen wäre und Prof. H. dies erkannt hätte, dennoch ein hinreichender Tatverdacht zu verneinen gewesen wäre. Denn die auf Lebenserhaltung gerichtete Garantenstellung des Prof. H. – sei sie aus dem Arzt-Patienten-Verhältnis oder aus Ingerenz wegen Überlassens des Giftes abgeleitet – entfällt hier durch den freiverantwortlich, bei voller Einsichtsfähigkeit erklärten Willen der Suizidentin, die ihm eine Zwangsbehandlung verboten hätte[115].
Das OLG München führt weiterhin aus, dass selbst bei Annahme einer fortbestehenden Garantenpflicht für Prof. H. nach Eintritt der Bewusstlosigkeit und bei unterstelltem Vorliegen eines vorsätzlichen Handelns eine Strafbarkeit dennoch an der mangelnden Rechtswidrigkeit seines Handelns gescheitert wäre. An diesem Punkt wäre dann nämlich das Vorliegen von Rechtfertigungsgründen nach § 34 StGB zu prüfen und bei der Rechtsgüterabwägung darauf abzustellen gewesen, ob das Sterbenlassen, das von ihr so sehr gewünscht und als Erlösung empfunden wurde, nicht eine Rettung und erzwungene Rückkehr in das Leben wesentlich überwiegt[116].

Selbst bei Bejahung der Rechtswidrigkeit wäre aber Prof. H. dennoch straflos geblieben, da ein Vorwurf auf Schuldebene entfallen wäre. Unter Berücksichti-

---

[112] vgl. BGHSt 32, 367, 370
[113] OLG München 1987, 2940, 2943
[114] OLG München 1987, 2940, 2943
[115] OLG München 1987, 2940, 2943
[116] OLG München 1987, 2940, 2944; Herzberg NJW 1986, 1635, 1639 ff.

gung der dargelegten Umstände wäre ihm die Einleitung von Maßnahmen zur Rettung von Frau E.`s Leben nicht zumutbar gewesen[117].

3.) Genehmigungsfähigkeit eines Behandlungsabbruchs nach § 1904 BGB analog

a) Beschluss des OLG Frankfurt a. M. 15.07.1998 – 20 W 224/98[118]
Nach Ansicht des OLG Frankfurt a. M. ist für einen Behandlungsabbruch von lebenserhaltenden Maßnahmen die vormundschaftsgerichtliche Genehmigung in entsprechender Anwendung des § 1904 BGB bei Berücksichtigung des mutmaßlichen Willens des Betroffenen möglich.

Nach § 1904 Abs.1 Satz 1 BGB bedarf *„die Einwilligung des Betreuers in (...) einen ärztlichen Eingriff der Genehmigung des Vormundschaftsgerichts, wenn die begründete Gefahr besteht, dass der Betreute auf Grund der Maßnahme stirbt*“.

Diesem Beschluss lag folgender Sachverhalt zugrunde: Die 84-jährige Betroffene befand sich seit Dezember 1997 nach einem ausgedehnten Hirninfarkt in stationärer Behandlung. Wegen anhaltender Bewusstlosigkeit mit vollständigem Verlust der Bewegungs- und Kommunikationsfähigkeit wurde sie über eine Magensonde (PEG) ernährt. Eine Besserung ihres Zustandes war nicht zu erwarten. Neben einer Verfahrenspflegerin wurde die Tochter der Betroffenen zur Betreuerin in *„allen Angelegenheiten*“ bestellt. Da sich die Mutter anlässlich des Todes von Angehörigen früher schon gegen ein langes Siechtum und eine künstliche Lebensverlängerung für sich ausgesprochen und kein langes Sterben habe ertragen wollen, stellte die Betreuerin im Frühjahr 1998 einen Antrag auf vormundschaftsgerichtliche Genehmigung zum Behandlungsabbruch durch Einstellung der Sondenernährung, die ärztlicherseits empfohlen worden war. Ein ärztliches Gutachten bestätigte, dass bei anhaltendem Koma eine relevante Besserung nicht mehr zu erwarten sei; offen bliebe hiernach dagegen, ob die Betroffene ihren Zustand als leidvoll erlebe und Schmerzen erdulden müsse. Bei Übereinstimmung mit dem mutmaßlichen Willen der Betroffenen sei die Einstellung der Kalorienzufuhr, die im Verlauf von Wochen bis Monaten zum Tod führe, aber eine vertretbare Maßnahme.

Das Vormundschaftsgericht wies den Beschluss zurück: Entgegen der Entscheidung des BGH[119] sei § 1904 BGB nicht analog auf eine gezielte Herbeiführung

---

[117] OLG München 1987, 2940, 2944
[118] OLG Frankfurt a.M. NJW 1998, 2747

des Todes anwendbar. Die von der Verfahrenspflegerin hiergegen eingelegte Beschwerde wies das Landgericht aus denselben Gründen zurück. Die weitere Beschwerde der Verfahrenspflegerin führte zur Aufhebung und Zurückverweisung.

Der erkennende Senat war mit dem BGH[120] der Auffassung, dass § 1904 BGB in diesem Fall entsprechend anwendbar sei[121]. Mangels unmittelbarer Todesnähe liege kein Fall einer so genannten passiven Sterbehilfe im engeren Sinn, also einer Hilfe beim Sterben[122] vor, sondern es gehe beim Abbruch lebenserhaltender Maßnahmen um die „*Hilfe zum Sterben*“. Der zu lösende Konflikt bestehe hier in den widerstreitenden Interessen des hohen Anspruchs an die Achtung des Lebens einerseits und des ebenfalls hohen Anspruchs auf Achtung der Selbstbestimmung andererseits. Allerdings habe der Gesetzgeber zum Ausdruck gebracht, dass er den Betreuer ermächtigen wolle, die mutmaßliche Weigerung des Betroffenen bezüglich einer lebensverlängernden Maßnahme zur Geltung zu bringen[123].

Die zur Begründung des Beschlusses herangezogene Entscheidung des BGH stützt ihre Begründung auf die im Wege teleologischer Auslegung (nach Sinn und Zweck) erfolgte richterliche Rechtsfortbildung, die eine planwidrige Lücke schließe. Eine Analogie sei auch bereits daher möglich, „*zumal der geregelte Tatbestand (Risikooperation) und der nicht geregelte Tatbestand (Behandlungsabbruch) bei wertendem Denken nicht absolut ungleich*“ seien. Als Schlussfolgerung daraus könne – so der erkennende Senat - dieser Analogie nicht entgegenstehen, dass beim Behandlungsabbruch ärztliches Untätigbleiben mit tödlichem Ausgang vorliege, während § 1904 BGB ausdrücklich nur ein aktives ärztliches Handeln mit dem Risiko des Todes beinhalte[124].

b) Die Anwendung des § 1904 BGB analog in der Diskussion

Gegen eine solche Analogie wird vorgebracht, dass in der Rechtsordnung ein „*Richter über Leben und Tod*“ nicht vorgesehen sei, und sich dies auch aus rechtsethischen und historischen Gründen verbiete[125]. Darüber hinaus könne der Betreuer in den Behandlungsabbruch nicht einwilligen, da es sich um eine höchstpersönliche Maßnahme im Sinne des § 1903 Abs. 2 BGB handele, die

---

[119] BGHSt 40, 257 = NJW 1995, 204 = NStZ 1995, 80 = JR 1995, 335 = MDR 1995, 80

[120] BGH NJW 1995, 204

[121] OLG Frankfurt a.M. NJW 1998, 2747, 2748

[122] Begrifflichkeiten: Schreibauer, BtPrax 1997, 217; vgl. auch die Richtlinien der BÄK für die ärztliche Sterbebegleitung in BtPrax 1997, 18, 19

[123] OLG Frankfurt a.M. aaO. m.w.N.

[124] OLG Frankfurt NJW 1998, 2747, 2748

[125] Deichmann MDR 1995, 983, 984 f.

einer solchen Einwilligung nicht zugänglich sei; die Entscheidung über die Fortsetzung des Lebens könne daher nicht *„argumentum a fortiori“*[126] dem Geltungsbereich des § 1904 BGB zugerechnet werden[127]. Beim Abbruch oder der Nicht-Aufnahme medizinischer oder bloßer Versorgungsmaßnahmen gehe es materiell gerade nicht um die Einwilligung in aktives medizinisch-pflegerisches Tun, sondern um das genaue Gegenteil, das der Gesetzgeber auch bewusst nicht habe mitregeln wollen[128].

Die beiden Vorinstanzen des OLG Frankfurt sind ebenfalls der Ansicht, § 1904 BGB sei gerade nicht auf die gezielte, bewusste Herbeiführung des Todes anwendbar, sondern diene schließlich der Verhinderung desselben.

Während letzteres Argument sicherlich juristisch vertretbar ist, geht ein Vergleich mit der Vernichtung *„lebensunwerten Lebens“* im Euthanasieprogramm der Nationalsozialisten fehl.

Dem richterlichen Vorbehalt komme gerade die entscheidende Kontrollfunktion *„von außen“* zu, die gerade und zusätzlich einem Missbrauch entgegenwirken soll[129]. So ergeben sich die Kriterien der Entscheidung des Vormundschaftsgerichts nach § 1904 BGB analog sowie unter besonderer Berücksichtigung des § 1901 BGB, eines Patiententestaments oder einer Betreuungsverfügung (§ 1901 a BGB). Im Rahmen des § 1901 BGB seien dabei an die Feststellung des mutmaßlichen Willens des Betroffenen strenge Anforderungen zu stellen, die bei Nichterfüllbarkeit zum Vorrang des Lebensschutzes führen.
Richtigerweise wird zudem ausgeführt, dass es bislang weder Verfahren noch Regelwerk gebe, um den mutmaßlichen Willen des Patienten und dessen medizinischen Zustand vor dem Abbruch lebenserhaltender Maßnahmen festzustellen[130]. Erst die nachträgliche Aufarbeitung dieser Fragen durch ein Strafgericht im Rahmen der Feststellung strafrechtlich relevanten Verhaltens nach den §§ 212 ff. StGB gebe eine rechtliche Überprüfungsmöglichkeit, die zu diesem Zeitpunkt allerdings nicht (mehr) gewollt ist, vor allem aber auch den Interessen des Patienten nicht mehr gerecht wird. Gerade zum Wohl des Betroffenen muss doch eine vorherige unabhängige Prüfung gewährleistet sein, um nicht zuletzt auch die Last dieser bedeutenden Entscheidung von den Schultern der Angehörigen, aber auch der Ärzte und des Pflegepersonals zu nehmen.

---

[126] so z. B. Schöch NStZ 1995, 153, 156; dagegen: Bernsmann ZRP 1996, 87, 90 f.
[127] Deichmann MDR 1995, 983, 985; Bernsmann ZRP 1996, 87, 90 f.
[128] Bernsmann ZRP 1996, 87, 91
[129] Verrel JZ 1996, 224, 229; Schöch NStZ 1995, 153, 156
[130] Knieper NJW 1998, 2720, 2720

Die gerade in Bezug auf diesen Beschluss vorgebrachten Bedenken, „*der Arzt werde der gefährlichste Mensch im Staate*“[131], wenn man ihm – zusätzlich zu seinem Auftrag Leben zu erhalten - zugestehe, ob es Wert habe oder nicht, das Leben zu erhalten, sind zwar nachvollziehbar, aber ausräumbar. Jegliche gesetzliche Regelung schützt nicht vor Missbrauch derselben. Wohl auch zum Beispiel im Betreuungsrecht gibt es gesetzliche Spielräume, die gesehen werden, aber als geringeres Übel zu dem gänzlichen Verzicht auf diese Regelungen toleriert werden. Im übrigen soll schließlich nicht der behandelnde Arzt allein über Sinn oder Unsinn einer Maßnahme entscheiden können, sondern letztendlich den an dieser Entscheidung zu beteiligenden Personen und dem erkennenden Gericht mit seinem Wissen aus medizinsicher Sicht zur Seite stehen und in Konsequenz dazu auch berechtigt sein, diese Gesamtentscheidung umzusetzen, also die Behandlung umzustellen bzw. gegebenenfalls auch abzubrechen.

Nicht gefolgt werden kann der Ansicht, dass derjenige, der einen Arzt in Anspruch nimmt, „*nur ärztliches erwarten darf, nicht jeden Dienst nach eigener Wahl*“[132]. Es grenzt wohl an Haarspalterei, wenn man den Abbruch einer lebenserhaltenden Maßnahme als ein „*nichtärztliches*“ Handeln bezeichnet, während es vor Beginn einer Behandlung ein reines Nichtstun wäre. Im übrigen ist nach ganz herrschender Rechtsprechung[133] bei jedem ärztlichen Eingriff zum Entfallen der Rechtswidrigkeit der tatbestandsmäßig gegebenen Körperverletzung die Einwilligung des Patienten in die Behandlung erforderlich, so dass die vorgenannte Argumentation schon deshalb nicht greifen kann. Der Arzt muss sich dem unter Umständen unvernünftigen Willen des Patienten beugen, so dass auch hier ein jeder Patient sehrwohl den ärztlichen Dienst nach eigener Wahl in Anspruch nehmen kann. Dementsprechend kommt auch Laufs auf der zweiten Stufe seiner Prüfung zu dem Ergebnis, dass das „*Nein*" des Patienten am Ende Respekt verlangt, auch wenn es unvernünftig erscheint[134].

Nicht vernünftig erscheint dagegen die Schlussfolgerung, dass trotz des unstreitig existierenden „*Grenzfalls, für den das Gesetz nicht erlassen ist und dem es nicht voll gerecht werden kann, (...) keinerlei Grund oder Anlass*“ besteht, „*den Grenzfall zu einem neuen Regelfall zu erklären*"[135]. Soll denn etwa sehenden Auges diese „*Anarchie*“, die letztendlich auf dem Rücken der Betroffenen ausgetragen wird, und mit Betroffenen ist ein großer Kreis, nämlich über den der Angehörigen und Betreuer der Patienten hinaus auch der große Kreis der Ärzteschaft und des Pflegepersonals, bis in alle Ewigkeit akzeptiert werden? Das Pro-

---

131 Laufs NJW 1998, 3399, 3399

132 Laufs NJW 1998, 3399, 3400

133 BGHSt 11,111, 114; 12, 379, 382 ff.; 16, 309, 310 ff.

134 Laufs NJW 1998, 3399, 3400

135 Schirrmacher, Ztschr. f. LebensR 1998, 22, 25 f.

blem, das schließlich in dem raschen Fortschritt der medizinischen Möglichkeiten wurzelt bzw. hierdurch geradezu genährt und ausgeweitet wird, lässt das Bedürfnis nach einer gesetzlichen Regelung doch stetig größer werden.

c) Vor- und Nachteile der Zuständigkeit des Vormundschaftsgerichts

Die Entscheidung des OLG Frankfurt a.M. macht eine gesetzliche Regelung aber nicht entbehrlich. Zwar kann eine planwidrige Lücke zur Begründung der Analogie auch noch nach Inkrafttreten des Betreuungsrechtsänderungsgesetzes (BtÄndG 01.01.1999) angenommen werden, da hiermit keine inhaltliche Reform verbunden war, die nicht wirtschaftlich begründet gewesen wäre[136]. So hat der Gesetzgeber zwar trotz Kenntnis des strafrechtlichen Urteils des BGH zur analogen Anwendbarkeit des § 1904 BGB und trotz entsprechender Stellungnahme des Vormundschaftsgerichtstags[137] keine Regelung getroffen. Dennoch kann wohl auch danach noch eine planwidrige Regelungslücke angenommen werden, da mit dem Betreuungsrechtsänderungsgesetz lediglich die mit dem Betreuungsgesetz von 1992 verbundenen erheblichen finanziellen Belastungen, insbesondere der Justizetats, verringert werden sollten[138]. Dementsprechend wurden auch die Zwangsbefugnisse des Betreuers trotz Regelungsbedarf in der Praxis nicht geregelt; materiellrechtlich wurde nur die Vorsorgevollmacht gestärkt und dies auch nur aus finanziellen Erwägungen[139].

Dennoch problematisch bleibt zunächst, dass die Strafgerichte nicht an die Feststellungen der Vormundschaftsgerichte gebunden sind. Das bedeutet, dass Angehörige, Ärzte und Pflegepersonen auch bei vormundschaftsgerichtlicher Genehmigung nicht vor anschließender Strafverfolgung sicher sein können. Im Ergebnis hilft diese Möglichkeit, die durch das Urteil des BGH bzw. durch die Entscheidung des OLG eröffnet wird, betroffenen Personen allenfalls ein wenig bei der Entscheidungsfindung weiter, gibt allerdings bislang keine absolute Rechtssicherheit.

Des weiteren ist problematisch, dass im Betreuungsrecht nicht nur der (unter Umständen aus ärztlicher Sicht unvernünftige) Wille des Betroffenen maßgeblich ist, sondern auch dessen Wohl. So heißt es in § 1901 Abs. 2 Satz 1 und Abs. 3 Satz 1 BGB: *„Der Betreuer hat die Angelegenheiten des Betreuten so zu besorgen, wie es dessen Wohl entspricht. (...) Der Betreuer hat Wünschen des Betreuten zu entsprechen, soweit dies dessen Wohl nicht zuwiderläuft und dem Betreuer zuzumuten ist.*"

---

136 Knieper NJW 1998, 2720, 2721

137 Knieper NJW 1998, 2720, 2721 Fn.5: AnwGH Nordrhein-Westfalen – I ZU 10/98

138 Knieper NJW 1998, 2720, 2721

139 NJW 1997, 3238 = BRAK - Mitteilung 1997, 267 = MDR 1998, 68 zitiert bei Knieper NJW 1998, 2720, 2721 (Fn.6)

Diese Grundsätze sind nicht ganz einfach in Einklang zur analogen Anwendung des § 1904 BGB auf den Abbruch lebenserhaltender Maßnahmen zu bringen. Kann es überhaupt dem „*Wohl*“ eines Patienten entsprechen, auf lebenserhaltende Maßnahmen zu verzichten? Dies hängt wiederum davon ab, wie und vor allem aus welcher Sicht das „*Wohl*“ bestimmt wird. In Übereinstimmung mit dem Willen des Patienten, der auch aus grundrechtlicher Sicht im Vordergrund stehen soll und dem natürlichen Wortsinn, nämlich dass das Wohl an sich eine subjektive Wertung per se beinhaltet, sollte dieser Widerspruch im Betreuungsrecht der analogen Anwendung des § 1904 BGB jedoch nicht entgegenstehen.

Letztlich nicht geklärt ist jedoch das Genehmigungsverfahren selbst, das heißt, wie der mutmaßliche Wille und der medizinische Zustand des Betroffenen festzustellen sind. Das Genehmigungsverfahren nach § 1904 BGB erfordert nur ein ärztliches Gutachten, das nach Inkrafttreten des Betreuungsrechtsänderungsgesetzes zum 01.01.1999 sogar von dem ausführenden Arzt selbst erstellt werden kann, da die zwingende Ausschlussklausel des § 69 d Abs. 2 FGG ab dem 01.01.1999 nur noch eine Sollvorschrift ist. Vorgeschlagen wird daher, die verfahrensrechtlichen Vorschriften, die für die Einwilligung in eine Sterilisation nach § 1905 BGB gelten, heranzuziehen[140]. Wegen der Unumkehrbarkeit dieses Eingriffs gelten hierfür zum einen die strengsten Verfahrensvorschriften des Betreuungsrechts und zum anderen sei auch der Abbruch lebenserhaltender Maßnahmen eine endgültige, unumkehrbare Maßnahme. Das Gericht muss sich hiernach zum Beispiel auf mehrere Gutachten stützen, und auch nach Inkrafttreten des Betreuungsrechtsänderungsgesetzes ist zwingend ein Verfahrenspfleger nach § 67 Abs. 1 Satz 5 FGG zu bestellen, dem es obliegt, das Verfahren als „*objektiver Pfleger*“ zu überwachen.

Vorteilhaft an der Willensermittlung durch Vormundschaftsgerichte ist, dass den Angehörigen und behandelnden Ärzten die bedrückende Last bzw. Gefahr einer fehlerhaften Beurteilung des mutmaßlichen Willens abgenommen wird, die eine Verurteilung der Betroffenen gemäß § 212 StGB nach sich ziehen kann[141]. Eine solch strafrechtliche ex-post-Betrachtung ist auch aus Sicht des Patienten nicht sachdienlich. Zudem sind Vormundschaftsgerichte auf die Willensermittlung von Personen, die aufgrund einer Krankheit oder Behinderung ihre eigenen Angelegenheiten nicht mehr allein regeln können, spezialisiert, vgl. §§ 1896 ff. BGB; ebenso können sie aufgrund ihrer tagtäglichen Arbeit die entsprechenden medizinischen Gutachten verstehen[142]. Aufgrund der in vormundschaftsgericht -

---

[140] Knieper NJW 2720, 2721
[141] BGH NJW 1995, 204, 205 ff.
[142] Knieper NJW 2720,2720 f.

lichen Verfahren geltenden Amtsermittlungspflicht sind die Vormundschaftsgerichte fernerhin in der Lage, alle erforderlichen Informationen einzuholen und maßgebliche Umstände und Indizien zu ermitteln, ohne zum Beispiel auf ein Patiententestament beschränkt zu sein, zumal ihnen die Betroffenen oftmals bereits aus betreuungsrechtlichen Zusammenhängen bekannt sind[143]

Es bleibt somit festzuhalten, dass entscheidende Aspekte für die Zuständigkeit und bindende Entscheidung durch die Vormundschaftsgerichte sprechen.

4.) Das „Kemptener Urteil“[144]

In dem dieser Entscheidung zugrunde liegenden Strafverfahren hatte das Landgericht Kempten einen Behandlungsabbruch auf Grund eines mutmaßlichen Patientenwillens rechtlich zu würdigen. Die Angeklagten wurden mit Urteil vom 17.05.1995 – 2 Ks 13 Js 13155/93 – letztendlich freigesprochen, nachdem der BGH[145] zuvor in der Revision die Aufhebung des Urteils der 1. Strafkammer des LG Kempten, mit dem die Angeklagten zunächst wegen gemeinschaftlichen versuchten Totschlags verurteilt worden waren, und Zurückverweisung an eine andere Strafkammer des LG ausgeurteilt hatte.

In der erneuten Hauptverhandlung ergab sich folgender Sachverhalt: Die Mutter des Angeklagten S., Frau S., litt ca. seit Ende 1989 an der Alzheimer Krankheit und präseniler Demenz. Im Februar 1990 wurde für sie eine Pflegschaft gemäß § 1910 BGB mit den Wirkungskreisen Aufenthaltsbestimmung, Zuführung zur ärztlichen Heilbehandlung und Vermögensverwaltung angeordnet und ihr Sohn S. zu ihrem Pfleger bestimmt. Mit Einführung des neuen Betreuungsrechts im Jahr 1992 wurde die bestehende Pflegschaft in eine Betreuung umgewandelt.

Nach einem Herz- und Kreislaufstillstand Anfang September 1990 wurde Frau S. zu einem 100%-igen Pflegefall. Sie war irreversibel schwerst cerebral geschädigt, nicht ansprechbar, schluck-, geh- und stehunfähig. Sie befand sich in einem so genannten Koma vigile mit Resten von Schlaf-/ Wachrhythmus. Sie lag in einer Krampfstellung mit Kontrakturen an den Gliedmaßen im Bett. Künstliche Ernährung und Hydrierung durch die Nase führten zu Verwachsungen und Entzündungen, so dass eine perkutane Magensonde (PEG) gelegt werden musste. Die anfangs leicht übergewichtige Patientin magerte bis zum Frühjahr 1993 auf 35 bis 40 kg ab.

---

[143] Knieper NJW 2720,2721
[144] BGHSt 40, 257 ff.
[145] Urteil vom 13.09.1994 – 1 StR 357/ 94 -

Ende Januar 1993 regte der Angeklagte Dr. T. bei S. an, den Zustand seiner Mutter, bei dem keine Besserung zu erwarten sei, zu beenden, indem die Sondenernährung eingestellt und nur noch Tee durch die Sonde verabreicht werden sollte. Der Tod würde sich nach einiger Zeit - ohne qualvolles Leiden - einstellen. Dr. T. hielt diese Vorgehensweise aufgrund früherer Erkundigungen als mit dem Standesrecht und der bestehenden Rechtslage vereinbar. Der Angeklagte S. holte in der Folgezeit Rat bei Verwandten und Freunden seiner Mutter ein, die ihn bekräftigten, mit dieser Beendigung des Zustandes dem Willen der Mutter zu entsprechen. Daraufhin kam es zu folgender Eintragung in dem im Schwesternzimmer der Pflegeabteilung ausliegenden ärztlichen Verordnungsblatt: „*Im Einvernehmen mit Dr. T. möchte ich, dass meine Mutter nur noch mit Tee ernährt wird, sobald die vorhandene Flaschennahrung zu Ende ist oder aber ab 15.03.1993.*" Diese Eintragung wurde von S. und Dr. T. unterschrieben.

Da das Pflegepersonal jedoch Bedenken gegen die rechtliche Zulässigkeit dieser Anweisung hatte, wurde letztlich das Vormundschaftsgericht eingeschaltet, das einen Beschluss erließ mit dem Inhalt, dass die geplante Einstellung der künstlichen Ernährung vormundschaftsgerichtlich nicht genehmigt wird. Zur Begründung führte das Vormundschaftsgericht aus, dass es sich vorliegend um einen genehmigungsbedürftigen Fall des § 1904 BGB handele. Daraufhin beantragte S. beim Vormundschaftsgericht die Umstellung der künstlichen Ernährung seiner Mutter auf Tee. Diesem Antrag war eine ärztliche Bescheinigung des Dr. T. beigefügt, die den irreversiblen Zustand der Frau S. schilderte und die Ausführungen des S. bestätigten. Nach Untersuchung der Frau S. durch eine Landgerichtsärztin lehnte das Vormundschaftsgericht den Antrag des S. ab. Frau S. wurde in der Folgezeit von einem anderen Arzt betreut. Nachdem die Magensonde hatte ausgewechselt werden müssen, verschlechterte sich ihr Zustand. Nachdem zusätzlich noch ein Lungenödem aufgetreten war, starb Frau S. schließlich am 29.12.1993.

Die 2. Kammer des LG Kempten stellte in Übereinstimmung mit dem BGH im Urteil vom 13.09.1994 fest, dass die Angeklagten den objektiven und subjektiven Tatbestand des versuchten Totschlags gemäß §§ 212, 22, 23, 25 Abs. 2 StGB erfüllt haben. Ein Fall der zulässigen passiven Sterbehilfe[146] lag nicht vor, da das Sterben der Frau S. noch nicht eingesetzt hatte. Die Vitalfunktionen (Herz, Kreislauf, Atmung) waren noch intakt. Nach dem beabsichtigten Abbruch der künstlichen Ernährung hat Frau S. noch 9 Monate gelebt, so dass der objektive Tatbestand erfüllt ist. Die beiden Angeklagten handelten auch mit entsprechendem Tötungswillen, da sie sich darüber bewusst waren, dass der Tod infolge des Abbruchs der künstlichen Ernährung eintreten wird. Eine ausdrückliche

[146] siehe B. I. 4.), S. 27 ff.

Einwilligung der Frau S. zu diesem Behandlungsabbruch hatte nicht vorgelegen. Die Tat war auch nicht durch die Zustimmung des S. gerechtfertigt, da diese wegen der Genehmigungsbedürftigkeit gemäß § 1904 BGB unwirksam war. Nach Sinn und Zweck dieser Vorschrift müsse diese nämlich erst recht entsprechend anzuwenden sein, wenn die ärztliche Maßnahme in der Beendigung einer bisher durchgeführten lebenserhaltenden Behandlung besteht und der Sterbevorgang noch nicht unmittelbar eingesetzt hat.

Freizusprechen waren beide Angeklagte letztlich aber wegen des eigenständig zu prüfenden Rechtfertigungsgrundes der mutmaßlichen Einwilligung. Dieser folge aus dem besonders zu schützenden allgemeinen Selbstbestimmungsrecht. Die zur Erforschung des mutmaßlichen Willens heranzuziehenden Indizien hat der BGH in seinem Urteil vom 13.09.1994 sowie in einer weiteren Entscheidung vom 25.03.1988[147] wie folgt aufgezählt: Religiöse Überzeugung, sonstige persönliche Wertvorstellungen, altersbedingte Lebenserwartung, Erleiden von Schmerzen und in Anlehnung an die damals gültigen Richtlinien der Bundesärztekammer für die Sterbehilfe[148] die Belastbarkeit der Patientin durch Schmerzen, die Zumutbarkeit medizinsicher Eingriffe sowie die individuelle Grundeinstellung der Patientin.

Hiernach lagen einige gewichtige Indizien vor, wie zum Beispiel zahlreiche eindeutige frühere Äußerungen der Frau S. zur Vorstellung über das letzte Stadium des Lebens und ihre in ihrem Lebensstil deutlich zutage getretene geringe Schmerz- und Leidenstoleranz. Die Gesamtwürdigung aller Indizien ergaben eine Grundeinstellung der Frau S., wonach das beabsichtigte Handeln der beiden Angeklagten ihrem mutmaßlichen Willen entsprochen hätte. Da S. sich zuvor Bestätigung und Rat von Freunden und Verwandten der Mutter hat geben lassen und diese dann auch an Dr. T. so weitergegeben hatte, galt der Rechtfertigungsgrund der mutmaßlichen Einwilligung für beide Angeklagten gleichermaßen.

5.) Mutmaßliche Einwilligung als Rechtfertigungsgrund

Die bei der Ermittlung des mutmaßlichen Willens zugrunde zu legenden Kriterien bzw. ihre Gewichtung zueinander sind umstritten. Der 5. Strafsenat des Bundesgerichtshof hat in seinem Urteil vom 05. Oktober 1999 zum mutmaßlichen Willen ausgeführt[149]: *„Die mutmaßliche Einwilligung bildet einen eigenständigen Rechtfertigungsgrund (für ärztliches Handeln). Im Hinblick auf den Vorrang des Selbstbestimmungsrechts ist der Inhalt des mutmaßlichen Willens in*

---

[147] BGHSt 35, 246, 249
[148] MedR 1985, 38 ff.
[149] BGHSt 45, 219, 221

erster Linie aus den persönlichen Umständen des Betroffenen, aus seinen individuellen Interessen, Wünschen, Bedürfnissen und Wertvorstellungen zu ermitteln... Liegen keine Anhaltspunkte dafür vor, dass sich der Patient anders entschieden hätte, wird allerdings davon auszugehen sein, dass sein (hypothetischer) Wille mit dem übereinstimmt, was gemeinhin als normal und vernünftig angesehen wird."

Zum Teil wird der Befragung der Ehe- oder Lebenspartner und der nächsten Verwandten ein *Interpretationsvorrang* zugestanden[150]. Dies ist wohl aber richtigerweise abzulehnen, bzw. nicht für jeden Einzelfall als verbindlich anzusehen. Schließlich liegt es im pflichtgemäßen Ermessen des Arztes, sich eine Überzeugung vom mutmaßlichen Willen des Patienten zu verschaffen. Vertreten wird deshalb auch, den Äußerungen der nächsten Angehörigen lediglich ein *besonderes Gewicht* zukommen zu lassen[151].

Während der BGH in seinem Kemptener Urteil[152] zu den Voraussetzungen für die Annahme eines mutmaßlichen Einverständnisses feststellte: „*Lassen sich konkrete Umstände für die Feststellung des individuellen mutmaßlichen Willens des Kranken nicht finden, so kann und muss auf Kriterien zurückgegriffen werden, die allgemeinen Wertvorstellungen entsprechen*", lehnte das Oberlandesgericht Karlsruhe/Freiburg[153] es ab, hilfsweise auf allgemeine Wertvorstellungen abzustellen. Letzteres erscheint auch vorzugswürdig, da mit dem Heranziehen eines solch weitreichenden Kriteriums dem Missbrauch Tür und Tor geöffnet und auch dem Einzelfall nicht gerecht würde. Schließlich könnte fast alles darunter gefasst werden, zum Beispiel auch Kostenerwägungen im Gesundheitswesen, und das kann wohl nicht gewollt sein, wenn man versucht, den mutmaßlichen Willen des Betroffenen zu erforschen.

III. Täterschaft – Teilnahme

1.) Straflosigkeit der Selbsttötung

Nach derzeit geltendem deutschen Recht ist die eigenverantwortlich begangene Selbsttötung nicht tatbestandsmäßig und daher nicht strafbar, da die Tötungsde-

---

[150] Hufen NJW 2001, 849, 856

[151] Vortrag Kutzer, 8. Vormundschaftsgerichtstag, 08.11.2002 in Erkner und Tagung von pro voluntate in Dresden, 09.11.2002, (S. 7), z.B. nachlesbar: www.provoluntate.de/download/vortrag_kutzer.pdf

[152] BGHSt 40, 257, 263

[153] OLG Karlsruhe/Freiburg, Beschluss vom 29.10.2001 – 19 Wx 21/ 01 – NJW 2002, 685, (688 f.), 689; ebenso Kaufmann MedR 1983, 121, 125

likte jeweils die Tötung eines *anderen* Menschen erfordern, nicht die eigene Tötung[154]. Dementsprechend kann sich das Opfer einer Tötung auf Verlangen nicht in strafbarer Weise angreifen, d. h. auch wenn die Tötung im Versuch stecken bleibt, ist der Verlangende straflos, obwohl an sich in seiner Person eine Anstiftung zur versuchten Tat nach § 216 StGB vorliegt[155]. Der Verlangende handelt tatbestandslos und verwirklicht in seiner Person kein strafbares Unrecht, *„auch nicht als Teilnahmeunrecht: Denn die Schuldteilnahmetheorie, die den Strafgrund der Teilnahme auf die Schuldverstrickung des Täters gründet, ist dem deutschen Recht fremd, wie § 29 StGB unwiderleglich beweist“*[156].

Nur vereinzelt wurden entgegen diesem klaren Gesetzeswortlaut in der Vergangenheit Sanktionen sogar im Anschluss an eine vollendete Selbsttötung ersonnen, wie zum Beispiel die Verstümmelung der Leiche oder die Konfiskation des Nachlasses wegen Verlustes der Erblasser- und Testierfähigkeit[157]. In England war der Suizid sogar noch bis 1961 unter Strafe gestellt[158].

Dem deutschen Strafgesetz ist eine Strafbarkeit der Selbsttötung allerdings seit jeher fremd. Der Grund liegt wohl zum einen darin, dass das Reichsstrafgesetzbuch von 1871 als Ursprung des heutigen Strafgesetzbuches aus der Gedankenwelt des Hochliberalismus stammte, für dessen Denkweise es schlechterdings unerträglich war, einen Menschen für die Schädigung seiner eigenen Rechtsgüter zu bestrafen[159]. Zum anderen wird der gesetzgeberische Wille, den Suizidenten straflos zu lassen, mit der Erwägung begründet, dass ein solcher sich in einem psychischen Ausnahmezustand befindet, der zwar noch nicht zwingend zur Schuldunfähigkeit führen muss, jedoch dazu führt, dass dieser zum Psychiater statt vor den Strafrichter gehört[160].

Vor dem Hintergrund dieser Erwägungen wird deutlich, dass diese Privilegierung nicht auf einen Teilnehmer an einer Selbsttötung zutrifft. Zwei der der deutschen besonders verwandten Rechtsordnungen haben daher dementsprechend die Teilnahmehandlung wie folgt pönalisiert.

In Art. 115 des Schweizerischen Strafgesetzbuches heißt es unter der Überschrift *„Verleitung und Beihilfe zum Selbstmord“*: *„Wer aus selbstsüchtigen Be-*

---

[154] stRspr. BGH 2, 150, 152; 13, 162, 167; 19, 135, 137; 24, 342, 343; 32, 262, 264; 32, 367, 371; Tröndle/Fischer vor § 211 Rn.10
[155] Roxin FS-Schreiber 399, 402
[156] Roxin FS-Schreiber 399, 402
[157] Simson, Die Suizidtat, 1976, 42/ 43
[158] Schmitt JZ 1985, 365, 365
[159] Schmitt JZ 1985, 365, 365
[160] Schmitt JZ 1985, 365, 366

weggründen jemanden zum Selbstmord verleitet oder ihm dazu Hilfe leistet, wird, wenn der Selbstmord ausgeführt oder versucht wurde, mit Zuchthaus bis zu 5 Jahren oder mit Gefängnis bestraft."[161]

In § 78 des Österreichischen Strafgesetzbuchs wird unter der Überschrift: „*Mitwirkung am Selbstmord*" geregelt: „*Wer einen anderen dazu verleitet, sich selbst zu töten, oder ihm dazu Hilfe leistet, ist mit Freiheitsstrafe von sechs Monaten bis zu fünf Jahren zu bestrafen.*"[162]

Folgt man aber der in Deutschland ganz herrschenden Meinung zur Straflosigkeit des Selbstmörders, so kann sich - mangels teilnahmefähiger Haupttat - nicht als Anstifter oder Gehilfe strafbar machen, wer sich an einem Selbstmord eines Dritten nur beteiligt; das folgt aus dem in Deutschland geltenden Prinzip der limitierten Akzessorietät, wonach eine Teilnahmehandlung eine vorsätzliche und rechtswidrig begangene Haupttat voraussetzt[163].

Eine Strafbarkeit ergibt sich also grundsätzlich erst, sofern die Grenze zur Täterschaft überschritten ist, und sich der Beteiligte im Rahmen des § 216 StGB bzw. der §§ 211 ff. StGB bewegt, oder sofern es sich um keine eigenverantwortliche Selbsttötung handelt, sondern um die Handlung eines unfrei handelnden Werkzeuges aufgrund eines in tatsächlicher oder rechtlicher Hinsicht überlegenen Hintermannes.

2.) Von der straflosen Beihilfe zur Selbsttötung zur Tötung durch Unterlassen des Garanten

Problematisch ist zunächst die Beurteilung des eigentlich straflosen Teilnehmers einer Selbsttötung, wenn der Suizident bewusstlos wird, infolge dessen die Möglichkeit des Rücktritts von dem eigenverantwortlich in Gang gesetzten Kausalverlauf endgültig verloren hat, und der Beteiligte etwa als Arzt oder Angehöriger ihm gegenüber eine Garantenstellung hat, die ihn nun verpflichtet, geeignete Rettungsmaßnahmen vorzunehmen.

Nach Ansicht des BGH im Krefelder Urteil macht sich hierbei der Unterlassende - je nach innerer Einstellung zum ohne sein Eingreifen bevorstehenden Tod des Suizidenten – wegen eines fahrlässigen oder sogar vorsätzlichen Tötungsdeliktes durch Unterlassen strafbar[164]: Sofern hiernach den Unterlassenden eine Garantenstellung für das Leben des Bewusstlosen trifft, so macht er sich straf-

---

[161] zum Beispiel nachzulesen unter: www.admin.ch/ch/d/sr/311_0/a115html

[162] zum Beispiel nachzulesen unter: www.internet4jurists.at/strafrecht/recht_oe1.html

[163] Tröndle/Fischer vor § 25 Rn.9

[164] BGHSt 32, 367, 373; vgl. B. II. 1.), S. 31 ff.

bar, wenn er die zur Lebensrettung erforderliche und ihm zumutbare Hilfe nicht leistet.

Dass der Unterlassende nur den Todeswunsch des Bewusstlosen respektieren und unterstützen will, ändert an der Beurteilung seiner Strafwürdigkeit nach Auffassung des BGH nichts. Denn die Abgrenzung der Täterschaft von der straflosen Teilnahme nimmt die Rechtsprechung vor allem anhand des Kriteriums der Tatherrschaft vor, wer also den Tatablauf tatsächlich beherrsche und die Herrschaft über den todbringenden Moment in den Händen habe. Diese Tatherrschaft falle einem Dritten regelmäßig zu, sobald der Suizident bewusstlos wird, da dieser dann von seiner Tat nicht mehr zurücktreten könne, und der Todeseintritt allein in den Händen des Garanten liege[165].

Gestützt wird die Ansicht der Rechtsprechung durch die Suizidforschung[166], die belegt, dass der Todeswunsch eines Suizidenten in den meisten Fällen sofort nach der Tat verfalle. In der Fachwelt besteht völlige Einigkeit über den extremen Seltenheitswert des *„echten Bilanzselbstmordes"*[167]. Hiermit lässt sich auch die unterschiedliche Behandlung von Suizidpatienten gegenüber den so genannten Normalpatienten begründen.

Eine Einschränkung der Strafbarkeit durch Unterlassen ergibt sich allerdings dadurch, dass Voraussetzung für den Übergang der effektiven Tatherrschaft und für das Vorliegen der Kausalität ist, dass der Garant die tatsächliche Möglichkeit gehabt hätte, den Tod mit an Sicherheit grenzender Wahrscheinlichkeit zu verhindern, oder dass der Tod durch sein Eingreifen erst erheblich später eingetreten wäre[168]. Hieran scheiterte schließlich auch die Strafbarkeit des Professor Hackethal[169].

Ein wesentlicher Unterschied zwischen den Ausführungen des BGH im Krefelder Urteil und dem Hackethal-Beschluss des OLG München zur Garantenpflicht besteht darin, dass nach dem OLG München die Garantenpflicht durch das Selbstbestimmungsrecht des Patienten derart begrenzt wird, dass das aus dem Arzt-Patienten-Verhältnis abgeleitete Behandlungsrecht des Arztes und seine auf den Lebensschutz zielende Behandlungspflicht entfallen, und er nur noch

---

[165] BGHSt 32, 367, 374

[166] SK-Horn § 212 Rn.18

[167] LK-Jähnke Vor § 211 Rn.27: unter anderem mit Nachweisen der einschlägigen psychiatrischen Literatur; SK-Horn § 212 Rn.12; Geilen JZ 1974, 145, 152: mit Nachweisen zum Meinungsstreit, ob nicht jeder Selbstmord als Endpunkt einer krankhaften Entwicklung anzusehen ist.

[168] OLG München 1987, 2940, 2942

[169] vgl. B. II. 2.), S. 35 ff.

Garant für die Basisversorgung ist[170]. Dieser bei voller Einsichtsfähigkeit eigenverantwortlich erklärte Wille eines Suizidenten steht einer Zwangsbehandlung ebenso wie bei einem Normalpatienten entgegen, zumindest soweit sich keine ernsthaften Anhaltspunkte für einen Sinneswandel des Suizidenten ergeben. Der vom urteilsfähigen Patienten ausgesprochene Verzicht hinsichtlich lebensverlängernder Maßnahmen bindet den Arzt hiernach sogar auch dann, wenn der Patient im voraussehbaren Verlauf der Krankheit das Bewusstsein verliert und keine wesentliche Veränderung der seiner Erklärung zugrunde liegenden tatsächlichen Umstände erkennbar ist[171], weil die Entscheidung auch gerade für diese Stadium getroffen wurde[172].

Nach Auffassung des BGH kann dagegen auch ein freiverantwortlich handelnder Suizident den Garanten nicht aus seiner Garantenstellung entlassen; der Wille des Selbstmörders ist hiernach vielmehr unbeachtlich[173]. In der Literatur wird dieser Fall größtenteils als durch Unterlassen begangene straflose Beilhilfe zum Selbstmord angesehen; der Garant soll hiernach nicht verpflichtet sein, die freiverantwortlich in Gang gesetzte Selbsttötung abzubrechen, sobald der Selbstmörder das Bewusstsein verloren hat und es keine Anzeichen dafür gibt, dass er hiervon zurücktreten will[174]. Teilweise wird hiervon eine Ausnahme gemacht für den Fall, dass ein Arzt auf Bitten eines Angehörigen die Behandlung des Bewusstlosen übernimmt[175].

Generell zustimmend, allerdings im Ergebnis größtenteils dennoch strafbarkeitsbejahend, sind weitere Literaturansichten; so geschehen nach einer Ansicht nur 5 % aller Selbstmorde eigenverantwortlich, so dass in 95 % der Fälle ein strafbares Unterlassen vorliege[176].

Ähnlich stellt eine andere Auffassung auf den „*ausgereiften Bilanzselbstmord*“ als Kriterium für die Straflosigkeit des Garanten ab[177]. Dass ein solch unbestimmtes, nur schwer definierbares und vor allem objektiv kaum überprüfbares Kriterium freilich in der Praxis nicht viel weiterhilft, dürfte auf der Hand liegen.

---

170 OLG München 1987, 2940, 2943
171 Kutzer MDR 1985, 710, 712; Tröndle/Fischer vor §§ 211 – 216 Rn.24
172 OLG München 1987, 2940, 2943
173 siehe hierzu auch B. III. 5.), S. 57 ff.; BGHSt 6, 147, 153; BGHSt 32, 367, 375 f.
174 Schönke/Schröder-Eser Vorbem §§ 211 Rn.35 f., 41, 44; Tröndle/Fischer vor §§ 211 bis 216 Rn.12
175 Tröndle/Fischer vor § 211 Rn.12
176 Jähnke in LK Vor § 211 Rn.27, 29
177 SK-Horn § 212 Rn.17

3.) Abgrenzung der straflosen Beihilfe zur Selbsttötung von der strafbaren Tötung auf Verlangen

Zur Abgrenzung der Täterschaft von der bloßen Teilnahmehandlung werden verschiedene Theorien vertreten.

a) Subjektive Theorie

Nach einer Mindermeinung und nach der vom Reichsgericht in ständiger Rechtsprechung vertretenen Ansicht soll es auf den subjektiven Willen des Täters ankommen[178]. Hiernach ist der Dritte Täter, wenn er die Tat als eigene wollte, das heißt mit einem entsprechenden Täterwillen, dem so genannten animus auctoris gehandelt oder ein eigenes Interesse an der Tat hat[179]. Auf die extrem - subjektive Theorie[180] ist an dieser Stelle nicht näher einzugehen, da sie – wenn auch nicht ausdrücklich durch die Rechtsprechung[181] – so doch im allgemeinen als „*überholt*" angesehen wird[182].

Die subjektive Theorie widerspricht allerdings der gesetzlichen Regelung über die Täterschaft, wie sie sich aus § 25 StGB in Verbindung mit den einzelnen Tatbeständen des geltenden Strafrechts ergibt[183]. Aus allen in § 25 StGB genannten drei Alternativen ergibt sich, dass für die Täterschaft ein objektives Element konstitutiv ist, nämlich die *Begehung* der Straftat, wobei *Begehen* als „*die Erfüllung des Straftatbestandes beherrschen bzw. in funktionaler Arbeitsteilung mitbeherrschen*" bedeutet[184].

Dieser Ansatz ist darüber hinaus vor allem für die Abgrenzung der Beihilfe von der Täterschaft in Fällen der Selbsttötung ungeeignet, da sich der Dritte regelmäßig dem Willen des Suizidenten unterwirft und daher hiernach wohl nie feststellbar Täter im Sinne des § 216 StGB sein könnte.

b) Lehre von der Tatherrschaft

Der Bundesgerichtshof nimmt die Abgrenzung nach den allgemein gültigen Kriterien zur Abgrenzung des Teilnehmers vom Täter vor[185]. Hiernach komme

---

178 Baumann AT § 36 I 3c S.531 f.; RGSt 74, 84 ff.; BGHSt 13, 162, 166

179 RGSt 74, 84, 85/ 86; BGH St 18, 87, 89/ 90, 95/ 96; Arzt JZ 1984, 428, 429; Hartung JZ 1954, 430, 431

180 „*Badewannen-Fall*", Urteil vom 19.02.1940, St 74, 84 ff;. siehe dazu Hartung JZ 1954, 430 f.; „*Staschynski-Fall*", BGH, Urteil vom 19.10.1962, St 18, 87

181 BGH, Urteil vom 26.11.1986, NStZ 1987, 224 f.; BGHSt 39, 1, 31 a.E., 32; Baumann stimmt dem Staschynski-Fall im Ergebnis zu: NJW 1963, 561, 565

182 Krey AT Band 2 Rn.47; Kühl Vor § 25 Rn.4, 5; Wessels/Beulke AT Rn.517

183 Krey AT Band 2 Rn.70; Jakobs 21 Abschn. Rn.27; Jescheck/Weigend § 61 IV 3; Wessels/Beulke AT Rn.517; Roxin in LK § 25 Rn.33 f.

184 Krey AT Band 2 Rn. 70 und Rn. 71

185 BGHSt 19, 135, 137 = NJW 1965, 699 - 701; OLG München NJW 1987, 2940, 2941

es allein auf die Beherrschung des tatbestandsmäßigen Geschehensablaufs durch den Täter an, also wer das zum Tode führende Geschehen tatsächlich beherrsche[186]. Die Tatherrschaft wird hierbei als das vom Vorsatz umfasste In-den-Händen-Halten des tatbestandsmäßigen Geschehensablaufs definiert[187]. Begibt sich der Suizident in die Hand eines Dritten, um von diesem den Tod duldend entgegenzunehmen, so liege die Tatherrschaft bei dem Dritten; behält der Suizident dagegen bis zuletzt die freie Entscheidung über sein Schicksal, so töte er sich selbst, wenn auch mit fremder Hilfe[188]. Hierfür sei eine Gesamtbetrachtung der Tat vorzunehmen[189].

c) Tatherrschaft im todbringenden Moment

Die herrschende Literatur stellt darauf ab, wer die Herrschaft über den Tod bringenden Moment behält[190]. Auch wenn der Lebensmüde die Tat insgesamt duldend hinnehme, könne er das Geschehen dadurch beherrschen, dass es von seiner eigenen Entscheidung abhängt, ob er selbst die hohe Hemmschwelle vor dem *„letzten, entscheidenden Moment“* überwindet oder, ob dies ein Dritter tut. So soll lediglich eine straflose Beihilfe zur Selbsttötung vorliegen, wenn ein Dritter das tödlich wirkende Gas aufdreht, während das Opfer entscheidet, in dem Raum zu verweilen, da es ihm noch möglich ist, den Raum zu verlassen.

4.) Abgrenzung der straflosen Beihilfe zur Selbsttötung von der strafbaren Tötung in mittelbarer Täterschaft

Auch bei einer eigenhändigen Selbsttötung kann ein Fremdtötungsdelikt vorliegen, wenn der Selbstmörder als unfreies Werkzeug eines das Geschehen beherrschenden Hintermannes tätig geworden ist. Eine Tötung in mittelbarer Täterschaft im Sinne des § 25 Abs. 1, 2. Alt. StGB kommt demnach in Betracht, wenn sich der Täter einer nicht voll verantwortlich handelnden Person als Werkzeug bedient[191]. Umstritten ist hierbei allerdings, wann es an einer solchen Eigenverantwortlichkeit fehlt.

---

186 OLG München NJW 1987, 2940, 2941; Tröndle/Fischer Vor § 25 Rn. 1b

187 Wessels AT Rn. 512; Maurach AT § 47 IV Rn.85; zur Entwicklung in der Rspr.: Tröndle/Fischer § 25 Rn.2 m.w.N.

188 BGHSt 19, 135, 139 f. = NJW 1965, 699 ff.

189 BGHSt 19, 138 f.

190 Schönke/Schröder-Eser § 216 Rn.11; Krey BT-1 Rn.105; Roxin, Täterschaft und Tatherrschaft, S.570 ff. m.w.N.; Wessels BT-1 Rn.162 f.

191 Schönke/Schröder-Eser Vorbem §§ 211 ff. Rn.36, 37; Herzberg NJW 1986, 1635, 1636; ders. JA 1985, 134 und 336 ff.; OLG München NJW 1987, 2940, 2941

a) §§ 16, 19, 20, 35 StGB, § 3 JGG analog

Teilweise werden zur Feststellung der Verantwortungsunfähigkeit die Regeln zur strafrechtlichen Verantwortlichkeit bei eigenem Verhalten herangezogen[192]. So soll die Mitwirkung an einem Suizid straflos sein, solange der Suizident seine Tat nicht im Sinne des § 20 StGB aufgrund einer krankhaften seelischen Störung, einer tief greifenden Bewusstseinsstörung, Schwachsinns oder einer anderen seelischen Abartigkeit begehe oder im Sinne des § 35 StGB in einer gegenwärtigen, nicht anders abwendbaren Gefahr für Leben, Leib und Freiheit zum Suizid gezwungen werde, um die drohende Gefahr von sich, einem Angehörigen oder einer anderen, ihm nahe stehenden Person abzuwenden[193] oder nach § 16 Abs. 1 StGB über den selbstschädigenden Charakter seines Handelns getäuscht wurde. Ebenso wird unter Rückgriff auf § 3 JGG beim Selbstmord Jugendlicher oder von vornherein verantwortungsunfähiger Kinder die aktive Förderung eines Suizids und die Nichthinderung durch einen Garanten als Totschlag beurteilt.

Hierzu ein Beispiel[194]: Im Jahr 1942 hat der von den Nazis verfolgte jüdische Schauspieler J Unterschlupf im Hause der Familie F gefunden. Die 20-jährige Tochter X der Familie hat sich in J verliebt, wird von diesem aber zurückgewiesen. Aus Rache erzählt X dem J eines Tages wahrheitswidrig, die Gestapo habe sein Versteck entdeckt und stehe bereits vor dem Haus, um ihn abzuholen. Angesichts der vermeintlichen Ausweglosigkeit erhängt sich J an einem Dachbalken. Diese Reaktion hatte X erwartet und gewollt. Hätte J in dieser Situation einen anderen Menschen getötet, um sein eigenes Leben zu retten, so wäre er nach § 35 Abs. 1 StGB entschuldigt gewesen (bei Irrtum: nach § 35 Abs. 2 StGB). Nach diesem Maßstab kann hier also mittelbare Täterschaft der X angenommen werden. J ist „*Werkzeug gegen sich selbst*".

Gegen diese Ansicht spricht aber, dass sich die Kriterien für die Verantwortlichkeit bei einer Fremdschädigung nicht ohne weiteres auf eine Selbstschädigung übertragen lassen. Stellt man allein auf Defekte im Sinne der §§ 19, 20, 35 StGB ab, hätten nur Geisteskranke in Vollphasen ihres Leidens, Kinder und sinnlos Betrunkene einen defizitären Willen[195]. Nicht einmal Beeinträchtigungen entsprechend § 21 würden eine Rettungspflicht des Dritten auslösen[196]. Der Notarzt müsste als Konsequenz hieraus zwar den Selbstmörder behandeln, der mit einer Blutalkoholkonzentration von 3,4 Promille aus dem Fenster gesprungen ist, bei

---

192 LK-Roxin § 25 Rn.66 ff.; Bottke GA 1983, 22, 31f. und 36; Roxin FS-Dreher, 1977, 331, 349; ders. NStZ 1984, 71, 71; Dölling GA 1984, 71, 75 ff.; Hirsch JR 1979,429, 432; Charalambakis GA 1986, 485, 498 ff.

193 Roxin FS-Dreher 1977, 331, 349

194 Beispiel nach Mitsch JUS 1995, 889 (Grundfallreihe zu den Tötungsdelikten)

195 LK-Jähnke Vor § 211 Rn.26

196 Simson, Die Suizidtat, S.80

einer BAK von 2,9 dürfte er ihn aber liegen lassen[197]. Depression und Verzweiflung, der Schrei nach Hilfe blieben im Namen eines Selbstbestimmungsrechts, welches sein Inhaber gar nicht ausüben will, ohne Resonanz. Der Dritte muss daher für das Leben des Suizidenten auch dann verantwortlich sein, wenn dieser zwar schuldfähig, aber sonst in seiner Entschlusskraft gestört ist[198].

Zum anderen zeigt ein weiterer Beispielsfall[199], dass diese Lösung nicht für alle Fälle tauglich ist: Ein Junge und ein Mädchen wollen gemeinsam Selbstmord begehen, da die Eltern des Mädchens die Liebe zwischen den beiden nicht dulden. Was das Mädchen nicht weiß ist, dass der Junge sich mittlerweile in ein anderes Mädchen verliebt hat, und sie daher auf diese Weise loswerden möchte. So nimmt nur das Mädchen das Gift zu sich, während der Junge nur einen ungefährlichen Saft trinkt.

Der Junge bliebe nach den oben genannten Kriterien straflos, da sich das Mädchen weder über den selbstschädigenden Charakter ihres Handelns irrte, noch schuldunfähig war noch sich in einer notstandsähnlichen Situation befand. Dieses Ergebnis ist unbillig.

b) Rechtfertigende Einwilligung

Eine andere Auffassung versucht diese Fälle zu lösen, in dem sie mittelbare Täterschaft annimmt, wenn eine rechtfertigende Einwilligung nicht möglich war, da es dem Suizidenten an der Einwilligungsfähigkeit oder dem freien Entschluss fehlte[200].

Vorteil dieser Ansicht ist im Gegensatz zur obigen Auffassung, dass der Maßstab der Freiverantwortlichkeit den Regeln entsprechen muss, die für ein selbstschädigendes Handeln gelten. Problematisch ist hier aber der Bereich der Irrtümer. Bei der rechtfertigenden Einwilligung schließen nach herrschender Meinung nur die so genannten „*rechtsgutsbezogenen Fehlvorstellungen*“ die Wirksamkeit der Einwilligung aus[201].

---

197 LK-Jähnke Vor § 211 Rn.26

198 LK-Jähnke Vor § 211 Rn.26

199 vgl. BGH GA 1986, 508, 509: Der BGH nahm in einem ähnlichen Fall mittelbare Täterschaft an, ohne sich zu den hier dargestellten Meinungen unter a) und b) zu äußern.

200 Wessels AT Rn.539; Schönke/Schröder-Eser vor §§ 211 Rn.36 ff.; LK-Jähnke Vor § 211 Rn.25; Geilen JZ 1974, 145, 151; Krey BT-1 Rn.89

201 Wessels AT Rn.539 mit Verweis auf den Sirius-Fall: BGHSt 32, 38, 42

c) Grundsätze des § 216 StGB analog
Vorzugswürdig ist der Lösungsansatz, der die Kriterien für ein ernsthaftes Tötungsverlangen im Sinne des § 216 StGB heranzieht[202]. Der Todeswunsch muss aufgrund einer fehlerfreien Willensbildung sowie bei voller Einsichtsfähigkeit getroffen worden und muss einem ernstlichen Tötungsverlangen nach § 216 StGB vergleichbar sein.

Konsequenz dieser Ansicht ist allerdings, dass § 216 StGB nicht durch Unterlassen begangen werden könnte[203]. Wer als Garant aus Respekt vor einem freiverantwortlichen Suizid entscheidet, untätig zu bleiben, ist nicht aus §§ 211, 212, 216 StGB strafbar[204]. In einer solchen Situation kann nur aktive Tötung in Tatherrschaft eine Mitverantwortung für den Tod des Lebensmüden im Sinne dieser Norm begründen[205].

Vorteil dieser Ansicht ist, dass sie berücksichtigt, dass für eine Verfügung über das eigene Leben keine geringeren Anforderungen an die Mangelfreiheit gestellt werden dürfen als bei einer Einwilligung in eine Körperverletzung[206]. Auch in oben unter a) (S. 55 ff.) dargestelltem Fall käme man zu einer befriedigenden Lösung, nämlich zur Strafbarkeit des J. Ist nämlich § 216 StGB der Maßstab für die Eigenverantwortlichkeit einer Selbsttötung, so schließen schon wesentliche Motivirrtümer, und nicht erst wie bei Ansicht b) (S. 57) rechtsgutsbezogene Fehlvorstellungen, die Ernstlichkeit eines Tötungsverlangens aus[207]. Dann wäre J – wegen des wesentlichen Motivirrtums der M – nicht im Sinne von § 216 StGB privilegiert und somit wegen Tötung in mittelbarer Täterschaft strafbar.

5.) Abgrenzung der straflosen Beihilfe zur Selbsttötung von der strafbaren unterlassenen Hilfeleistung
Umstritten ist auch, unter welchen Voraussetzungen eine Strafbarkeit des Dritten nach § 323 c StGB in Betracht kommt.

Das erste Problem ergibt sich bereits aus der Definition des *Unglücksfalles*. Hierunter wird ein plötzlich eintretendes Ereignis verstanden, das erhebliche Gefahren für Menschen oder Sachen hervorruft oder hervorzurufen droht[208]. Nach der Rechtsprechung fällt auch ein Selbstmordversuch unter den Begriff

---

[202] Schönke/Schröder-Eser vor § 211 Rn.36; SK-Horn § 212 Rn.15
[203] Schönke/Schröder-Eser § 216 Rn.10; Krey BT-1 Rn.90
[204] Krey BT-1 Rn.90
[205] Krey BT-1 Rn.90; Schönke/Schröder-Eser § 216 Rn.10
[206] Wessels BT-1 Rn.48
[207] Mitsch JUS 1995, 892
[208] BGHSt 6, 147, 152; Kühl § 323c Rn.2

des Unglücksfalles[209]. Denn auch hier liege eine Gefahrenlage vor, durch die das Leben des Selbstmörders bedroht wird. Entfalle eine Strafbarkeit wegen Tötung durch Unterlassen, so könne sich dennoch eine Strafbarkeit wegen unterlassener Hilfeleistung ergeben. Der Wille des Selbstmörders – sei er auch eigenverantwortlich und frei von jeglichen Willensmängeln gefasst – ist nach Ansicht des Großen Senats für Strafsachen unbeachtlich[210]; offengelassen hat der BGH, ob die hierfür gegebene Begründung auch heute noch anerkannt werden kann, an dem Ergebnis wird jedenfalls weiterhin festgehalten[211].
§ 323 c StGB und seine dem solidarischen Lebensschutz dienende Funktion erlaube nicht, die jedermann treffende allgemeine Hilfspflicht davon abhängig zu machen, ob der Selbstmörder im konkreten Einzelfall aufgrund eines freiverantwortlich gefassten oder aufgrund eines auf Willensmängeln beruhenden Tatentschlusses gehandelt hat. Eine solche Entscheidung und vor allem eine korrekte Beurteilung in einer Ausnahmesituation, die naturgemäß keinen großen Zeitspielraum beinhaltet, sei ohnehin nicht möglich[212].

Zudem wird in diesem Zusammenhang auch immer wieder auf die Ergebnisse aus der Suizidforschung hingewiesen. So zeige sich, dass die Mehrzahl der Geretteten den Selbstmordversuch nicht wiederholt und zu einer das Leben bejahenden Einstellung zurückfindet[213]. Aufgrund der Befunde einer Mehrzahl von Autoren, sei die Aussage gesichert, dass im Anschluss an einen Suizidversuch innerhalb eines Zeitraumes von 10 Jahren nur ungefähr 20 % bis 30 % aller Patienten eine erneute Suizidhandlung unternehmen. Nur bei etwa 10 % der Patienten käme es in diesem Vergleichszeitraum zu einer Suizidhandlung mit tödlichem Ausgang[214].

Begründet ist auch die Kritik an der Rechtsprechung im Wittig-Fall[215]. Zweifel werden hier zum einen deshalb an einem ernsthaften Selbsttötungsentschluss erhoben, da die 76-jährige Suizidentin weder bettlägerig noch unheilbar erkrankt, sondern einfach nach dem Tode ihres Ehemannes „*abgrundtief einsam*" war und vor allem deshalb, da sie die Vergiftungswirkung der eingenommenen Tabletten gezielt zu einem Zeitpunkt eintreten ließ, zu dem sie vorher ihren Arzt bestellt hatte[216]. Vielleicht habe die Patientin sogar ihr unbewusst eine Rettung dadurch nicht ausschließen wollen. Suizid im Alter sei auch nicht nur häufig ei-

---

209 BGHSt 6, 147, 152; BGHSt 13, 162, 169; 32, 367, 375; Wessels BT-1 Rn.60
210 BGHSt 6, 147, 153
211 BGHSt 32, 367, 375 f.
212 BGHSt 32, 367, 376
213 Reimer und Arolt in Reimer: S. 118
214 Reimer und Arolt in Reimer: S. 118; ähnlich Geilen JZ 1974, 145, 153
215 vgl. B. II. 1.), S. 31 ff.
216 Kutzer MDR 1985, 710, 714

ne Art Bilanzziehung, sondern oft auch ein an die Umgebung gerichteter Aggressions- und Appelakt[217]. So wird auch weiter hierzu ausgeführt, dass der Grundzug des Suizidversuchs die noch vorhandene Willensambivalenz sei, wie sie sich aus dem Arrangement des Suizids ergebe. Es komme hierbei zum Teil zu informativen Verhaltensweisen, mit denen die Nähe zum sozialen Umfeld aufrechterhalten und eine Selbstmordmethode gewählt wird, die, wie zum Beispiel die Schlafmittelüberdosierung, eine Latenzperiode zwischen Selbstmordausführung und Todeseintritt offen lässt[218].

Nach herrschender Lehre ist ein auf einem freiverantwortlich gefassten Entschluss basierender Selbstmordversuch kein Unglücksfall[219]. Anderenfalls würde auch nicht zuletzt die gesetzgeberische Wertung, die eben die Beihilfe zum Selbstmord bewusst straflos lassen will, umgangen[220].

6.) Fahrlässige Tötung durch Nichtverhinderung einer Tötung auf Verlangen[221]

Ausgehend von dem als „*Todesengel von Wuppertal*“[222] bekannt gewordenen Fall stellt sich die Frage, ob sich ein Arzt als Garant wegen fahrlässiger Tötung durch Unterlassen strafbar macht, weil er eine Tötung auf Verlangen nicht verhindert hat. Dem vorgenannten Fall lag folgender Sachverhalt zugrunde: Eine Krankenschwester war gemäß § 212 StGB verurteilt worden, da sie todkranken Patienten aus Mitleid eine tödliche Injektion gesetzt hatte. Aufgrund einschlägiger Verdachtsmomente hatte der vorgesetzte Arzt zuvor zwar die Klinikleitung hierüber in Kenntnis gesetzt, aber weder Polizei informiert noch die Krankenschwester vorläufig vom Dienst suspendiert.

Die Bewertung[223] mag zunächst überraschen, ergibt sich jedoch bereits eindeutig aus den Grundsätzen der Rechtsprechung: „*Wer mit Gehilfenvorsatz den Tod*

---

[217] Radebold und Schlesinger in Reimer: S. 159

[218] Geilen JZ 1974, 145, 153

[219] SK-Rudolphi § 323 c Rn.8; Schönke/Schröder-Cramer/Sternberg-Lieben § 323 c Rn.7; Tröndle § 323 c Rn.3a; Krey BT-1 Rn.95; vgl. noch BGH St 2, 150, 151: „*Jedenfalls ist ein Unglücksfall begrifflich und sprachlich ausgeschlossen, solange das verantwortliche Handeln des Selbstmörders die Lebensgefahr im wesentlichen so gestaltet, wie er es sich vorgestellt hat, und solange sein Selbsttötungswille fortbesteht.*“ Nach dieser mittlerweile aufgegebenen Rechtsprechung war eine Selbsttötung kein Unglücksfall, wenn nicht besondere Umstände, wie z.B. Geisteskrankheit des Selbstmörders, gegeben sind.

[220] SK-Rudolphi § 323 c Rn.8; Schönke/Schröder-Cramer/Sternberg-Lieben § 323 c Rn.7; Tröndle § 323 c Rn.3a; Krey BT-1 Rn.95

[221] Roxin FS-Schreiber 399 ff.

[222] BGH NStZ 1992, 34 m. Anm. Roxin (35 f.)

[223] Roxin FS-Schreiber 399 ff.: Dass keine fahrlässige Tötung vorliegt, ergibt sich im Fall des „*Todesengels von Wuppertal*“ für den Arzt aus den Grundsätzen der objektiven Zurech-

eines Selbstmörders mitverursacht, kann nicht bestraft werden, weil der Selbstmord keine Straftat ist. Dabei gehört zum Gehilfenvorsatz, dass der Gehilfe weiß oder zumindest damit rechnet und billigend in Kauf nimmt, es werde zum Tod des Selbstmörders kommen. Schon dies verbietet es aus Gründen der Gerechtigkeit, denjenigen zu bestrafen, der nur fahrlässig eine Ursache für den Tod eines Selbstmörders setzt"[224]. Ferner geht die Rechtsprechung seit BGHSt 32, 262 von folgendem aus: „*Wer lediglich den Akt der eigenverantwortlich gewollten und bewirkten Selbstgefährdung (vorsätzlich oder fahrlässig) veranlasst, ermöglicht oder fördert, nimmt an einem Geschehen teil, das – soweit es um die Tötung oder Selbstverletzung geht – kein tatbestandsmäßiger und damit kein strafbarer Vorgang ist (...). Mit dem gefährlichen, in seiner möglichen Tragweite überblickten Verhalten übernimmt er (der sich Gefährdende) das Risiko der Realisierung der Gefahr*"[225].

Aus diesen allgemeinen Grundsätzen – so Roxin – folge auch die Straflosigkeit der fahrlässigen Mitwirkung an einer Tötung auf Verlangen[226]: „*Denn das „ausdrückliche und ernstliche Verlangen der eigenen Tötung" (§ 216 StGB) steht zwischen dem Suizid und der schlichten Selbstgefährdung und muss hinsichtlich der fahrlässigen Mitwirkung Außenstehender denselben Grundsätzen unterworfen werden. Es handelt sich beim Verlangen der eigenen Tötung zwar nicht geradezu um einen Selbstmord, sondern um eine Anstiftung zur Tötung der eigenen Person, da die unmittelbar todbringende Handlung einem anderen überlassen wird. Aber die Eigenverantwortung des Opfers für seinen Tod ist doch wesentlich größer als bei der schlichten Selbstgefährdung. Denn während bei dieser das Umschlagen der Selbstgefährdung in einen schädigenden Erfolg zweifelhaft und unerwünscht ist, führt das Verlangen der eigenen Tötung, wenn es Gehör findet, mit hoher Wahrscheinlichkeit zum erwünschten Tod des Verlangenden. Wenn aber schon die schlichte (verantwortlich und im Bewusstsein ihrer Tragweite eingegangene) Selbstgefährdung die Zurechnung zur fahrlässigen Tötung ausschließt, muss es die qualifizierte Selbstgefährdung, als die sich „das ausdrückliche und ernstliche Verlangen des Getöteten" darstellt, erst recht tun. Ein derartiges argumentum a maiore ad minus ist ein anerkannter Rechtsfindungsgrundsatz, den auch der BGH in den beiden vorgenannten Leitentscheidungen verwendet hat (BGHSt 24, 344; 32, 264)*".

Wer also das zur Selbsttötung oder Selbstverletzung führende eigenverantwortliche Handeln des Selbstschädigers fahrlässig veranlasst, ermöglicht oder för-

---

nung, aus den Regeln der Teilnahmelehre und aus den Strafrahmen- und Strafwürdigkeitsüberlegungen.

[224] BGHSt 24, 342, 343 f.

[225] BGHSt 32, 262, 265

[226] Roxin FS-Schreiber 399, 400

dert, kann nicht strafbar sein, wenn er sich im Falle vorsätzlicher Veranlassung, Ermöglichung oder Förderung nicht strafbar machen würde[227].

IV. Grundrechtliches Recht auf Sterbehilfe?

Die Fragestellung aus grundrechtlicher Sicht lautet, ob nicht der grundgesetzlich vielfältig ausgestaltete Schutz eines jeden Menschen, über seine persönlichen Belange selbst bestimmen zu können, nicht konsequenterweise auch das Recht beinhaltet, die Form und den Zeitpunkt seines Todes frei wählen zu können. Dies wiederum hätte zur Konsequenz, dass es – ungeachtet der bestehenden Rechtslage in strafrechtlicher Hinsicht – ein Grundrecht auf Sterbehilfe gäbe. Schließlich ist auch eine dementsprechende vorherige Willensbekundung möglich, namentlich durch Patientenverfügung, Vorsorgevollmacht und Betreuungsverfügung.

1.) Art. 1 Abs. 1 GG[228]: Schutz der Menschenwürde

Art. 1 GG gewährleistet den Schutz des Menschen davor, zum bloßen Objekt staatlicher Gewalt degradiert zu werden[229].

Zwar ist nicht jegliche Form der Beendigung des Lebens ein Eingriff in die Menschenwürde[230]. Jedoch kann das Ausgeliefertsein an die Apparatemedizin den Betroffenen ebenso zum passiven Objekt der Intensivmedizin machen, ohne dass der Fortsetzung der Behandlung noch irgendein seinerseits durch Lebensschutz und Menschenwürde gerechtfertigter Sinn abzugewinnen ist[231]. Die Menschenwürde kann hier einerseits dadurch verletzt werden, indem man auch die zwischenmenschliche Zuwendung als Teil von ihr erfasst sieht oder wenn zum Beispiel aus Zeit- und Kostenersparniserwägungen die Zuwendung des Füttervorgangs voreilig vorenthalten und stattdessen eine Magensonde gelegt wird[232].

---

227 BGHSt 24, 342, 344; Hirsch JR 1979, 429, 430; Schünemann NStZ 1982, 60, 62; BGHSt 32, 262, 264: „*Würde er wegen fahrlässiger Tötung oder Körperverletzung deshalb bestraft, weil er pflichtwidrig eine Bedingung für den voraussehbaren (oder vorausgesehenen) Erfolg gesetzt hat, verstieße eine solche Bestrafung gegen das in den Vorschriften der §§ 15 und 18 StGB zum Ausdruck kommende Stufenverhältnis der Schuldformen (vgl. BGHSt 9, 135, 136).*“

228 Art. 1 Abs.1 GG: „*Die Würde des Menschen ist unantastbar. Sie zu achten und zu schützen ist Verpflichtung aller staatlichen Gewalt.*“

229 BVerfGE 27, 1, 6; 30, 1, 26,50, 166, 175; Fink, S.186

230 Hufen NJW 2001, 849, 850; ähnlich Höfling in: Sachs Art.1 Rn.60; Höfling JuS 2000, 114; Fink S. 192 ff.

231 Hufen NJW 2001, 849, 851

232 Hufen NJW 2001, 849, 851; allg. zum Problem der Apparatemedizin Damm JZ 1998, 926 (zur „*Kostenpolitik*“: S.930)

Andererseits kann auch eine unterlassene Schmerzbehandlung nicht nur Körperverletzung, sondern auch eine besondere Form der menschlichen Erniedrigung sein, die somit gegen das Verbot der Verächtlichmachung und Erniedrigung des Art. 1 GG verstößt[233].

So wie bereits der griechische Philosoph Epikur[234] die Freiheit von Schmerz und körperlichem Leiden zum höchsten Ziel erklärte, kann der Anspruch auf Leidensminderung heute aus Art. 1 GG abgeleitet werden[235]. Nicht selten wird daher auch ein Recht aus Art. 1 Abs. 1 GG auf den eigenen *„würdigen Tod"* angenommen[236].

Es ist natürlich ein leichtes, ein solches Recht großzügig jedermann zuzusprechen und dies aus dem ohnehin schon schwer definierbaren Grundrecht der Menschenwürde herzuleiten. Doch wie soll dies in der Praxis umgesetzt werden? Es hilft nicht über das Problem hinweg, was unter *„Sterben in Würde"* konkret zu verstehen ist. Zum Beispiel heißt auch die gesetzliche Regelung im US-Staat Oregon, die den ärztlich assistierten Suizid legalisiert, übersetzt *„Sterben-in-Würde-Gesetz"*[237]. In Deutschland wird mit würdigem Sterben dagegen häufig die Sterbebegleitung in Hospizen verstanden und gerade nicht eine – wie auch immer geartete - Hilfe *zum* Sterben, sprich Beschleunigung des Sterbeprozesses oder sogar aktive Verkürzung des Lebens.

Darüber hinaus bliebe auch bei Überwindung dieser ersten Stufe der Begrifflichkeiten noch die Problematik der Verfahrensregelung. So hilft die Betrachtung der Problematik Sterbehilfe unter dem Blickwinkel des Grundrechts der Menschenwürde für die rechtliche Beurteilung nicht viel weiter.

Erschreckend ist aber die in diesem Zusammenhang getroffene konsequente Feststellung, dass dem Betroffenen *„nach gegenwärtiger Rechtslage wohl nur durch „zurückhaltende" Anwendung des Strafrechts Rechung getragen werden"* kann[238]. Das heißt, es muss – um eine befriedigende Lösung herbeizuführen – das geltende Recht durch Auslegung und gute Argumentation quasi umgangen werden. Auch hier wird wiederum deutlich, wie dringend doch eine Neurege-

---

233 Hufen NJW 2001, 849, 851

234 Der hellenistische Philosoph Epikur, 341 – 270 v.Chr., entwickelte die hedonistische Lehre der Kyrenaiker, vor allem Aristippos' weiter. Er suchte wie andere Philosophen nach der Möglichkeit, ein glückliches Leben zu erreichen. Dies bestand nach seiner Lehre unter anderem in der völligen Freiheit von Schmerz.

235 LG Karlsruhe NJW 1992, 756, 756

236 Wassermann DRiZ 1986, 291, 294.; Uhlenbruck ZRP 1986, 209, 214 ff.

237 The Death with Dignity Act, siehe unten: B. VIII., S. 88 ff.

238 vMünch/Kunig-Kunig Art.1 Rn. (S.97)

lung bzw. Ergänzung des Strafrechts notwendig ist. Es ist geradezu unverantwortlich und ignorant, alle Betroffenen, und das sind weitaus mehr als nur die potentiellen Suizidenten selbst, in dieser Ungewissheit ihrem eigenen Schicksal zu überlassen. Und sollten die Suizidenten bzw. deren Angehörigen oder die Ärzteschaft sich wegen Aussichtslosigkeit trotz drohender Strafverfolgung doch auf diesen gewagten Pfad begeben, so müssen sie einen unter Umständen jahrelangen Weg durch die Instanzen mit ungewissem Ausgang und unvorhersehbaren Belastungen zusätzlich zu dem Verlust eines geliebten Menschen verkraften.

Festzustellen ist, dass Art. 1 Abs. 1 GG *„nach von ethischen Erwägungen bestimmten Entscheidungen"* verlangt, *„ohne diese selbst eindeutig zu determinieren"*[239]. Zu beachten ist hierbei aber, dass Menschenwürde den Menschen auch gerade davor schützt, zum Objekt der Menschenwürdedefinition eines anderen zu werden[240]. Was für den einen ein menschenunwürdiges Dahinvegetieren sein mag, ist für einen anderen vielleicht ein dennoch lebenswertes und auch würdiges Leben. Diese Einschätzung hängt selbstverständlich von der rein subjektiven Wertung jedes Einzelnen ab, die wiederum durch Erziehung, Lebensstil, Religion und Weltanschauung geprägt ist.

2.) Art. 2 Abs. 1 GG[241]: Allgemeine Handlungsfreiheit

Die Selbstschädigung soll nach herrschender Meinung von dem grundrechtlichen Schutz der allgemeinen Handlungsfreiheit umfasst sein[242]. Ebenso soll sich aber aus Art. 2 Abs. 1 GG eine Schutzbefugnis des Staates ergeben, die die Handlungsfreiheit des Betroffenen in gewissem Umfang beschränkt[243]. Allerdings ist der Entscheidungsfreiheit des Einzelnen ein großes Gewicht zuzuerkennen[244]. Daher könne auch die passive Sterbehilfe vom Staat nicht unterbunden werden, wenn der Betroffene zu einer selbstverantwortlichen Entscheidung noch in der Lage ist[245]. Denn das Recht auf Selbstbestimmung (das unterschiedlich aus den Grundrechten hergeleitet wird, was hier aber irrelevant ist und daher unberücksichtig bleiben soll) beinhaltet außer dem Recht zur Selbstgefährdung auch ein Recht auf Selbstaufgabe und letztlich Selbstzerstörung[246] und

---

[239] vMünch/Kunig-Kunig Art.1 Rn. (S.98)

[240] Hufen NJW 2001, 849, 851

[241] Art. 2 Abs.1 GG: *„Jeder hat das Recht auf die freie Entfaltung seiner Persönlichkeit, soweit er nicht die Rechte anderer verletzt und nicht gegen die verfassungsmäßige Ordnung oder das Sittengesetz verstößt."*

[242] Jarass/Pieroth-Jarass Art.2 Rn.81

[243] Jarass/Pieroth-Jarass Art.2 Rn.81

[244] BVerfGE 58, 208, 226; BVerwGE 82, 45, 49; vgl. BGHSt 40, 257, 260

[245] Murswiek in: Sachs Art.2 Rn.212a; Hufen NJW 2001, 849, 854 ff.

[246] BVerwGE 82, 45, 49 = NJW 1989, 2960; Murswiek in: Sachs Art.2 Rn.211

damit auch ein subjektives Recht auf Ablehnung lebensverlängernder und gesundheitserhaltender Maßnahmen[247].

Eine Beschränkung dieser weit reichenden Selbstbestimmung ergibt sich freilich durch Hinzuziehung eines Dritten und durch dessen Selbstbestimmung und Gewissensfreiheit sowie durch die Schutzpflicht des Staates, der den bewusstlosen Suizidenten retten und auch die Tötung durch Dritte unterbinden darf.

3.) Art. 2 Abs. 2 Satz 1 GG[248]: Recht auf Leben

Durch das in Art. 2 Abs. 2 GG verankerte Grundrecht wird das Leben als *„Höchstwert innerhalb der verfassungsrechtlichen Ordnung“*[249] geschützt. Dieses Grundrecht ist in erster Linie ein Abwehrrecht; und zwar dient es dem Schutz des Bürgers vor Tötung unmittelbar durch hoheitlichen Akt. Das *„Recht zu leben“* beinhaltet daher nach verbreiteter Auffassung kein Recht auf Beendigung des eigenen Lebens[250]. Zum Teil wird jedoch auch das Recht auf den Tod als von diesem Grundrecht umfasst gesehen[251].

Allerdings muss wohl eingeräumt werden, dass Art. 2 Abs. 2 GG nicht nur das Leben als solches, sondern auch die körperliche und seelische Integrität vor *„nicht mehr sinnvollen“* ärztlichen Maßnahmen schützt[252], so dass aus dem Grundrecht auf Leben nicht eine als unerträglich empfundene Pflicht zum Leben unter allen Umständen entstehen darf.

Die aktive Sterbehilfe kann vom Staat unterbunden werden, selbst wenn sie auf einer selbstverantwortlichen Entscheidung des Betroffenen beruht; ein entsprechendes grundrechtliches Gebot soll hierfür aber nicht erkennbar sein[253]. Demgemäß wird vertreten, dass aber auch ein Suizident bei der Selbsttötung kein Grundrecht wahrnimmt, so dass der Staat die Selbsttötung verhindern darf, aber hierzu nicht verpflichtet ist, sofern der Selbstmörder nur zurechnungsfähig ist[254].

---

247 Murswiek in: Sachs Art.2 Rn.212

248 Art. 2 Abs.2 GG: *„Jeder hat das Recht auf Leben und körperliche Unversehrtheit. Die Freiheit der Person ist unverletzlich. In diese Rechte darf nur auf Grund eines Gesetzes eingegriffen werden.“*

249 BVerfGE 39, 1, 42 = NJW 1975, 573, 575; BVerfGE 46, 160, 164 = NJW 1977, 2255, 2255; BVerfGE 49, 24, 53

250 vMünch/Kunig-Kunig Art.2 Rn.50; vMangold/Klein/Starck-Starck Art.2 Rn.191; Roellecke JZ 1991, 1045, 1046; Martens DÖV 1976, 457, 459; Schwabe JZ 1998, 66, 69

251 Pieroth/Schlink Rn.392; Fink, S.126 ff.

252 Hufen NJW 2001, 849, 852

253 Jarass/Pieroth-Jarass Art.2 Rn.81

254 vMangold/Klein/Starck-Starck Art.2 Rn.194/ Jarass/Pieroth-Jarass Art.2 Rn.81

Art. 2 Abs. 2 Satz 1, 1. Alt. GG gibt also kein Grundrecht auf Selbsttötung; ebenso wenig kann er aber ein verfassungsrechtliches Verbot der Selbsttötung errichten: kein Grundrecht schützt den einzelnen vor sich selbst[255].

Allerdings wird teilweise versucht, bei der aktiven Sterbehilfe bereits auf der Prüfungsstufe „*Eingriff*" die Verletzung des Grundrechts auf Leben auszuschließen: Eingriffe in das Rechtsgut „*Leben*" sollen demnach nur dann vorliegen, wenn das Leben auch tatsächlich aktiv verkürzt wird, wie z. B. beim polizeilichen Todesschuss, der Vollstreckung der Todesstrafe und sogar auch bei der beruflichen Verpflichtung zum Einsatz von Leben und Gesundheit in den öffentlich - rechtlichen Gefahrberufen wie Bundeswehr, Polizei, Feuerwehr und Katastrophenschutz[256]. Die Sterbehilfe, die lediglich das Sterben erleichtert, ohne das Leben zu verkürzen, oder auch entsprechend dem Willen des Patienten das Leben verkürzt, sei davon zu unterscheiden[257]. Eine aktive Sterbehilfe in staatlichen Kliniken soll daher teilweise sogar aufgrund eines Gesetzes möglich sein, wenn ein unheilbar Kranker sie bei vollem Bewusstsein verlangt[258].

Der Patient „*kann (...) den reinen Lebensschutz zu Gunsten des gleichfalls in Art. 2 Abs. 2 GG als Ausdruck körperlicher Unversehrtheit geschützten Rechts auf Leidensfreiheit zurückstellen und eine entsprechende Behandlung durch den Arzt – bis hin zur passiven und indirekten Sterbehilfe – verlangen. (...) Die Freiheit von Leid und der Schutz vor Schmerz hindern den Staat daran, durch seine Gesetzgebung und Rechtsprechung den Schutz der bloßen biologischen Existenz so weit zu treiben, dass buchstäblich unwürdiges menschliches Leiden verlängert wird. Das gilt umso mehr, wenn mit dieser Lebensverlängerung ein Eingriff in die körperliche Integrität verbunden ist – wie beispielsweise bei einer Magensonde (...)*"[259].

Teilweise wird dies auch gänzlich anders beurteilt: Jegliche aktive Tätigkeit, die das Leben verkürzt, wäre demnach ein Verstoß gegen das Recht auf Leben; aus Art. 2 Abs. 2 Satz 1 GG lasse sich lediglich keine Pflicht begründen, auch bereits im Sterbeprozess befindliches Leben durch (weitere) Heilversuche künstlich zu verlängern[260]. Die Unterscheidung zwischen verbotener aktiv herbeigeführter Lebensverkürzung und erlaubter passiver Sterbehilfe des unheilbar Kranken sei deshalb nicht nur förmlich, sondern zugleich eine wesentliche mate-

---

[255] vMünch/Kunig-Kunig Art.2 Rn.50 (S.157)
[256] Sachs, BayVBl. 1983, 460, 461; Baldus NJW 1995, 1134, 1135.; vgl. Pieroth/ Schlink Rn.394
[257] Pieroth/ Schlink Rn.394
[258] Jarass/Pieroth-Jarass Art.2 Rn.76; Pieroth/Schlink Rn.394; a.A. BGHSt 32, 367, 371 ff.
[259] Hufen NJW 2001, 849, 852
[260] v.Mangoldt/Klein/Starck-Starck Art.2 Abs.2 Rn.191

rielle Sicherung des Lebens[261], die Missbräuchen und Irrtümern vorbeugt und zum andern *„die Ehrfurcht vor dem Leben betont, die die Grundlage des verfassungsrechtlichen Lebensschutzes ist"*[262]. Art. 2 Abs. 2 Satz 1 GG entfalte vor allem dann seine Schutzwirkung, wenn der vom Tod Bedrohte das potentiell todbringende Geschehen selbst steuert, wie zum Beispiel auch beim Hungerstreik[263].

Auch bei Neugeborenen sei dementsprechend zu differenzieren: nur, wenn das Neugeborene nach dem Urteil mehrerer Ärzte mit absoluter Sicherheit keinerlei Überlebenschance hat, sei ein *„Liegenlassen"* kein Angriff auf das Leben. Ansonsten sei die Gefahr zu groß, dass gerade bei Neugeborenen zwischen lebenswertem und so genanntem lebensunwertem Leben unterschieden werde[264].

4.) Art. 4 Abs. 1 und 2 GG[265]: Glaubens-, Gewissensfreiheit

Nicht nur das Elternrecht hinsichtlich eines todkranken Kindes ist (auch) unter dem Blickwinkel des Art. 4 GG zu sehen, sondern vor allem das Grundrecht der Gewissens- und individuellen Religionsfreiheit selbst sind sowohl für den Betroffenen als auch für den behandelnden Arzt zu beachten. Während das Selbstbestimmungsrecht des Betroffenen hierdurch eindeutig eine weitere Stärkung erfährt, ist die Bedeutung für den behandelnden Arzt differenziert zu betrachten.

Die Religions- und Gewissensfreiheit könnte dem Arzt gerade hinsichtlich seiner bei einem bewusstlosen oder nicht mehr erklärungsfähigen Patienten zu treffenden eigenen Entscheidung ein Recht einräumen, gegebenenfalls auch gegen ein vorhandenes Patiententestament zu entscheiden und gegen den darin erklärten Willen des Patienten die Behandlung doch fortzusetzen oder sogar gegen den mutmaßlichen Willen des Patienten die Behandlung abzubrechen, da ein Weiterleben aus seiner Sicht nicht mehr zumutbar ist.

Allerdings gewährt die Gewissensfreiheit dem Arzt wohl weder ein Recht noch verbürgt sie die Pflicht, ungewollte Eingriffe in die Rechte des Patienten vorzunehmen. Das Gewissen des Arztes steht nicht über der verfassungsmäßigen Ordnung[266]. Genau wie in zahlreichen anderen Konfliktfällen, in denen die

---

[261] Hufen NJW 2001, 849, 851; Murswiek in: Sachs Art.2 Rn.212

[262] v.Mangoldt/Klein/Starck-Starck Art.2 Abs.2 Rn.191

[263] vMünch/Kunig-Kunig Art.2 Rn.50 (S.157); vgl. Geppert JURA 1982, 177 ff.

[264] v.Mangoldt/Klein/Starck-Starck Art.2 Abs.2 Rn.198

[265] Art. 4 Abs.1 und 2 GG: *„Die Freiheit des Glaubens, des Gewissens und die Freiheit des religiösen und weltanschaulichen Bekenntnisses sind unverletzlich. Die ungestörte Religionsausübung wird gewährleistet."*

[266] Hufen NJW 2001, 849, 853

Dienstpflicht mit der Gewissensentscheidung kollidiert[267], dürfte zumindest hier wohl eine Lösung möglich sein, indem die ärztliche Betreuung an einen Kollegen abgegeben wird.

5.) Art. 6 Abs. 1 und 2 GG[268]: Ehe, Familie, nichteheliche Kinder

Art. 6 Abs. 1 (Lebens- und Fürsorgegemeinschaft der Ehe und für die Familie) und Abs. 2 GG (Sorgerecht der Eltern) ist „*wertentscheidende Grundsatznorm für die Institution der Familie*"[269]. Er schützt die private Lebensgestaltung im Rahmen der „*im Prinzip unauflöslichen Lebensgemeinschaft Ehe*"[270].

Diese verfassungsrechtlichen Grundsätze kommen zum Beispiel auch im zivilrechtlichen Betreuungsrecht in § 1897 Abs. 5 BGB zum Ausdruck: „*Schlägt der Volljährige niemanden vor, der zum Betreuer bestellt werden kann, so ist bei der Auswahl des Betreuers auf die verwandtschaftlichen und sonstigen persönlichen Bindungen des Volljährigen, insbesondere auf die Bindungen zu Eltern, zu Kindern, zum Ehegatten und zum Lebenspartner, sowie auf die Gefahr von Interessenkonflikten Rücksicht zu nehmen.*" Hieraus lässt sich folgern, dass es die ureigenste Entscheidung der nächsten Angehörigen ist, bei Entscheidungsunfähigkeit des Betroffenen zu bestimmen, ob und wie eine Behandlung (weiter) durchgeführt werden soll.

Betrachtet man allerdings die einschlägige Diskussion, hat man das Gefühl, dass dieser grundrechtlichen Grundentscheidung so gut wie keine Bedeutung beigemessen wird. Vielmehr mutet es als Regelfall an, dass – würde eine so bedeutsame Entscheidung allein in die Hand eines unter Umständen nur einzelnen Angehörigen gelegt – der Missbrauch quasi vorprogrammiert ist.

Das zeigt wiederum, wie stimmungsgeladen und wenig sachlich die Problematik diskutiert wird, denn der Missbrauch ist doch gerade der Ausnahmefall und nicht umgekehrt. Zugegeben, generell ist die Missbrauchsgefahr, das heißt die „*böse Absicht*" innerhalb der Verwandtschaft, nicht fern liegend oder unreali-

---

[267] BVerwGE 41, 261, 268 = NJW 1973, 576 – ärztlicher Bereitschaftsdienst; BVerwG NJW 2000, 88 – Postbeamter und DVU – Werbung; BVerwGE 56, 227 – Pflicht zum Tragen einer Dienstwaffe.

[268] Art. 6 Abs.1 und 2 GG: „*Ehe und Familie stehen unter dem besonderen Schutz der staatlichen Ordnung. Pflege und Erziehung der Kinder sind das natürliche Recht der Eltern und die zuvörderst ihnen obliegende Pflicht. Über ihre Betätigung wacht die staatliche Gemeinschaft.*"

[269] BVerfGE 6, 55, 72 = NJW 1957, 417; BVerfGE 80, 81, 92 = NJW 1989, 2195

[270] BVerfGE 10,59, 66 = NJW 1959, 1483; BVerfGE 21, 329, 353 = NJW 1967, 1851; BVerfGE 62, 323, 331 = NJW 1983, 511

stisch. Allerdings muss man sich verdeutlichen, dass es sich bei dem Betroffenen um einen wahrscheinlich bereits nicht erst seit gestern erkrankten Patienten handelt, so dass davon auszugehen ist, dass nun nicht plötzlich aus dem Nichts ein Verwandter auftaucht, um eine gewichtige Entscheidung über Leben und Tod zutreffen, die er nicht nach dem mutmaßlichen Willen des Betroffenen ausrichtet, sondern die er als Gelegenheit nutzt, um ihn – aus welchen Gründen auch immer - endgültig auszuschalten. Es ist doch vielmehr so, dass es häufig dem Betroffenen sehr nahe stehende Personen sind, die bereits seit längerer Zeit auch die Pflege und Fürsorge übernommen haben, die letztlich auch die entscheidende Frage über das Ob und Wie der (Weiter-) Behandlung treffen. Die Missbrauchsgefahr soll hiermit nicht verharmlost oder wegdiskutiert werden. Es soll lediglich vor dem Hintergrund des in diesem Zusammenhang eher selten erwähnten Art. 6 GG ein realistisches Regel-/ Ausnahmeverhältnis und die verfassungsrechtliche Tendenz *„pro Familie“* aufgezeigt werden.

6.) Ergebnis

Die Menschenwürde ist das einzige absolute, uneingeschränkt geltende Grundrecht[271]. Alle anderen Grundrechte sind – sei es durch Gesetz oder im Wege der praktischen Konkordanz – beschränkbar, d. h. Eingriffe in diese Grundrechte können gerechtfertigt sein. In diesem Zusammenhang aufgestellte allgemeine Grundsätze wie *„in dubio pro vita“*[272] dürfen jedoch über diese gewichtige und wegweisende Grundentscheidung und letztlich über den Verfassungsauftrag nicht hinwegtäuschen. Sofern Kritiker statuieren *„der Arzt darf nicht Herr über Leben und Tod sein“*, so muss konsequenterweise aber auch beachtet werden, dass der Arzt aber auch erst recht nicht *„Herr über die Menschenwürde“* sein darf[273].

Freilich hilft aber auch letztere Erkenntnis in der alltäglichen Praxis nicht viel weiter; gerade die Menschenwürde bringt – wie oben dargestellt – hinsichtlich des Versuchs, diese *„greifbar“* zu machen, erhebliche Probleme mit sich. Jedoch sollte vor jeder Diskussion oder Festlegung von Grundsätzen (wie zum Beispiel die der Bundesärztekammer) der Ausgangspunkt bzw. sollten die Gegengewichte, die hier in Einklang zu bringen sind, klar sein.

Als kleinster gemeinsamer Nenner lässt sich jedenfalls aber festhalten, dass zumindest bei der passiven und bei der indirekten Sterbehilfe der Vorrang des er-

---

[271] Die Diskussion, ob Art. 1 GG selbst zu den Grundrechten zählt oder diesen nur vorangestellt ist, soll hier dahin stehen.

[272] Schreiber NStZ 1986, 337, 345; Laufs NJW 1986, 763, zitiert bei Hufen NJW 2001, 849, 855 (Fn.68)

[273] Hufen NJW 2001, 849, 856

klärten Patientenwillens verfassungsrechtlich verbürgt ist[274]. Die passive Sterbehilfe kann sogar geboten sein[275], wenn man bedenkt, dass jeder medizinische Eingriff auch im verfassungsrechtlichen Sinne legitimationsbedürftig ist, und der Patient unmissverständlich die Fortsetzung der Behandlung abgelehnt hat. Ebenso lässt sich aus den obigen Feststellungen ableiten, dass auch die indirekte Sterbehilfe das einzig legitime Mittel und daher geboten sein kann, wenn man bedenkt, dass sich aus Art. 2 Abs. 2 GG der Anspruch eines jeden Menschen auf bestmögliche Schmerzlinderung ergibt.

V. Zivilrechtliche Möglichkeiten

Für die im vorhinein getroffene Willensbekundung eines Patienten gibt es verschiedene Möglichkeiten.

1.) Patientenverfügung/ Patiententestament

a) Definition

Das Patiententestament entspricht wohl am ehesten einer deutschen Übersetzung der anglo - amerikanischen „*living wills*", die als Vorläufer der deutschen Patiententestamente betrachtet werden können[276]. In Deutschland, wo der Begriff erstmals in den frühen 70er Jahren in der Literatur auftauchte[277], hat sich wohl der Begriff Patientenverfügung durchgesetzt und soll deshalb weiter verwendet werden.

Mit der Patientenverfügung hat jeder Bürger die Möglichkeit, bereits schriftlich im voraus für den Fall seiner eigenen Entscheidungsunfähigkeit die von ihm gewünschte Art und Weise ärztlicher Behandlung festzulegen: es ist eine schriftliche Anweisung an den Arzt, in näher beschriebenen Situationen von der Vornahme oder Fortführung bestimmter lebensverlängernder Maßnahmen – wie zum Beispiel künstlicher Ernährung – abzusehen[278]. Aber auch Anweisungen zur Art und Weise von Schmerzbehandlung oder zur Aufrechterhaltung bestimmter Maßnahmen können thematisiert werden[279]. Die Begrifflichkeiten für

---

[274] ähnlich: BVerfG NJW 1998, 1774. 1774 f.
[275] Murswiek in: Sachs Art.2 Rn.212a
[276] Rickmann S.12
[277] Rickmann S.12
[278] MünchKommStGB-Schneider Vor §§ 211 ff. Rn.123
[279] MünchKommStGB-Schneider Vor §§ 211 ff. Rn.123; ausführlich zum Inhalt von Patiententestamenten: Rickmann S. 18 – 20, Anhang I – IV

diese Form der Vorauserklärung oder Vorabentscheidung differieren[280], ändern aber nichts an der Sache.

b) Problem der Bindungswirkung

Noch recht unstreitig und selbstverständlich ist, dass Patientenverfügungen Bevollmächtigte, Betreuer, Ärzte, Angehörige und Vormundschaftsgerichte je mehr binden, um so konkreter sie auf die jeweilige Entscheidungssituation bezogen sind[281]. Die tatsächliche Reichweite ihrer Bindungskraft ist aber im Gegensatz zu den USA, wo Kalifornien als Vorreiter bereits zum 01. Januar 1977 Patientenverfügungen[282] mit dem Natural Death Act ins Gesetz aufgenommen hat[283], in Deutschland nicht gesetzlich festgelegt. Offensichtlich sorgen aber die zunehmenden Diskussionen in der Öffentlichkeit und das Bewusstsein einer dringend erforderlichen, fehlenden Regelung dafür, dass Patientenverfügungen mittlerweile als zunehmend verbindlicher angesehen werden[284]. Umstritten bleibt allerdings zur Zeit dennoch, inwieweit ein hiermit konfrontierter Arzt an den dort niedergelegten Willen gebunden ist[285].

Bedenken gegen eine unbeschränkte Bindungswirkung werden zum Teil damit begründet, dass der Verfügende über eine rein hypothetische Situation entscheidet, die er noch nicht annähernd erlebt hat, und die er bei tatsächlichem Erleben vielleicht gänzlich anders beurteilen würde[286]. Weiterhin fehle häufig eine vorangegangene konkrete ärztliche Beratung, so dass aufgrund eines Informationsdefizits über weiterführende medizinische Therapiemöglichkeiten die irrtumsbedingte Gefahr eines vorschnellen Abbruchs der Behandlung bestünde[287]. Nicht zuletzt wird die mangelnde Präzision der in den Verfügungen teilweise verwendeten Begriffe herangezogen[288].

---

280 vgl. Darstellung bei Rickmann S.11 mit Fn.2 – 8: Patientenbrief, Euthanasietestament, Verfügung an Ärzte, Verfügung zu Lebzeiten, persönliche Bestimmung mit testamentarischem Wert, Anweisung an meinen Arzt

281 vgl. Vortrag Kutzer, Tagung in Dresden und Erkner im November 2002 (S. 7 f.), siehe Fn.151; Höfling Jus 2000, 111, 116

282 "*Directive To Physicians*", § 7188 Natural Death Act, bei: Rickmann Anhang V

283 Rickmann S.13 f. (Fn.7)

284 Vossler ZRP 2002, 295, 296 m.w.N.

285 MünchKommStGB-Schneider Vor §§ 211 ff. Rn.124

286 MünchKommStGB-Schneider Vor §§ 211 ff. Rn.124; Weißauer/Opderbecke MedR 1995, 456, 459; Spann MedR 1983, 13, 14

287 MünchKommStGB-Schneider Vor §§ 211 ff. Rn.124; eingehend Heyers, der einen „*Blankoverzicht*" auf Erklärung vor Erstellung der Patientenverfügung für unwirksam hält, es aber ausreichen lässt, wenn die Erklärung aufgrund ihrer Konkretheit verdeutlicht, dass der Verfasser über die medizinischen Aspekte der Anweisung hinlänglich informiert war, zitiert bei MünchKommStGB-Schneider Vor §§ 211 Fn.294.

288 Spann, MedR 1983, 13, 15

Auch wenn der Vorwurf der Ungenauigkeit und dadurch bedingter Zweifel hinsichtlich der inhaltlichen Reichweite von Patientenverfügungen sicherlich zutreffend ist, so ist doch die Frage der Wirksamkeit derselben hiervon streng abzugrenzen[289]. Auch die Gefahr einer aufgrund mangelnder Aufklärung irrtumsbehafteten Patientenverfügung spricht nicht gegen die Beachtlichkeit derselben; vielmehr begründen diese Kritikpunkte doch die Notwendigkeit der Auslegung solcher Erklärungen[290].

Und schließlich darf doch das verfassungsrechtlich garantierte Recht auf Selbstbestimmung, sprich die Dispositionsfreiheit des Verfügenden, nicht aufgrund letztlich nicht auszuräumender Ungewissheiten schlichtweg aberkannt werden[291]. Zudem ist es gerade eine Ausprägung des Selbstbestimmungsrechts, nicht nur über das Ob und Wie einer Behandlung zu entscheiden, sondern auch über den Zeitpunkt zu entscheiden, in dem dieser Wille dokumentiert wird[292]. Das heißt, dass nicht grundsätzlich Patientenverfügungen junger Menschen nicht aussagekräftig sind, da eine lebensbedrohliche Situation im Zeitpunkt des Verfassens noch absolut fern lag. Im Bewusstsein, dass lebensbedrohlich erkrankte Menschen vielfach eine Verschiebung ihres Wertegefüges erfahren und in Ansehung des Todes eine Wechselhaftigkeit des Lebens- und Sterbewillens zu Tage treten kann, optimiert dennoch die Patientenverfügung das Selbstbestimmungsrecht und muss daher auch grundsätzlich Bindungswirkung entfalten, sofern nicht handfeste, schwer wiegende tatsächliche Anhaltspunkte gegen die Wirksamkeit der Verfügung sprechen[293]. Voraussetzung ist hierbei natürlich, dass es sich um eine ernstliche Willensäußerung einer konkret einsichts- und urteilsfähigen Person handelt[294].

Streit herrscht dennoch auch innerhalb dieser mehrheitlichen, der der Patientenverfügung Rechtswirkung zubilligenden Ansicht, über die Rechtsfolgen der Verfügung. Während eine Mindermeinung der Ansicht ist, dass der Arzt dem schriftlich erklärten Wunsch des Patienten zwingend nachkommen muss, da er

---

289 MünchKommStGB-Schneider Vor §§ 211 ff. Rn.125; Höfling JuS 2000, 111, 115 f.; Tröndle/Fischer Vor § 211 Rn. 27

290 MünchKommStGB-Schneider Vor §§ 211 ff. Rn.125

291 MünchKommStGB-Schneider Vor §§ 211 ff. Rn.125; Sternberg-Lieben FS-Lenckner 349, 352 ff.; zurückhaltend Höfling JuS 2000, 111, 116

292 MünchKommStGB-Schneider Vor §§ 211 ff. Rn.125

293 MünchKommStGB-Schneider Vor §§ 211 ff. Rn.125 mit Fn.435; Höfling JuS 2000, 111,115 f.; Hufen NJW 2001, 849, 856; Spickhoff NJW 2000, 2297, 2302; Tröndle/Fischer Vor § 211 Rn.27; Rickmann S. 213

294 MünchKommStGB-Schneider Vor §§ 211 ff. Rn.125 mit Fn.435; Hufen NJW 2001, 849, 856; Spickhoff NJW 2000, 2297, 2302; Tröndle/Fischer Vor § 211 Rn.27; Rickmann S.138 - 143

sich anderenfalls gemäß § 223 StGB strafbar machen könne[295], wird von der überwiegenden Ansicht vertreten, dass derartige Verfügungen für die Feststellung des mutmaßlichen Willens hinsichtlich der Fortsetzung der Behandlung lediglich indizielle Bedeutung haben, wobei wiederum der Stellenwert des Beweiszeichens unterschiedlich eingeschätzt wird[296]. Innerhalb des letztgenannten Streitpunkts wird vertreten, dass in der Patientenverfügung ein Zeichen *„höchster Dignität“* zu sehen ist[297]. Demgegenüber bewerten andere die schriftliche Erklärung als einen Faktor unter vielen im Rahmen einer Gesamtbetrachtung sämtlicher relevanter Äußerungen und Anschauungen des Kranken[298].

2.) Umsetzung des mutmaßlichen Willens des Patienten

a) Betreuungsrechtliche Aspekte

Eine weitere höchstrichterliche Weichenstellung besteht darin, dass der als mutmaßliche Wille des Patienten erkannte Behandlungsabbruch weder vom Arzt noch von den Angehörigen verbindlich verfügt werden soll; vielmehr ist es rechtlich angezeigt, die Entscheidung eines - gegebenenfalls erst noch zu bestellenden - Betreuers mit dem Aufgabenkreis der ärztlichen Behandlung einzuholen[299]. Entscheidet der Betreuer für die Einstellung der Behandlung, bedarf seine Einwilligung wiederum der Genehmigung durch das Vormundschaftsgericht[300].

aa) Betreuungsverfügung

Nach §§ 1897 Abs. 4, 1901 Abs. 2 Satz 2 und 1901 a BGB können vom Betroffenen in Form einer Betreuungsverfügung für den Betreuungsfall im Voraus Personen als Betreuer benannt werden. Nach der Bestellung übernimmt der Betreuer nach bestem Wissen und Gewissen rechtsverbindlich die Angelegenheiten des Betreuten in den festgelegten Bereichen wie zum Beispiel der Heilfürsorge. Bei der Ausübung hat der Betreuer die vom Betreuten im Voraus geäußerten Wünsche zu beachten, es sei denn, sie laufen dem Wohl des Betreuten zuwider,

---

295 Hiersche MedR 1987, 83, 84; Sternberg-Lieben NJW 1985, 2735, 2738

296 MünchKommStGB-Schneider Vor §§ 211 Rn.126

297 Bottke S.35 (101) zitiert bei MünchKommStGB-Schneider Vor §§ 211 Fn.278

298 Schönke/Schröder-Eser Vor §§ 211 ff. Rn.28; Rickmann 207 f.; Kühl Vor § 211 Rn.8

299 MünchKommStGB-Schneider Vor §§ 211 Rn.127; BGHSt 40, 257, 261 f.; Coeppicus NJW 1998, 3381, 3383 f.; Helgerth JR 1995, 338, 339 f.; Schöch NStZ 1995, 153, 155 f. Teilweise wird für den Betreuer die Kompetenz zur Entscheidung über einen Behandlungsabbruch mit dem Hinweis auf deren höchstpersönliche Natur verneint: Deichmann MDR 1995, 983, 985

300 siehe auch B. II. 3.), S. 39 ff.

sind dem Betreuer unzumutbar oder es liegen Hinweise für die Aufgabe des früher festgelegten Wunsches vor, vgl. § 1901 Abs. 3 BGB.

bb) Bestellung eines Betreuers beim Vormundschaftsgericht

Gemäß § 1896 Abs. 1 BGB kann das Vormundschaftsgericht auch von Amts wegen für den zur Besorgung der eigenen Angelegenheiten unfähigen Volljährigen einen Betreuer bestellen. Für Minderjährige, die das 17. Lebensjahr vollendet haben, ist dies in Form einer vorsorglichen Betreuerbestellung und Anordnung des Einwilligungsvorbehalts nach § 1908 a BGB möglich. Im Eilfall ist es dem Vormundschaftsgericht sogar möglich, innerhalb kurzer Zeit die vorläufige Bestellung eines Betreuers anzuordnen, § 69 f Abs.1 Satz 1 FGG, oder notfalls in der Sache selbst zu entscheiden, vgl. § 1908 i BGB in Verbindung mit §§ 1846 BGB, 69 f FGG.

b) Anderweitige Selbsthilfemöglichkeiten

Außerhalb des Betreuungsrechts besteht insbesondere die Möglichkeit der Erteilung einer schriftlichen Vorsorgevollmacht. In § 1896 Abs. 2 Satz 2 BGB ist ausdrücklich die Subsidiarität der Betreuung geregelt. Die Betreuung ist daher nachrangig gegenüber Selbsthilfemöglichkeiten, durch deren Wahrnehmung der Betreuungsbedarf auf andere Weise befriedigt wird oder befriedigt werden kann[301]. Die Betreuung erübrigt sich daher insbesondere dann, wenn der Betroffene noch in der Lage ist, jemanden mit der Wahrnehmung der betreuungsbedürftigen Angelegenheiten zu beauftragen, oder wenn er dies zu der Zeit, als er dazu noch in der Lage war, durch eine Vorsorgevollmacht getan hat; bei Zweifeln an deren Wirksamkeit kann allerdings eine Betreuung angeordnet werden[302].

aa) Die Vorsorgevollmacht

(1) Definition

Die Vorsorgevollmacht ist in § 1896 Abs. 2 und § 1904 Abs. 2 BGB geregelt bzw. anerkannt. Eine oder mehrere Personen des Vertrauens können hiermit für den Fall, dass der Ermächtigende selbst in eine Lage gerät, in der ihm aus tatsächlichen Gründen (z. B. Demenz, Koma) die Vornahme oder Durchsetzung behandlungsbezogener Anordnungen nicht mehr möglich ist, bevollmächtigt werden, anstelle des einwilligungsunfähigen Patienten rechtsverbindlich entsprechend den in der Vollmacht verfügten Bereichen (zum Beispiel medizinische Behandlung oder Nichtbehandlung, passive Sterbehilfe) Entscheidungen zu

---

[301] Palandt-Diederichsen § 1896 Rn.11

[302] Palandt-Diederichsen § 1896 Rn.11

treffen[303]. Beispielhaft für diese Art der Vorsorge ist das Instrument der so genannten medizinischen Patientenanwaltschaft, das die Deutsche Hospiz Stiftung seit einigen Jahren mit großem Einsatz verficht[304].

Ein Bevollmächtigter wird im Gegensatz zu einem Betreuer nicht vormundschaftsgerichtlich bestellt. Bei schwerwiegenden Entscheidungen kann aber die Einschaltung des Vormundschaftsgerichtes erforderlich werden. So bedarf die Entscheidung des Vertreters zum Behandlungsabbruch nach der entsprechend anwendbaren Bestimmung des § 1904 Abs. 2 BGB der gerichtlichen Kontrolle[305].

(2) Problem der Reichweite

Wie bereits dargestellt[306], ist es äußerst umstritten, ob von einer solchen Vollmacht auch die Entscheidung erfasst ist, auf lebenserhaltende Maßnahmen zu verzichten oder diese sogar abzubrechen. Teilweise wird dem Betreuer die Kompetenz zur Entscheidung über einen Behandlungsabbruch mit dem Hinweis auf deren höchstpersönliche Natur abgesprochen[307].

bb) „Andere Hilfen"

Als andere Hilfen im Sinne des § 1896 Abs. 2 Satz 2 BGB, die eine Betreuung entbehrlich machen bzw. die vom Gesetz geforderte „*Erforderlichkeit*" einer Betreuung entfallen lassen, kommen Hilfen durch Familie, Nachbarn und Bekannte, aber auch die sozialen Dienste oder Heimpersonal in Betracht[308].

3.) Ergebnis

Die Einwilligung durch einen Betreuer sowie die anschließende Genehmigung durch das Vormundschaftsgericht bei Einstellung eines Behandlungsabbruchs ist in entsprechender Anwendung des § 1904 Abs. 1 BGB - entgegen anders lautender Stimmen in Rechtsprechung und Schrifttum - nach höchst- und obergerichtlicher Ansicht statthaft[309]. Diese prozedurale Absicherung ist eine Vorgehensweise, die begrüßenswerterweise den Rechtfertigungsdruck auf Ärzte und

---

303 Höfling JuS 2000, 111, 115

304 Höfling JuS 2000, 111, 115; Deutsche Hospiz Stiftung, Medizinische Patientenanwaltschaft und Betreuungsverfügung, 1999

305 MünchKommStGB-Schneider Vor §§ 211 Rn.127 Fn.448; Spickhoff NJW 2000, 2297, 2303

306 B. II. 3.), S. 39 ff.

307 Deichmann MDR 1995, 983, 985; hiergegen mit überzeugenden Argumenten Heyers zitiert bei MünchKommStGB-Schneider Vor §§ 211 ff. Fn.421 mit Fn.294

308 Palandt-Diederichsen § 1896 Rn.12

309 BGHSt 40, 257, 261 f.; OLG Frankfurt NJW 1998, 2747, 2748; Saliger JuS 1999, 16, 18 f.; ablehnend: Sternberg-Lieben FS-Lenckner S.349, 370 f.

Betreuer erhöht: der Betreuer muss seine Entscheidung gegenüber einer außenstehenden staatlichen Stelle erklären, während der Arzt eine externe Kontrolle dergestalt erfährt, dass das Vormundschaftsgericht seine medizinische Situationseinschätzung überprüft und sich hierzu der Hilfe eines weiteren Sachverständigen bedient, § 69 d Abs. 2 FGG[310]. In diesen Fällen hat das Vormundschaftsgericht allerdings keine eigene Entscheidungskompetenz; ihm obliegt in diesen (nicht Eil-) Fällen lediglich die Überprüfung der Zulässigkeit der Entscheidung des Betreuers[311].

Der Bundesgerichtshof lässt jedoch eine Rechtfertigung der passiven Sterbehilfe auch nach den Regeln der mutmaßlichen Einwilligung zu, wenn das betreuungsrechtliche Prozedere von den Tatbeteiligten nicht eingehalten oder sogar gezielt umgangen wurde[312]. Allein der Umstand, dass von dem Weg über das Vormundschaftsgericht abgesehen wurde, also auch kein Betreuer bestellt worden ist, begründet für den Arzt und die entscheidenden Angehörigen noch keine Strafbarkeit nach §§ 211, 212 StGB, sofern der mutmaßliche Wille des Betroffenen zutreffend ermittelt worden ist[313]. Dementsprechend spielen betreuungsrechtliche Aspekte bei der Einstellung einer lebensverlängernden Behandlung im Alltag der Kliniken und Pflegestationen (noch) keine nennenswerte Rolle[314].

VI. Praktische Anwendungsfälle des assistierten Suizids

1.) Der „Hackethal-Fall“[315]

Bereits dargestellt[316] wurde der Beschluss des OLG München, der den klassischen Fall des ärztlich assistierten Suizids beinhaltet. Ergänzend sei an dieser Stelle erwähnt, dass Julius Hackethal unter anderem neben zahlreichen Prominenten wie Inge Meysel Mitglied der Deutschen Gesellschaft für Humanes Sterben[317] war.

---

[310] Verrel JR 1999, 5, 8; ablehnend: Fröschle JZ 2000, 72, 80, der § 69 d Abs. 2 FGG für unanwendbar hält, da hier eine dem Gericht sonst i.R.d. § 1904 BGB durch Einholung eines Sachverständigengutachtens mögliche Abwägung zwischen Gefährlichkeit der Behandlung und Heilungsaussichten nicht in Betracht kommt: Bei Einstellung einer Sondenernährung besteht auf den Tod nicht nur eine gewisse Wahrscheinlichkeit, sondern die sichere Aussicht.

[311] MünchKommStGB-Schneider Vor §§ 211 Rn.127

[312] BGHSt 40, 257, 261

[313] MünchKommStGB-Schneider Vor §§ 211 Rn.128

[314] MünchKommStGB-Schneider Vor §§ 211 Rn.128

[315] OLG München NJW 1987, 2940 ff.

[316] siehe B. II. 2.), S. 35 ff.

[317] siehe B. VI. 2.)a), S. 76 f.

2.) Euthanasie – Gesellschaften

Vor dem Hintergrund des immer größer werdenden Spagats zwischen medizinischen Möglichkeiten einerseits und würdigem Sterben andererseits wurden zahlreiche Vereinigungen gegründet, um sich dieser Problematik auf ihre eigene Art anzunehmen. Die Intention ist dabei ganz unterschiedlicher Natur. So gibt es zum Beispiel Hospizvereine, die es sich zum Ziel gesetzt haben, die Kultur des Umgehens mit Sterbenden in der Gesellschaft zu ändern, und die Hilfe im Sterben anzubieten. *„Omega – Mit dem Sterben leben e.V.“* ist zum Beispiel ein solcher Verein, der Sterbende, aber auch Angehörige, in dieser letzten Phase begleiten und unterstützen und vor allem die Würde der Sterbenden gewährleisten möchte. Aktive Sterbehilfe wird jedoch strikt abgelehnt[318]. Vergleichbar ist in der Schweiz die Vereinigung *„Hippokrates“*[319]. Im nachfolgenden werden zwei Vereinigungen vorgestellt, die dagegen eine andere Hilfe beim Sterben leisten wollen.

a) Deutsche Gesellschaft für humanes Sterben (DGHS)[320]

Am 07. November 1980 wurde die DGHS gegründet. Mitbegründer, erster Präsident und Geschäftsführer war Hans Henning Atrott. Die DGHS versteht sich als Bürgerrechtsbewegung zur Verwirklichung des Selbstbestimmungsrechts des Menschen bis zur letzten Lebensminute. Jeder Mensch soll ihrer Ansicht nach die Möglichkeit haben, seinen Todeszeitpunkt selbst zu bestimmen. Dementsprechend soll jeder Bürger das Recht auf passive Sterbehilfe haben, auch gegen den Willen des Arztes. Bei Betroffenen, die körperlich nicht in der Lage sind, den gewählten Freitod durchzuführen und die Hilfe einer anderen Person bräuchten, soll dieser Helfer nicht wegen Tötung auf Verlangen angeklagt werden können. Auch der § 323 c StGB (Unterlassene Hilfeleistung) sollte nach Ansicht der DGHS dahingehend abgeändert werden, dass der die Hilfe Unterlassende sich dann nicht strafbar macht, wenn der hilfebedürftige Suizident erkennbar und zurechnungsfähig den Willen gegen Hilfe ausgesprochen oder niedergeschrieben hätte. Des weiteren soll die Verbindlichkeit der Patientenverfügung gesetzlich anerkannt werden.

DGHS-Mitglieder erhalten unter anderem einen Patientenschutzbrief, eine Freitodverfügung und eine Willensverfügung zu Fragen der Organspende. Jedes Mitglied erhält darüber hinaus einen Mitgliedsausweis, der darauf hinweist, dass eine Patientenverfügung bei der DGHS hinterlegt ist. Die DGHS betont stets, dass sie nicht gegen bestehende Gesetze verstoßen möchte. Gerade letzteres ist

---

318 www.omega-ev.de

319 www.hippokrates.ch/exit.html

320 Die folgenden Ausführungen zur DGHS sind – soweit nicht anders gekennzeichnet - im Internet nachzulesen bei Christiane Köhlerschmidt *„Euthanasie-Gesellschaften“* www.pflege-fortbildungen.de/gesellschaft.html und unter www.dghs.de.

der DGHS in der Vergangenheit nicht gelungen, was aber der Mitgliederzahl offensichtlich keinen Abbruch getan hat.

Am 15. Juni 1992 öffnete die Polizei in einer Filiale der Frankfurter Sparkasse ein Schließfach. Hierin befanden sich eine Kassette und ein Kassenbuch. Die Kassette war voll von Zyankali, das Kassenbuch enthielt detaillierte Aufzeichnungen über 130 Termine von 1988 bis 1992. Diese Termine dokumentierten Treffen mit DGHS-Mitgliedern, denen in Hotelhallen und Bahnhöfen Zyankali verkauft wurde. Vertreter der DGHS versandten teilweise auch Gift auf Anforderung in Paketen, teilweise gegen hohe Honorare[321]. Es wurden jeweils 1 – 1,5 Gramm Zyankali zu einem Preis – je nach Liquidität des *„Kunden"* - zwischen 500 DM – 15.000 DM verkauft. Die Polizei konnte des weiteren ein Schweizer Bankkonto von Atrott, der auch ein Feriendomizil in der Schweiz besaß, ausfindig machen. Atrott handelte außerdem mit Schlaftabletten und Malariamitteln, die ehrenamtliche Helfer im europäischen Ausland besorgten und an die Suizidenten weitergaben bzw. versandten.

Der BGH beschloss in diesem Zusammenhang, dass ein Sterbehelfer, der einen freiverantwortlichen Suizid durch Überlassen eines in den Verbotsbereich des Betäubungsmittelgesetzes fallenden Medikamentes fördert, sich zwar nicht nach strafrechtlichen Vorschriften, wohl aber wegen des Verstoßes gegen § 29 BtmG strafbar macht[322]. Der 82-jährige Angeklagte, der Psychologie und Theologie studiert und zuletzt als Pfarrer gearbeitet hatte, hatte einer an Multipler Sklerose leidenden Ärztin aus Berlin eine tödlich wirkende Dosis eines dem Betäubungsmittelgesetz unterliegenden Barbiturats aus der Schweiz nach Deutschland eingeführt und der Ärztin übergeben, die das Mittel sogleich einnahm und binnen weniger Minuten verstarb. Die Staatsanwaltschaft hatte gefordert, dass der Angeklagte auch wegen eines Verbrechens nach § 30 Abs.1 Nr. 3 BtmG (leichtfertige Todesverursachung durch Überlassen von Betäubungsmitteln) zu bestrafen sei[323]. Letztendlich urteilte der BGH hier nur eine Verwarnung mit Strafvorbehalt aus – die nach dem StGB mildeste Sanktion[324].

Der Tod durch Zyankali soll allerdings alles andere als human sein: Er soll dadurch, dass sich das Gift im Magen durch die Magensäure zu Blausäure umwandelt, die wiederum zu einer Schädigung des Atemzentrums führt, schmerzvoll sein und bis zu 15 Minuten dauern. Die Magenwände sollen hierbei regel-

321 Schreiber-FS-Jakobs, (S.3 des Manuskripts)
322 BGHSt 46, 279, 284 f.; BGH, Urteil vom 07.02.2001 – 5 StR 474/ 00 – LG Berlin – 1 Kap Js 749/98 Kls (533) (44/99) JZ 2002, 150 ff. mit Anm. Sternberg-Lieben S.153 ff.; Röver MedR 2001, 307, 307
323 http://juris.bundesgerichtshof.de/cgi-bin/rechtsprechung/document
324 Schreiber FS-Jakobs (S.3 des Manuskripts)

recht zerfressen werden. Weiterhin ist es wohl auch zu tragischen Zwischenfällen gekommen. So soll ein Ehepaar gemeinsam beschlossen haben, zu sterben; dies gelang offenbar nur der Ehefrau, während der Ehemann tagelang mit schwersten Halluzinationen neben seiner toten Frau lag. Einem weiteren Sterbewilligen, der den Selbstmordversuch überlebte, musste infolge der Medikamenteneinnahme ein Bein amputiert werden, da die Medikamente die Durchblutung in den Beinen unterbrochen hatte. Tragisch ist auch, dass offensichtlich überhaupt keine Prüfung stattfand, an wen man das Gift abgab; offenbar wurden auch psychisch kranke, depressive Menschen bedient. So tötete eine Mutter ihr leukämiekrankes Kind; ein anderer besorgte sich das Gift, da er in den USA eine Gefängnisstrafe absitzen sollte und Angst hatte, die dortigen Bedingungen nicht auszuhalten; auch an Liebeskranke wurde Gift abgegeben. Zyankali wurde sogar auch *„auf Vorrat für den Fall, dass...“* abgegeben.

Eine enge Mitarbeiterin hielt Seminare, gab Volkshochschulkurse und gab sich auf dem Mitgliedsformular selbst den Titel *„Dr. psych.“*, obwohl sie nur den Volksschulabschluss hatte. Eine andere Mitarbeiterin, die sich aufgrund von Selbstzweifeln der Polizei als Zeugin zur Verfügung gestellt hatte, schilderte, dass sie von Atrott einfach nicht losgekommen sei. Atrott dankte es ihr mit Beschimpfungen und Telefonterror. Es mutet doch alles recht sektenartig und unseriös an. Angeklagt wurde Atrott lediglich wegen Steuerhinterziehung und Verstoßes gegen das Chemikaliengesetz. Im Juli 1994 wurde Professor Herrmann Pohlmeier, Inhaber des Göttinger Lehrstuhls für medizinische Psychologie, Atrotts Nachfolger als Präsident der DGHS.

b) EXIT[325]

EXIT ist eine Schweizer Vereinigung für humanes Sterben. Weltweit gibt es rund 30 Vereinigungen, die in der *„World Federation of Right to Die Societies“* zusammengefasst sind. EXIT stützt sich auf die *„Richtlinien für die Sterbehilfe der Schweizerischen Akademie der Medizinischen Wissenschaften“* (= SAMW). Auch EXIT bietet seinen Mitgliedern – ähnlich wie die DGHS – einen Mitgliedsausweis an, der auf eine Patientenverfügung verweist. Auch die anderen Leistungen sind dem Angebot der DGHS vergleichbar.

Wesentlicher Unterschied ist allerdings, dass EXIT die Freitodbegleitung anbietet. Ebenso wie die erst 1998 gegründete Schweizer Organisation *„Dignitas“* besorgt EXIT von Ärzten Barbiturate, die sie ihren Mitgliedern am gewünschten Sterbetag überbringt. Der Sterbehelfer bleibt während der Einnahme des Natri-

[325] Die folgenden Ausführungen sind – soweit nicht anders gekennzeichnet – aus Spöndlin, BioSkop Nr.13, März 2001, 6 f., auch nachzulesen im Internet unter www.bioskop-forum.de/themen/euthanasie_sterbehilfe/exit_im_altersheim.htm.

um-Pentobarbital (NaP), das in Wasser aufgelöst wird und den Sterbewilligen nach wenigen Minuten in einen komatösen Schlaf versetzt, bis zum Todeseintritt bei ihm. Als „*außergewöhnlicher Todesfall*" wird der Freitod anschließend der Polizei gemeldet, die sodann mit Amtsarzt und Bezirksanwalt zur so genannten Legalitätskontrolle erscheint. Voraussetzung für eine solche Freitodbegleitung sind bei EXIT[326]:

(1) Urteilsfähigkeit des Sterbewilligen
(2) Konsistenz des Todeswunsches
(3) Hoffnungslose Prognose, unerträgliche Beschwerden und unzumutbare Behinderungen.

Kritik wird dennoch und vor allem deshalb geübt, weil zwar kein Gewinnstreben erkennbar ist, jedoch eine ausreichende Prüfung, weshalb sich jemand den Freitod wünscht, mit dem Hinweis darauf abgelehnt wird, es müsse der Wille des Betroffenen respektiert werden[327].

Zudem ergab eine Studie, dass das Vorliegen der oben genannten Voraussetzungen nicht besonders streng kontrolliert wird[328]. So haben sich bei einem Vergleich von EXIT-Protokollen der Suizidenten und Aufzeichnungen der jeweiligen Hausärzte erhebliche und zahlreiche Widersprüche ergeben. Zum Beispiel wurde von EXIT in einem Fall „*Lungenkrebs*" dokumentiert, während der Hausarzt lediglich „*chronische Bronchitis*" festgestellt hatte oder in einem weiteren Fall protokollierte EXIT „*Krebsschmerzen*", während sich in den Aufzeichnungen des Hausarztes „*Verwachsungen*" fanden[329].

Weiteren Anlass zur Sorge gibt das Kriterium der „*Konsistenz des Todeswunsches*". Hier wurde festgestellt, dass häufig zwischen erstmaligem Herantreten an die Organisation bzw. erstmaligem Äußern des Wunsches und tatsächlicher Freitodhandlung lediglich wenige, z. B. in einem Fall nur 7 Tage lagen. Als Todeswunsch gaben darüber hinaus 30 % der 43 „*Exit-Opfer*" Schmerzen an. Es drängen sich daher erhebliche Zweifel auf, wie ernsthaft der Todeswunsch eines Kandidaten sein muss, um das Barbiturat zu erhalten bzw. in welchen Fällen EXIT tatsächlich dem Todeswunsch einmal nicht Folge leistet. Das von EXIT hierzu bemühte „*Respektieren*" einer scheinbar freiverantwortlichen, wohl überlegten Entscheidung kann hier schnell und bequem als Pauschalrechtfertigung herangezogen werden.

---

[326] www.exit.ch/wDeutsch/
[327] Köhlerschmidt, siehe Fn. 320
[328] Schenker, „*Exit Suizide in Basel*", auszugsweise nachzulesen unter www.hippokrates.ch/exit.html
[329] Schenker aaO.

Vor diesem Hintergrund wird auch die folgende Kontroverse in der Schweiz verständlich. Während der Züricher Stadtrat 1987 mit dem Verbot der „*Durchführung von Selbsttötungsaktionen*“ und ihrer Unterstützung den Suizidhelfern von EXIT faktisch noch den Zutritt zu den städtischen Alters- und Pflegeheimen verboten hatte, wurde dieses Verbot 2001 aufgehoben[330]. Begründet wurde dies mit dem Selbstbestimmungsrecht der Heimbewohner, die somit nicht mehr gezwungen sind, für einen freiverantwortlich gewählten Freitod das Heim zu verlassen[331]. Darüber hinaus sei ein solches Zutrittsverbot zu letztlich privaten Wohnräumen aus Gründen der Zumutbarkeit jedenfalls dann nicht mehr haltbar, wenn der Bewohner in dem Heim oder Spital seinen Lebensmittelpunkt hat. In Stadtspitälern hingegen wurde das Verbot aufrechterhalten, da dort, wo Patienten sich nur vorübergehend aufhalten, das Allgemeininteresse daran, dass im Krankenhaus keine Selbsttötungen mit Hilfe von Sterbeorganisationen durchgeführt werden, höher zu bewerten sei als das Selbstbestimmungsrecht des Patienten[332].

Angesichts der genannten Missstände ist leicht einsehbar, dass sich zahlreiche namhafte Personen wie zum Beispiel der Chefredakteur der Neuen Züricher Zeitung (NZZ), aber auch Institutionen wie die Schweizerische Gesellschaft für Gerontologie, die Konferenz der Chefärzte der Psychiatrischen Universitätsklinik Zürich sowie die katholischen und protestantischen Spitalseelsorger hiergegen lautstark zu Wort meldeten[333]. In einem Leitartikel zum Jahreswechsel 2000/ 01 hieß es: *„...sträubt man sich, nebenbei gesagt, weiterhin gegen die Vorstellung, dass Ärzte von „EXIT“ künftig erlaubten Zugang zu öffentlichen Altersheimen haben sollen, um Suizid auf Bestellung zu vollziehen. Da verfehlt ein alter Beruf seine Berufung“*[334].

3.) Sterbehilfebags aus der Schweiz

Im Jahr 2002 wurden erstmals so genannte „*Sterbehilfebags*“ von einer Sterbehilfeorganisation aus der Schweiz in Deutschland eingeführt[335]. Hierbei handelt es sich um offenbar von einem Juristen und einem Theologen angebotene Plastikbeutel, die durch Überstülpen und Zuziehen der dafür vorgesehenen Bänder zum Tod durch Ersticken führen. Sowohl bei den Vorbereitungen als auch beim

---

330 Auszug aus dem Protokoll des Stadtrats von Zürich vom 17.01.2001, GR Nr. 2000/ 559, S.6
331 Spöndlin BioSkop Nr.13 März 2001 S. 6-7
332 Auszug aus dem Protokoll des Stadtrats von Zürich vom 17.01.2001, GR Nr. 2000/ 559, S.6
333 Spöndlin aaO.
334 Spöndlin aaO.
335 Schreiber FS-Jakobs (Seite S.3 des Manuskripts)

Überziehen des Beutels wird geholfen, ebenso beim Zuziehen der Bänder, das allerdings der Sterbewillige selbst vornimmt. Hierzu gibt es einen Fernsehband, in dem ein *„eiliger Helfer"* einer alten Frau zuredet, sie müsse sich nun bald entschließen, er habe nicht mehr viel Zeit: sie solle sich entscheiden, ob sie den Beutel wolle; die Frau zögert, der Helfer drängt[336].

4.) Schmerzmittelpumpen

Bekannt geworden ist auch die Anwendung so genannter Schmerzmittelpumpen. Anhand dieser Geräte soll dem Patienten selbst eine bedarfsgerechte Dosierung von Schmerzmitteln ermöglicht und darüber hinaus die Möglichkeit gegeben werden, durch einen speziellen Knopfdruck nicht nur Analgetika, sondern auch eine tödliche Dosis dieser Medikamente zu veranlassen[337].

5.) „Dr. Death"

In den 90er Jahren wurde in den USA der Arzt Jack Kevorkian unter dem Namen *„Dr. Death"* bekannt. Ende der 80er Jahre entwickelte Kevorkian einen Injektionsapparat, der vom Sterbewilligen mittels eines Schalters bedient, über einen intravenösen Zugang zunächst Thipental und anschließend Kaliumchlorid injizierte[338]. Bei einer anderen von ihm entwickelten Methode wurde ein Kanister mit Kohlenmonoxyd mit einer Gesichtsmaske verbunden. Der Suizident setzte sich diese Gesichtsmaske auf und nach Öffnen eines Zuleitungsventils (in einer später entwickelten Variante musste nur noch eine Heftklammer entfernt werden, die den Zuleitungsschlauch abklemmte), atmete er das tödliche Kohlenmonoxid ein[339].

VII. Standesethik und ärztliche Berufsordnung

1.) Einführung

Die *„Richtlinien für die Sterbehilfe"* der Bundesärztekammer (BÄK) von 1979 und ihre überarbeitete Fassung der *„Richtlinien zur Sterbebegleitung"* von 1993[340] fußen auf den Richtlinien der Schweizerischen Akademie der Medizinischen Wissenschaften *„Ärztliche Hilfe für den Sterbenden"* von 1976. Ferner ergingen zu diesem Thema die *„Resolution zur Behandlung Todkranker und*

---

336 Schreiber FS-Jakobs (Seite S.3 des Manuskripts)
337 Schreiber FS-Jakobs (Seite S.3 des Manuskripts)
338 Benzenhöfer Dt. Ärzteblatt, Heft 25, 21.06.1999, A 1708 - 1709
339 Benzenhöfer Dt. Ärztebl. 1996, Heft 25, 21.06.1999, A – 1708 - 1709
340 Dt. Ärztebl. 1993, B-1791 f.

Sterbender" der Deutschen Gesellschaft für Chirurgie aus dem Jahr 1979[341]. Diese Stellungnahmen bezogen sich aber ausdrücklich nur auf Sterbende. „*Sterbender*" im Sinne der Schweizerischen Richtlinien ist aber „*nur ein Kranker oder Verletzter, bei dem der Arzt aufgrund einer Reihe klinischer Zeichen zur Überzeugung gelangt, dass die Krankheit oder die traumatische Schädigung infaust (ohne jede Aussicht auf Besserung) verläuft und der Tod in kurzer Zeit eintreten wird*[342]".

Es gibt aber zahlreiche andere Fälle, in denen die Grenzen ärztlicher Behandlungspflicht zu diskutieren sind, wie zum Beispiel bei irreversibel Bewusstlosen, die sich eben nicht auch zwangsläufig in der Sterbephase oder in der Intensivmedizin befinden. Daher erweiterte die Schweizerische Akademie der Medizinischen Wissenschaften ihre Richtlinien und veröffentlichte im Juli 1995 die „*Medizinisch – ethischen Richtlinien für die ärztliche Betreuung sterbender und zerebral schwerst geschädigter Personen*". Ebenso tat es die BÄK mit der Publizierung der „*Grundsätze zur ärztlichen Sterbebegleitung*" vom 11.09.1998[343], die nunmehr folgende drei Fallgruppen erfassen:

1.) „*Sterbende*" (wie bisher)
2.) „*Patienten mit infauster Prognose und weit fortgeschrittener Krankheit*" sowie „*Neugeborene mit schwersten kongenitalen Missbildungen*"
3.) Patienten mit lebensbedrohenden Krankheiten sowie schwersten zerebralen Schädigungen und anhaltender Bewusstlosigkeit (apallisches Syndrom, Wachkoma).

Keine der genannten Richtlinien oder Stellungnahmen ging jedoch der Deutschen Gesellschaft für Anästhesiologie und Intensivmedizin (DGAI) hinsichtlich Patienten in der Intensivbehandlung weit genug[344]: Zu entscheiden sei nach Ansicht der DGAI vor allem, ob bei Patienten mit infauster Prognose eine Fortsetzung und Intensivierung der lebensverlängernden Therapie noch sinnvoll und vertretbar ist, wenn sie sich, ohne bereits moribund zu sein, unter der Intensivbehandlung laufend weiter verschlechtern. In dieser, für die Dauerreanimation typischen Situation, stelle sich die Frage nach der medizinischen Indikation intensivtherapeutischer Maßnahmen im Grenzbereich zwischen Leben und Tod. Aus diesem Grund hat das Präsidium der DGAI als Entscheidungshilfe für die Intensivmediziner in Ergänzung zu den Grundsätzen der Bundesärztekammer zusätzlich die „*Leitlinien für die Grenzen intensivmedizinischer Behandlungs-*

---

341 AWMF online: www. uni-duesselsdorf.de/WWW/AWMF/ll/anae_007.htm
342 siehe B. VII. 2.), S. 83 f.
343 abgedruckt in: Dt. Ärzteblatt 1998, 95, Heft 39 (25.09.1998), S. C 1690 – 1691; A 2365 - 2367
344 Präambel der Leitlinie zu Grenzen der intensivmedizinischen Behandlungspflicht in: Anästh. Intensivmed. 40 (1999), 94 - 96

pflicht" beschlossen[345]. Mittlerweile liegt eine am 05.02.2004 zur Vernehmlassung veröffentlichte überarbeitete Fassung der Richtlinien der SAMW vor. Die Grundsätze der BÄK sind ebenso ein weiteres mal aktualisiert und am 07.05.2004 veröffentlicht worden.

2.) Richtlinien der Schweizerischen Akademie der Medizinischen Wissenschaften[346]

Seit über dreißig Jahren erarbeitet die SAMW Richtlinien der Empfehlungen zu Bereichen, die von der Öffentlichkeit oder der Ärzteschaft als heikel angesehen werden; sie besitzen zwar keine Gesetzeskraft, genießen aber hohe moralische Anerkennung[347].

a) Die medizinisch-ethischen Richtlinien für die ärztliche Betreuung sterbender und zerebral schwerst geschädigter Patienten

Die medizinisch-ethischen Richtlinien der SAMW wurden von deren Senat am 24.02.1995 genehmigt und ersetzen diejenigen von 1976 und von 1981. Inhaltlich beanspruchen diese Richtlinien zum einen Geltung für die ärztliche Betreuung Sterbender, d. h. Personen, bei welchen der Arzt auf Grund klinischer Anzeichen zu der Überzeugung kommt, dass die Krankheit oder die traumatische Störung irreversibel ist und trotz Behandlung in absehbarer Zeit zum Tode führen wird. Zum anderen beziehen sie sich auf die ärztliche Betreuung zerebral schwerst geschädigter mit irreversiblen, fokalen oder diffusen Hirnschädigungen, welche einen chronisch vegetativen Zustand zur Folge haben. Die Betreuung umfasst Behandlung, Pflege und Begleitung dieser Patienten.

Die indirekte und die passive Sterbehilfe sind in dieser Fassung der Richtlinien - als Ausnahmen von der ärztlichen Verpflichtung zur Lebenserhaltung - unter bestimmten Voraussetzungen in den Ziffern 1.2), 1.3) und 2.1) erlaubt. In der Kommentierung zu den Richtlinien (Teil II der Richtlinien-Kommentierung) wird zwar explizit nur die passive und die aktive Sterbehilfe erwähnt. Jedoch wird in Ziffer 1.3) dem Arzt gestattet, palliativ-medizinische Techniken anzuwenden, „*auch wenn sie in einzelnen Fällen mit dem Risiko einer Lebensverkürzung verbunden sein sollten*".

Aktive Maßnahmen zum Zwecke der Lebensbeendigung sind gesetzlich verboten (Ziffer 1.4)), selbst dann, wenn sie auf ernsthaftes und eindringliches Ver-

---

345 siehe B. VII. 4.), S. 87 f.; Anästh. Intensivmed. 40 (1999), 94 - 96

346 Die nachfolgenden Ausführungen zum Inhalt der Richtlinien der SAMW sind – soweit nicht anders gekennzeichnet - der Internetseite www.samw.ch/content/Richtlinien/d_sterbehilfe.pdf entnommen.

347 Leuthold Schweizerische Ärztezeitung 2001; 82: Nr.21, S.1093, 1094

langen eines urteilsfähigen Patienten vorgenommen werden, Art. 114 des Schweizerischen Strafgesetzbuches.

Obwohl Suizidhilfe, wenn sie ohne selbstsüchtige Beweggründe geleistet wird, nicht strafbar ist (vgl. Art. 115 des Schweizerischen Strafgesetzbuches[348]), ist die Beihilfe zum Suizid gemäß Ziffer 2.2) „*kein Teil der ärztlichen Tätigkeit.*" In der Kommentierung zu dieser Ziffer heißt es zur Begründung, dass neben einer religiös und weltanschaulich begründeten Ablehnung des Suizids, die in den persönlichen Gewissensentscheid des verantwortlichen Arztes einfließen mag, die Missbrauchsgefahren, die aus der generellen Akzeptanz ärztlicher Suizidhilfe resultieren müssen, „*augenfällig*" sind. Darüber hinaus wird ausgeführt, dass Suizide und solche Versuche mit überaus seltenen Ausnahmen die Folgen von persönlichen Krisen, Sucht oder psychischer Krankheit sind: „*Die Katamnesen von überlebenden Suizidalen zeigen, dass überwiegend die Mehrzahl nach Jahrzehnten noch lebt und sich von der damaligen Situation distanziert hat*".

Zur Patientenverfügung wird wie folgt Stellung genommen (siehe Ziffer 3.4)): „*Liegt dem Arzt eine solche vor, die der Patient in einem früheren Zeitpunkt als urteilsfähiger abgefasst hat, so ist diese verbindlich, unbeachtlich sind jedoch Begehren, die dem Arzt ein rechtswidriges Verhalten zumuten oder den Abbruch lebenserhaltender Maßnahmen verlangen, obwohl der Zustand des Patienten nach allgemeiner Erfahrung die Wiederkehr der zwischenmenschlichen Kommunikation und das Wiedererstarken des Lebenswillens erwarten lässt.*"

b) Richtlinien für die Betreuung von Patienten am Lebensende[349]

Besondere Beachtung verdient die am 05.02.2004 zur Vernehmlassung überarbeitete Version dieser Richtlinien. Die SAMW spricht sich hierin erstmals für eine bedingte Öffnung für eine ärztliche Beihilfe zum Suizid aus. In ihren neuen Richtlinien für die „*Betreuung von Patienten am Lebensende*" wird zwar an dem Grundsatz, dass die Beihilfe zum Suizid nicht Teil der ärztlichen Tätigkeit sei, festgehalten. Neu ist jedoch, dass der Arzt andererseits „*den Willen des Patienten zu achten*" habe und dies auch bedeuten könne, „*dass eine persönliche Gewissensentscheidung des Arztes, im Einzelfall Beihilfe zum Suizid zu leisten, zu respektieren*" sei.

---

[348] siehe Gesetzeswortlaut unter B. IX. 4.), S. 94

[349] Der Inhalt der Richtlinien der SAMW ist im Internet einsehbar unter www.samw.ch/content/Richtlinien/d_RL_Sterbehilfe.pdf.

Die Zulässigkeit eines ärztlich assistierten Suizids ist dabei an folgende Voraussetzungen geknüpft:

1.) Die Erkrankung des Patienten rechtfertigt die Annahme, dass das Lebensende nahe ist.
2.) Alternative Möglichkeiten der Hilfestellung wurden erörtert und soweit gewünscht auch eingesetzt.
3.) Der Patient ist urteilsfähig, sein Wunsch ist wohlerwogen, ohne äußeren Druck entstanden und dauerhaft. Dies wurde von einer Drittperson überprüft, wobei diese nicht zwingend Arzt sein muss.

Darüber hinaus ist ein solcher Todeseintritt nach Beihilfe zum Suizid als ein nicht natürlicher Todesfall den Untersuchungsbehörden zu melden. Insgesamt sind die Anforderungen offensichtlich an die entsprechende Regelung in den Niederlanden angelehnt[350].

3.) Die Grundsätze der Bundesärztekammer

Der offizielle Kommentar der Bundesärztekammer zu den Richtlinien für die Sterbehilfe vom April 1979 umschrieb den *„Beginn des Sterbeprozesses"* noch folgendermaßen: *„Der Sterbeprozess beginnt, wenn die elementaren körperlichen Lebensfunktionen erheblich beeinträchtigt sind oder völlig ausfallen. Sind diese Lebensgrundlagen derart betroffen, dass jegliche Fähigkeit entfällt, Subjekt oder Träger eigener Handlungen zu sein, das heißt sein Leben selbst zu bestimmen, und steht der Tod wegen lebensgefährdender Komplikationen bevor, so ist dem Arzt ein breiter Ermessensspielraum für sein Handeln zuzugestehen"*[351].

Die Richtlinien von 1998 gingen dagegen schon sehr viel weiter. Hier wurde nun auch bereits die Herbeiführung eines Sterbeprozesses durch eine *„Änderung des Therapieziels und Unterlassung lebenserhaltender Maßnahmen"*[352] in den Anwendungsbereich der Grundsätze mit aufgenommen.

Die Grundsätze der BÄK zur ärztlichen Sterbebegleitung von 2004 enthalten darüber hinaus folgende wesentliche Aussagen[353]: Wie schon in den Grundsätzen von 1998 wird auch hier wieder darauf hingewiesen, dass es Situationen gibt, in denen sonst angemessene Diagnostik und Therapieverfahren nicht mehr angezeigt und Begrenzungen deshalb geboten sein können. Bei Sterbenden kann zudem die Linderung des Leidens so im Vordergrund stehen, dass eine mögli-

---

[350] siehe B. IX. 1.a), S. 91 f.
[351] abgedruckt in MedR 1985, 38, 39
[352] abgedruckt in NJW 1998, 3406, 3407
[353] Die folgenden Ausführungen entstammen den Grundsätzen der BÄK vom 07.05.2004, abgedruckt in Dt. Ärzteblatt, Heft 19 vom 07.05.2004, A 1298 – 1299.

cherweise dadurch bedingte unvermeidbare Lebensverkürzung hingenommen werden darf. Hiermit ist also - wie bei den anderen dargestellten Richtlinien – die passive und indirekte Sterbehilfe angesprochen. Aktive Sterbehilfe gilt dagegen weiterhin als schlechthin unzulässig.

Hervorzuheben ist, dass die Unterrichtung des Sterbenden über seinen Zustand und mögliche Maßnahmen zwar wahrheitsgemäß, aber „*an der Situation des Sterbenden*" orientiert sein und „*vorhandenen Ängsten Rechnung getragen*" werden soll. Eine solche Formulierung erscheint problematisch, da ein dem ärztlich assistierten Suizid oder gar der aktiven Sterbehilfe zugeneigter Arzt unter Berufung auf diesen Passus einen überaus ängstlichen oder verzweifelten Patienten, der eigentlich Zuspruch und nur ein „*gut-zu-reden*" bräuchte, von dem Unterlassen (weiterer) lebensverlängernder Maßnahmen geradezu überzeugen könnte. Das, was diese Formulierung wohl eigentlich bezwecken sollte, nämlich eine individuelle ärztliche Beratung und Aufklärung am Einzelfall, ist wohl nicht - oder zumindest nicht so - als ausdrückliche Formulierung erforderlich, da (hoffentlich) selbstverständlich. Es darf wohl davon ausgegangen werden, dass heutzutage jeder noch entscheidungsfähige Patient von seinem verantwortlichen Arzt umfassend über seinen Zustand informiert wird. Ein solches Informationsgespräch findet doch aber bereits zwangsläufig nicht standardisiert, sondern gerade den Bedürfnissen des einzelnen Patienten entsprechend statt, so dass selbstverständlich auch den subjektiven Ängsten und der allgemeinen Situation des Patienten – zumindest durch entsprechende Nachfragen durch den Patienten – Rechnung getragen wird. Im Hinblick auf den Fall der Terri Schiavo[354] ist es aber geradezu beruhigend, dass ausdrücklich konstatiert ist, dass es „*keine Ausnahmen von der Pflicht zu leidensmindernder Behandlung und Zuwendung*" gibt.

Der ärztlich assistierte Suizid wird wie folgt kommentiert: „*Die Mitwirkung des Arztes bei der Selbsttötung widerspricht dem ärztlichen Ethos und kann strafbar sein.*" Diese Formulierung ist nicht erneuert oder gar vor dem Hintergrund der stetigen Diskussionen aufgeweicht worden, so dass auch weiterhin von einer grundsätzlichen Ablehnung dieser Handlungsalternative durch die Ärzteschaft auszugehen ist. Zwar ist die Ablehnung nicht so strikt formuliert wie vergleichsweise die der aktiven Sterbehilfe; und auch der Zusatz „*diese Grundsätze können dem Arzt die eigene Verantwortung in der konkreten Situation nicht abnehmen. Alle Entscheidungen müssen individuell erarbeitet werden*", lässt dem Arzt genügend eigenen Entscheidungsspielraum, um sich im Rahmen der zulässigen Beihilfe zum Suizid zu bewegen. Die Grenzen der Zulässigkeit dürften

[354] siehe Teil A., S. 17 ff.

allerdings – wie oben bereits dargelegt – sogar für Juristen nur unbefriedigend zu definieren sein.

Abschließend sind die Erläuterungen zu den Möglichkeiten der Wahrnehmung des Selbstbestimmungsrechts, namentlich Patientenverfügung, Vorsorgevollmacht und Betreuungsverfügung, sehr viel umfassender dargestellt. Dies wiederum ist erfreulich, da hiermit der Bedeutung des Selbstbestimmungsrechts und letztlich auch des (mutmaßlichen) Willens offensichtlich ein höherer Stellenwert beigemessen wird.

4.) Leitlinie zu den Grenzen der intensivmedizinischen Behandlungspflicht der Deutschen Gesellschaft für Anästhesiologie und Intensivmedizin (DGAI)[355]

Die DGAI gibt dem für die Intensivbehandlung verantwortlichen Arzt mit ihrer Leitlinie nur Empfehlungen an die Hand, die einen Entscheidungskorridor aufzeigen, ihm aber Beurteilungs- und Ermessensspielräume belassen.

Wie bereits erwähnt[356], dient diese Leitlinie nur als Ergänzung zu den Grundsätzen der BÄK. Daher wird auch hier noch einmal klargestellt, dass die aktive Sterbehilfe ärztlicherseits kategorisch abzulehnen ist. Hinsichtlich passiver Sterbehilfe sollen lebensverlängernde Maßnahmen ausdrücklich unterbleiben, wenn sie im Einzelfall für den Patienten keine Hilfe mehr bedeuten, sondern nur noch das Leiden und den unvermeidlichen Sterbevorgang verlängern. Die medizinische Indikation sei darüber hinaus auch dann kritisch in Frage zu stellen, wenn eine irreversible Bewusstlosigkeit eingetreten ist. Voraussetzung für den Verzicht auf lebensverlängernde Behandlungsmaßnahmen soll allerdings die Einwilligung des Patienten, bzw. bei fehlender Entscheidungsfähigkeit seiner gesetzlichen Vertreter oder des gerichtlich bestellten Betreuers, ggf. mit Genehmigung des Vormundschaftsgerichts, sein. Diesbezüglich wird auf den „*Kemptener Fall*"[357] verwiesen, wonach auch nur eine mutmaßliche Einwilligung ausreichen kann. Im Zweifel sei für das Leben zu entscheiden. Liege aber eine entsprechende Willenserklärung des Patienten vor, zum Beispiel ein Patiententestament, so sei dies für den Arzt verbindlich, sofern ihr hinreichend präziser Inhalt mit der aktuellen Situation übereinstimme.

Auch in der Kommentierung zu Punkt 2) Ziffer 1) der Leitlinie wird nochmals klargestellt, dass der behandelnde Arzt zwar grundsätzlich als Garant verpflich-

---

[355] Die folgenden Ausführungen entstammen der Leitlinie der DGAI zu den Grenzen intensivmedizinischer Behandlungspflicht, abgedruckt in Anästh. Intensivmed. 40 (1999), 94 – 96.

[356] siehe B. VII. 1.), S. 81 ff.

[357] siehe B. II. 4.), S. 45 ff.

tet sei, seinem Patienten die *„bestmögliche Hilfe“* zu leisten, die in der Regel die Anwendung aller zur Verfügung stehender Mittel zur Heilung oder Besserung der Erkrankung und auch zur Verlängerung des Lebens beinhaltet. Und dennoch seien - mit Hinweis auf die Akzeptanz durch die höchstrichterliche Rechtsprechung - Einleitung und Fortsetzung intensivmedizinischer Maßnahmen zur Lebensverlängerung nicht schon deshalb unerlässlich, da sie technisch möglich sind. Bei Verzicht auf aussichtslose lebensverlängernde Verfahren habe der Patient aber immer noch Anspruch auf weitere ärztliche und pflegerische Betreuung, die neben Nahrungs- und Flüssigkeitszufuhr auch die Maßnahmen der Palliativmedizin umfasst. Zu differenzieren sei hier zwischen der obligaten ärztlichen und pflegerischen Grundversorgung[358] einerseits und den zur Disposition stehenden lebensverlängernden Verfahren[359] andererseits, wie zum Beispiel Reanimation, apparative Dauerbeatmung, Hämodialyse und parenterale Ernährung. Zur indirekten Sterbehilfe wird ausgeführt, dass das strikte Verdikt gegenüber der aktiven Sterbehilfe gerade eine Ausschöpfung der Möglichkeiten der Palliativmedizin unter Abwägung von Wirkung und möglichen Nebenwirkungen voraussetze. Auch hier wird auf die Erlaubnis durch die höchstrichterliche Rechtsprechung hingewiesen.

VIII. USA – "*The Death with Dignity Act*"[360]

Ein Gesetz für die Gewährung von Medikamenten. um das Leben zu beenden, findet man in Oregon's *„Death with Dignity Act“* vom 27. Oktober 1997.

1.) Der aktuelle Stand in den Staaten

Da die Strafgesetzgebung in den USA in erster Linie durch die Einzelstaaten erfolgt, gibt es keine bundesweit einheitlichen Regelungen zur Sterbehilfe. Der *„Pain Relief Promotion Act of 2000“* war ein Gesetzentwurf, der dem US-Kongress zur Beratung vorgelegt wurde. Mit ihm war unter anderem beabsichtigt, den assistierten Suizid unter Strafe zu stellen und anders lautende einzelstaatliche Regelungen außer Kraft zu setzen[361].

---

358 remedia ordinaria = gewöhnliche Mittel

359 remedia extraordinaria = außergewöhnliche Mittel

360 Die Ausführungen unter Ziffer VIII. sind - soweit nicht anders gekennzeichnet –sämtlichst folgender website im Internet entnommen: www.deathwithdignity.org/resources/articles/reuters-health-9-23-02; www.dwd.orglaw/briefhistory.asp.; www.dhs.state.or.us/publichealth/chs/pas/statue.pdf

361 www.drze.de/themen/blickpunkt/sterbehilfe%20?1a=de&zid=print

Zur Zeit haben 35 Staaten[362] spezielle Gesetze, die den assistierten Suizid explizit kriminalisieren. Neun Staaten[363] kriminalisieren ihn durch allgemeines Recht. Drei Staaten[364] haben das allgemeine Recht aufgehoben und haben keine Gesetze, die den assistierten Suizid bestrafen. In Ohio hat das oberste Staatsgericht im Oktober 1996 entschieden, dass der assistierte Selbstmord kein Verbrechen ist. In Virginia gibt es weder eine wegweisende Rechtsprechung noch ein entsprechendes Strafgesetz, obwohl ein Zivilgesetz Personen, die einem Suizidenten bei seinem Vorhaben Hilfe leisten, Sanktionen auferlegt. Nur der Staat Oregon erlaubt mit seinem „*Death with Dignity Act*" vom 27. Oktober 1997 den ärztlich assistierten Suizid.

2.) Oregon's Death with Dignity Act

a) Entstehungsgeschichte

Oregon's "*Sterben-in-Würde-Gesetz*", eine Bürgerinitiative, wurde zum ersten Mal im November 1994 mit einer Mehrheit von 51 % Ja-Stimmen und 49 % Nein-Stimmen von den Bürgern Oregon's gewählt. Eine sofortige Umsetzung/ Durchführung des Gesetzes wurde aber durch eine gerichtliche Verfügung verhindert. Nach zahlreichen Gerichtsverfahren, darunter eine Petition, die vom United States Supreme Court abgelehnt worden war, hob der Ninth Circuit Court of Appeals die Verfügung am 27. Oktober 1997 auf und der ärztlich assistierte Suizid wurde ein legaler Ausweg für unheilbar kranke Patienten in Oregon. Im November 1997 wurde nochmals eine Wahl durchgeführt, bei der die Wähler Oregons gefragt wurden, ob sie den „*Death with Dignity Act*" wieder aufheben wollen. Die Wähler entschieden sich aber mit 60 % zu 40 % für die Beibehaltung des Gesetzes.

Der „*Death with Dignity Act*" erlaubt im Endstadium Kranken, von ihrem Arzt ein Rezept für sich selbst zu verabreichende todbringende Medikamente zu erhalten und diese auch zu nutzen. Das Gesetz setzt fest, dass das eigene Leben nach Maßgabe dieses Gesetzes zu beenden, keinen (strafwürdigen) Selbstmord konstituiert.

---

362 Alaska, Arizona, Arkansas, California, Colorado, Delaware, Florida, Georgia, Hawaii, Illinois, Indiana, Iowa, Kansas, Kentucky, Louisiana, Maine, Minnesota, Mississippi, Missouri, Montana, Nebraska, New Hampshire, New Jersey, New Mexico, New York, North Dakota, Oklahoma, Pennsylvania, Rhode Island, South Dakota, Tennessee, Texas, Washington, Wisconsin

363 Alabama, Idaho, Maryland, Massachusetts, Michigan, Nevada, South Carolina, Vermont, West Virginia

364 North Carolina, Utah, Wyoming

Der „*Death with Dignity Act*“ legalisiert den ärztlich assistierten Suizid, verhindert aber dadurch die Form der Sterbehilfe, bei der ein Arzt oder eine andere Person direkt das Medikament verabreicht.

b) Voraussetzungen

Um ein solches Rezept für eine tödliche Medikamentation anfordern zu können, müssen gemäß des „*Death with Dignity Act*“ folgende Voraussetzungen erfüllt sein:

- ein Erwachsener (18 Jahre oder älter)
- ein Einwohner Oregons
- fähig, Entscheidungen zur Gesundheitsvorsorge zu treffen und mitzuteilen
- Diagnose über eine Krankheit im Endstadium, die innerhalb von 6 Monaten zum Tode führen wird.

Patienten, auf die diese Erfordernisse zutreffen, sind berechtigt, bei einem lizenzierten Mediziner Oregons ein Rezept für die tödliche Medikamentation zu ersuchen. Um ein solches Rezept zu erhalten, müssen folgende Schritte erfüllt werden:

- Der Patient muss zwei mündliche Anforderungen an seinen Arzt stellen, zwischen denen mindestens 15 Tage liegen müssen.
- Der Patient muss eine schriftliche Anforderung an seinen Arzt stellen.
- Der verschreibende Arzt und ein beratender Arzt müssen die Diagnose und Prognose bestätigen. Der verschreibende Arzt und der beratende Arzt müssen entscheiden, ob der Patient entscheidungsfähig ist. Wenn einer der Ärzte meint, das Urteilsvermögen des Patienten ist durch eine psychiatrische oder psychologische Störung, wie z. B. eine Depression, beeinträchtigt, muss der Patient zu einer Beratung verwiesen werden.
- Der verschreibende Arzt muss den Patienten über mögliche Alternativen zum assistierten Selbstmord, einschließlich Hospizfürsorge (Obhut) und Palliativmedizin, informieren.
- Der verschreibende Arzt muss den Patienten ersuchen, darf aber nicht verlangen, dass dieser seine nächste Verwandtschaft über seine Anforderung des Rezeptes unterrichtet.

Um das Gesetz zu erfüllen, müssen Mediziner über das Ausstellen der Rezepte für die tödlichen Medikamente an die OHS (Oregon Health Services) berichten. Dieser Bericht ist nicht erforderlich, wenn ein Patient den Anforderungsprozess beginnt, aber nie ein Rezept erhält. Ärzte und Patienten, die an diesen Anforderungen des Gesetzes festhalten, sind geschützt vor strafrechtlicher Verfolgung, und die Wahl für legalen ärztlich - assistierten Suizid kann nicht über die Rechtsstellung eines Gesundheits- oder Lebensversicherungsscheins täuschen.

Mediziner und Gesundheitsfürsorgesysteme stehen in keiner Verpflichtung, beim „*Death with Dignity Act*" mitzuwirken.

c) Erfahrungen[365]

Im ersten Jahr nach Inkrafttreten des Gesetzes haben 23 Personen auf einen entsprechenden Antrag hin ein tödliches Medikament erhalten. 15 von ihnen starben nach Einnahme des Medikaments, 6 starben an ihrer Krankheit und 2 waren zu Beginn der Studie noch am Leben.

IX. Weitere rechtsvergleichende Betrachtungen[366]

1.) Niederlande

a) Gesetzliche Regelungen

Das „*Gesetz zur Kontrolle der Lebensbeendigung auf Verlangen und der Hilfe bei der Selbsttötung*"[367] vom 10.04.2001, in Kraft getreten am 01.04.2002[368], enthält folgende Regelungen:

Art 293 NStGB Tötung auf Verlangen

(1) Derjenige, der vorsätzlich das Leben eines anderen auf dessen ausdrückliche und ernste Bitte hin beendet, wird mit einer Gefängnisstrafe von bis zu zwölf Jahren bzw. einer Geldbuße der fünften Kategorie bestraft.

(2) Die in Absatz 1 genannte Handlung ist nicht strafbar, falls sie von einem Arzt begangen wurde, der den Sorgfaltsbedingungen entsprochen und den gemeindlichen Leichenbeschauer informiert hat.

Art. 294 NStGB Beihilfe zum Selbstmord

(1) Derjenige, der vorsätzlich einen anderen zur Selbsttötung anstiftet, wird – wenn die Selbsttötung stattfindet – mit einer Gefängnisstrafe von bis zu drei Jahren bzw. einer Geldbuße der vierten Kategorie bestraft.

(2) Derjenige, der vorsätzlich einem anderen bei dessen Selbsttötung hilft oder ihm die dazu benötigten Mittel verschafft, wird – wenn die Selbsttötung stattfindet – mit einer Gefängnisstrafe von bis zu drei Jahren bzw. einer Geldbuße der vierten Kategorie bestraft. Art. 293 Abs.2 gilt hier ebenso.

---

365 Fifth Annual Report on Oregon´s Death with Dignity Act: Online Version:www.dhs.state.or.us/publichealth/chs/pas/ar-index.cfm

366 Ausführlicher Überblick bei Taupitz

367 "*Wet toetsing levensbeëinding op verzoek en hulp bij zelfdoding.*"

368 Zimmermann-Acklin in: Holderegger, S.345 ff., siehe auch ausführlich bei Reuter

Die nach Art. 293 Abs. 2 NStGB zu beachtenden Sorgfaltskriterien beinhalten, dass der Arzt
a) zu der Überzeugung gelangt ist, dass der Patient freiwillig und nach reiflicher Überlegung um Sterbehilfe gebeten hat,
b) zu der Überzeugung gelangt ist, dass der Zustand des Patienten aussichtslos und sein Leiden unerträglich war,
c) den Patienten über seinen Zustand und dessen Aussichten informiert hat,
d) mit dem Patienten zu der Überzeugung gelangt ist, dass es in dem Stadium, in dem sich der Patient befand, keine angemessene andere Lösung gab,
e) mindestens einen anderen, unabhängigen Arzt hinzugezogen hat, der den Patienten gesehen und sein schriftliches Urteil über die in den Punkten a) bis d) bezeichneten Sorgfaltskriterien angegeben hat, und
f) die Lebensbeendigung medizinisch sorgfältig ausgeführt hat.

Darüber hinaus sind bei Patienten im Alter zwischen 16 und 18 Jahren die Einbeziehung der Eltern bzw. des Vormundes in die Entscheidung erforderlich; bei Patienten zwischen 12 und 16 Jahren ist hierzu das Einverständnis der Eltern bzw. des Vormundes erforderlich. Entschließt sich der Arzt zur Beihilfe zum Suizid, so hat er sein Vorgehen dem zuständigen Leichenbeschauer zu melden und einen Bericht über die Einhaltung der Sorgfaltskriterien vorzulegen. Der Bericht wird sodann von einer Kontrollkommission geprüft, deren Zusammensetzung und Kompetenzen im neuen Gesetz festgelegt sind. Hat diese Kommission Zweifel an der Rechtmäßigkeit des Vorgehens des Arztes, setzt sie die Staatsanwaltschaft hierüber in Kenntnis.

b) Erfahrungswerte zur Anzahl der Sterbefälle[369]

	1990	**1995**	**2001**
Sterbefälle insgesamt	128.800	135.700	140.400
Ausdrückliche Bitte um Euthanasie	8.900	9.700	9.700
Euthanasie	2.300	3.200	3.500
Medizinisch assistierter Suizid	400	400	300
Tötung ohne Verlangen	1.000	900	900
Meldungen	18 %	41 %	54 %

[369] Soweit nicht anders gekennzeichnet sind die unter lit. b) folgenden Angaben einem Bericht des Arztes an dem Klinikum der Universität München, Dr. med. Fuat S. Odunucu, einsehbar im Internet unter www.ekonline.de/hospiz/Inhalte/07-dr- odunucu.pdf entnommen.

Gründe für das Verlangen nach Euthanasie:

Aussichtsloses und unerträgliches Leben	74 %
Vermeidung von Entwürdigung	56 %
Vermeidung von weiterem Leiden	47 %
Sinnloses Leiden	44 %
Schmerzen	32 %
Lebensmüdigkeit	18 %
Vermeidung von Ersticken	18 %
Familie nicht zur Last fallen	13 %

Es scheint insbesondere der niederländischen Lebensart zu entsprechen, gesellschaftlich relevante Verhaltensweisen transparent zu machen; die Politik will sichtbar machen, was ohnehin passiert und damit ein Stück weit Kontrolle über die Praxis ärztlicher Sterbehilfe bekommen oder behalten[370].

2.) Belgien

In Belgien wurde ein dem niederländischen Modell entsprechendes Euthanasiegesetz im Mai 2002 verabschiedet und trat am 23.09.2002 in Kraft[371].

3.) Vergleich der tatsächlichen Inanspruchnahme Niederlande ≈ Belgien

Die niederländischen und die belgischen Regelungen sind weltweit die einzigen Gesetze, die unter bestimmten Voraussetzungen die Möglichkeit der Straflosigkeit der aktiven Sterbehilfe vorsehen[372]. Ein Vergleich der tatsächlichen Inanspruchnahme zeigt, dass das Verhalten in beiden Ländern fast gleich ist[373]:

	Niederlande	**Belgien**
Lebensbeendende Handlungen	19 %	19 %
Tötung auf Verlangen	2,4 %	1,1 %
Tötung ohne Verlangen	0,7 %	3,2 %

[370] Wolfslast FS-Schreiber S.922
[371] Belgisches Staatsblatt N.210, 22.06.2002, S. 28515
[372] Wolfslast FS-Schreiber S.922
[373] siehe Fn.369

4.) Schweiz

Art.114 StGB[374] - Tötung auf Verlangen[375]
Wer aus achtenswerten Beweggründen, namentlich aus Mitleid, einen Menschen auf dessen ernsthaftes und eindringliches Verlangen tötet, wird mit Gefängnis bestraft.

Art.115 StGB – Verleitung und Beihilfe zum Selbstmord
Wer aus selbstsüchtigen Beweggründen jemanden zum Selbstmorde verleitet oder ihm dazu Hilfe leistet, wird, wenn der Selbstmord ausgeführt oder versucht wurde, mit Zuchthaus bis zu fünf Jahren oder mit Gefängnis bestraft.

Das Selbstbestimmungsrecht des Patienten hat im Schweizerischen Strafrecht die Straflosigkeit des Selbstmordes bzw. Selbstmordversuchs zur Konsequenz[376]. Liegen beim Helfer zu einer Selbsttötung keine selbstsüchtigen Gründe vor, das heißt solche zur Erlangung eines persönlichen Vorteils des Helfers, ist die Beihilfe zum Selbstmord grundsätzlich zulässig[377]. Im Kanton Zürich dürfen Ärzte nach Einhaltung bestimmter Sorgfaltspflichten (z. B. muss der Arzt von der Urteilsfähigkeit des Patienten überzeugt sein) Natrium - Pentobarbital zum Zwecke des Suizids verschreiben[378].

Eine aufgrund parlamentarischer Initiative vom Eidgenössischen Justiz- und Polizeidepartement (EJPD) eingesetzte „*Arbeitsgruppe Sterbehilfe*“ schlug im Bezug auf die aktive Sterbehilfe vor, Art.114 – Tötung auf Verlangen - um eine Ausnahmevorschrift zu ergänzen. Danach sollte an der Rechtswidrigkeit jeder Tötung auf Verlangen festgehalten werden, aber von der Strafverfolgung, der Überweisung an das Gericht oder der Bestrafung abgesehen werden können[379]. Dieser Vorschlag wurde unter anderem unter Hinweis auf die christlichen Grundlagen der Gesellschaft abgelehnt[380]. Der Nationalrat lehnte auch eine Befassung mit der Initiative des Abgeordneten Franco Cavalli, die als Vorschlag Straffreiheit bei aktiver Sterbehilfe in extremen Ausnahmesituationen beinhal-

---

374 Schweizerisches Strafgesetzbuch vom 21.12.1937
375 Gesetzestext abgedruckt unter www.admin.ch/ch/d/sr/311_0/a115.html (bzw 114 html).
376 Marti Schweizerische Ärztezeitung 2002; 83: Nr.12, S.570
377 Marti Schweizerische Ärztezeitung 2002; 83: Nr.12, S.570
378 siehe Auszug aus dem Protokoll des Stadtrats von Zürich vom 17.01.2001, GR Nr. 2000/559
379 Arbeitsgruppe Sterbehilfe, Bericht der Arbeitsgruppe an das Eidg. Justiz- und Polizeidepartement, März 1999, S.35; Marti, Schweizerische Ärztezeitung 2002; 83: Nr.12, S.570, 572 f.; Bericht der Arbeitsgruppe abrufbar unter: www.ofj.admin.ch/themen/stgb-sterbehilfe/b-bericht- d.pdf.; Bericht des Bundesrates findet sich unter: www.ofj.admin.ch/themen/stgb-sterbehilfe/ber-ruffy-d.pdf.
380 wie Fn. zuvor

tete, sowie mit einer weiteren - nach der Abgeordneten Dorle Vallander benannten Initiative – die ärztlich unterstützte Beihilfe zum Suizid unter Strafe stellen wollte, ab[381]. Hingegen überwies der Nationalrat mit deutlicher Mehrheit eine eingereichte „*Motion Zäch*“[382], die die gesetzliche Regelung der indirekt aktiven und der passiven Sterbehilfe sowie ein Maßnahmepaket zur speziellen Förderung der Palliativmedizin fordert. Der Bundesrat ist somit beauftragt, dem Parlament eine entsprechende Gesetzesänderung vorzulegen[383].

5.) Weitere Länder im Vergleich[384]

a) Großbritannien

Sterbehilfe und Beihilfe zum Selbstmord sind verboten. Das Gesetz sieht bis zu 14 Jahre Haft vor.

b) Frankreich

Sterbehilfe ist verboten. Das Gesetz unterscheidet zwischen aktiver Sterbehilfe und passiver Sterbehilfe; letztere wird gemäß Art. 223-6 Code Pénal wie die strafbare unterlassene Hilfeleistung bewertet; Gerichte verurteilen aber nicht mehr beim vorzeitigen Abbruch lebenserhaltender Maßnahmen. Die Tötung auf Verlangen ist als Totschlag oder Mord, ohne Möglichkeit einer Privilegierung strafbar[385]. Die Straffreiheit aktiver Sterbehilfe wird diskutiert; mehrere Gesetzesentwürfe sind im Parlament eingebracht worden. Das nationale französische Ethikkomitee hat im März 2000 eine Ausnahmeregelung für Tötung auf Verlangen von unheilbar kranken, an unerträglichen Schmerzen leidenden Patienten, die mehrmals um Sterbehilfe gebeten haben, vorgeschlagen[386].

c) Australien

Von 1995 bis 1997 war in den Northern Territories von Australien ärztliche Beilhilfe zum Suizid zulässig. Das Gesetz trat aber außer Kraft, da den Territories die Gesetzgebungskompetenz für diese Fragen entzogen worden war[387]. In

[381] wie Fn. zuvor

[382] Zäch G. Motion, „*Sterbehilfe. Gesetzeslücke schließen statt Tötung erlauben*“,Eingereicht im Nationalrat am 03.10.2001, zitiert nach Marti Schweizerische Ärztezeitung 2002; 83: Nr.12, S.570, 573 (Fn.11).

[383] Marti Schweizerische Ärztezeitung 2002; 83: Nr.12, S.570, 572f.; nachlesbar z.B. unter: www.human-life.ch/news

[384] Soweit nicht anders gekennzeichnet sind die folgenden Informationen der Internetseite: www.heute.t-online.de/ZDFheute/html entnommen.

[385] S. Cerruti, Rapport de la Commission nationale permanente adopté lors de Assises du Conseil national de l'Ordre des médicins d'òctobre 1998, www.conseilnational.medicin.fr.

[386] Ärzte Zeitung Online vom 03.03.2000

[387] Wolfslast FS-Schreiber S.921

der australischen Provinz Northern Territory wurde im Juli 1996 ein Gesetz zur Legalisierung der Sterbehilfe verabschiedet. Auf Bundesebene wurde es jedoch wenige Monate später wieder außer Kraft gesetzt.

d) Japan

In Japan sind sowohl Tötung auf Verlangen als auch Beihilfe zum Suizid strafbar[388]; Gerichte haben jedoch Voraussetzungen formuliert, unter denen *„aktive Sterbehilfe“* gerechtfertigt sein könnte[389]. Nach den *„Nagoya-Kriterien“* 1962 kann eine solche privilegierte *„Mitleidstötung“*[390] beim Vorliegen der folgenden Kriterien gegeben sein:

- wenn es sich um das Endstadium einer tödlichen Erkrankung handelt,
- der Kranke muss so schwere Schmerzen haben, dass niemand es mit ansehen kann,
- die aktive Sterbehilfe erfolgt ausschließlich zur Milderung der Schmerzen,
- Vorliegen einer ernsthaften Willenserklärung des Patienten, sofern er bei Bewusstsein ist,
- prinzipiell Ausführung durch einen Arzt,
- ethische Vertretbarkeit der Methode[391].

Des weiteren ist Straffreiheit bei einer auf Selbstbestimmung basierenden eher indirekten Sterbehilfe[392] unter den folgenden Voraussetzungen denkbar:

- unerträgliche physische Schmerzen,
- nahe bevorstehender Tod,
- Schmerzlinderung nur möglich mit Behandlung, durch die der Tod vorzeitig eintritt,
- deutliche Willensäußerung des Patienten mit einer Verkürzung seines Lebens[393].

Zur Anerkennung in einem konkreten Fall soll es aber bisher noch nicht gekommen sein[394].

e) Spanien

Für Sterbehilfe vorgesehene Haftstrafen werden nicht ausgesprochen, wenn der Kranke ausdrücklich und wiederholt um seinen Tod gebeten hat, weil er an einer

---

[388] Wolfslast FS-Schreiber S.921

[389] Ozaki, S.21 ff.

[390] Wolfslast FS-Schreiber S.921 (mit Fn.54)

[391] siehe im Einzelnen: Ozaki S.24

[392] Wolfslast FS-Schreiber S.921

[393] Ozaki S.28

[394] Wolfslast FS-Schreiber S.921

unheilbaren oder mit schweren Schmerzen verbundenen Krankheit leidet. Bis 1995 galten Sterbehilfe und Beihilfe zum Selbstmord in Spanien als Mord.

f) Dänemark
Das Gesetz verbietet aktive Sterbehilfe. Unheilbar Kranke dürfen jedoch selbst entscheiden, ob sie ihre Behandlung fortsetzen. Seit 1992 können Dänen ein „*medizinisches Testament*" verfassen, in dem sie diese Entscheidung – auch für den Fall eines schweren Unfalls – schriftlich niederlegen. Behandelnde Ärzte müssen das Testament respektieren.

g) Italien, Norwegen, Griechenland, Türkei
Sterbehilfe ist grundsätzlich verboten. In Italien wird aktive Sterbehilfe wie Mord behandelt. Allerdings ist im April 2004 in Italien ein Mann freigesprochen worden, der mit vorgehaltener Waffe das Beatmungsgerät seiner Frau, die im Koma lag, abschalten ließ.

h) Kolumbien
Das Verfassungsgericht ließ im Mai 1997 die aktive Sterbehilfe zu. Todkranke müssen sie jedoch ausdrücklich beantragen.

i) China
Die Regierung der Volksrepublik genehmigte Krankenhäusern 1998, aktive Sterbehilfe zu praktizieren, wenn ein Patient an einer unheilbaren Krankheit leidet.

X. Die parlamentarische Versammlung des Europarates

Der Europäische Gerichtshof hat sich im Jahr 2002 in einer Grundsatzentscheidung, wonach es kein Recht auf Sterbehilfe gibt, der Rechtspraxis in den meisten Ländern angeschlossen.

Unter bestimmten Voraussetzungen sollte aber nach einer Empfehlung des Schweizer Liberalen Dick Marty[395] auch für aktive Sterbehilfe Straffreiheit in Aussicht gestellt werden. Denn obwohl in fast allen Ländern Europas aktive Sterbehilfe verboten ist, komme sie häufig vor, werde aber selten strafrechtlich verfolgt. Die Euthanasie-Debatte wurde zunächst auf die Januarsitzung 2004 verschoben. Der federführende Sozialausschuss hatte die Empfehlung bereits gebilligt, unter anderem war aber der zuständige Berichterstatter Marty verhindert. Der Rechtsausschuss ist gegen eine Diskussion der Empfehlung.

---

[395] Ein Interview mit Dick Marty ist auf der website des Europarats nachlesbar unter www.coe.int.

Beschlüsse der Versammlung in Strassburg sind nicht bindend, ihre Bedeutung ist aber dennoch nicht zu unterschätzen.

Dass das Thema Sterbehilfe nicht nur allgegenwärtig, sondern vor allem auch hochsensibel ist, zeigt, dass darüber überhaupt zu diskutieren nicht nur oftmals vermieden wird, sondern geradezu versucht wird, zu verbieten. So folgte auf die Initiative des schweizerischen Abgeordneten Dick Marty, nach der der Sozialausschuss des Europarates den Mitgliedstaaten die europaweite Legalisierung der aktiven Sterbehilfe empfehlen soll, eine außergewöhnliche Briefaktion der Deutschen Hospiz Stiftung. Sie schrieb Briefe an Bundeskanzler Gerhard Schröder sowie an die 45 Außenminister des Ministerrates. Mehr als 600 Briefe an die Delegierten der Parlamentarischen Versammlung und ihre Vertreter folgten. Außerdem wurden die internationalen Dachverbände für Palliativmedizin und für Hospizarbeit mobilisiert.

Dabei muss man angesichts oft widersprüchlich angeführter Statistiken und Erfahrungswerte zum Thema Sterbehilfe als kleinster gemeinsamer Nenner davon ausgehen, dass Sterbehilfe weltweit praktiziert wird, unabhängig davon, dass sie in den meisten Ländern verboten ist[396]. Der Verzicht auf eine Regelung schützt bei keiner Form der Sterbehilfe vor Missbrauch. So kann auch die Palliativmedizin gegen den Patientenwillen missbraucht werden[397]. Darüber sollte sich jedermann klar sein. Soweit man sich weiter so vor diesem Thema scheut, bedeutet das nicht etwa den Schutz der Patienten vor aufgedrängter, missbräuchlich angewandter Sterbehilfe, sondern man lässt die Patienten ohne Alternativen allein, zwingt sie unter Umständen zu „*Sterbetourismus*“ und zwingt Ärzte, die nach bestem Wissen und Gewissen handeln, sich in eine juristische Grauzone zu begeben[398], in der sie sich einerseits einer rechtswidrigen Körperverletzung strafbar machen, wenn sie entgegen dem ausdrücklich geäußerten Wunsch des Patienten doch lebensverlängernde Maßnahmen ergreifen, und andererseits zum Beispiel wegen Tötung durch Unterlassen belangt werden können, wenn sie dem Wunsch des Patienten entsprechen.

Im Mai 2005 beschloss die parlamentarische Versammlung des Europarates nach heftiger und emotionaler Debatte, auf die Schlussabstimmung über den Bericht von Dick Marty zu verzichten und wies ihn an den zuständigen Sozialaus-

---

[396] Nachweise zu Studien bei Wernstedt/Mohr/Kettler, 2000; 35: S.228 f.; Wehkamp, passim/ S.4, der feststellt, dass aktive Sterbehilfe in Deutschland „*geleugnete Realität*“ ist.

[397] Dt. Gesellschaft für humanes Sterben e.V.: DGHS-Presse-Info vom 21. November 2003

[398] vgl. „*Kemptener Fall*“ u.a., siehe auch oben unter B II. 4.), S. 45 ff.

schuss zurück[399]. Dick Marty zeigte sich dennoch zufrieden: „*Die Diskussion wird weitergehen, das ist, was ich wollte*“[400].

XI. Ausreichende Palliativmedizin: Nur eine Scheinalternative?

1.) Definition

Im Gegensatz zur kurativen Medizin, die eine Heilung des Patienten anstrebt, steht in der Palliativmedizin die symptomlindernde Behandlung von nicht ursächlich therapierbaren Kranken im Vordergrund. Die Weltgesundheitsorganisation (WHO) definiert Palliativmedizin als die aktive Gesamtbehandlung von Patienten mit begrenzter Lebenserwartung, deren Leiden auf kurative Behandlung nicht anspricht[401]. Schmerzen aber auch psychische und soziale Probleme stehen hier im Vordergrund. Die Linderung erstreckt sich typischerweise auf Symptome wie Schlaflosigkeit, Erschöpfung, Übelkeit, Atemnot, Einsamkeit, Depressionen etc.

2.) Die Versorgungslage in Deutschland[402]

1983 wurde in Köln die erste Palliativstation eröffnet. 1991 konnte mit Mitteln der Deutschen Krebshilfe das Dr.-Mildred-Scheel-Haus auf dem Gelände der Kölner Universitätsklinik eröffnet werden, das eine stationäre Versorgung (15 Betten), einen Hausbetreuungsdienst und eine Akademie für Fortbildung und Information auf dem Gebiet der Palliativmedizin anbietet. Das Bundesgesundheitsministerium hat von 1991 bis 1996 bundesweit die Einrichtung von 16 Palliativeinheiten modellhaft gefördert. 1994 wurde die Deutsche Gesellschaft für Palliativmedizin (DGP) gegründet und 1999 die erste Professur für Palliativmedizin in Bonn eingerichtet. Der 1998 angekündigte Lehrstuhl für Palliativmedizin am Klinikum der Rheinisch-Westfälischen Technischen Hochschule Aachen ist bisher nicht besetzt worden. Ebenfalls vom Gesundheitsministerium des Bundes finanziert ist das mehrfach ausgezeichnete Projekt SUPPORT[403]. Durch die SUPPORT-Versorgungskette können zwei Drittel der betreuten Tumorpatienten ihrem Wunsch entsprechend zu Hause sterben, während diese Patientengruppe sonst zu 80 – 90 % im Krankenhaus verstirbt. Weiterhin konnten Quali-

---

[399] Nachzulesen unter anderem unter www.swissinfo.org.

[400] wie Fn. zuvor

[401] Everding/Westrich S.17 f.

[402] Nachfolgende Ausführungen entstammen der Gesundheitsberichterstattung des Bundes – Heft 01/01; http://home.tiscali.de/sterbehilfe/GBe_01-01.htm

[403] Südniedersächsisches Projekt zur Qualitätssicherung der palliativmedizinisch orientierten Versorgung von Patienten mit Tumorschmerzen.

tätszirkel der beteiligten Ärzte, palliativmedizinische Konsiliardienste und Fortbildungen für Pflegepersonal und Öffentlichkeitsarbeit realisiert werden.

3.) Ausbau der Palliativmedizin: Sterbehilfediskussion überflüssig?

Richtig und zu unterstützen ist in jedem Fall der Ausbau der Palliativmedizin, unabhängig davon, wie effektiv sie zur Zeit bereits eingesetzt wird oder inwiefern sie eine Antwort auf die Fragen der Grenzen der Zulässigkeit der Sterbehilfe bzw. einen Ausweg aus dem Konflikt darstellen kann. Ob allerdings eine optimale oder zumindest ausreichende Palliativmedizin die Probleme der Sterbehilfe obsolet macht, ist zu bezweifeln.

Nicht selten wird zwar behauptet, dass sich bei optimaler Schmerzbehandlung die Diskussion rund um die Zulässigkeit der (aktiven) Sterbhilfe erledige[404]. Denn, wo optimale Betreuung, das heißt sowohl in medizinischer Sicht als auch durch menschliche Zuwendung, stattfinde, komme der Wunsch nach aktiver Sterbehilfe gar nicht auf; dementsprechend würden Patienten, die zunächst mit einem solchen Begehren eingeliefert werden, nach einiger Zeit von einem solchen Wunsch Abstand nehmen[405].

Gerade das Beispiel England scheint aber das Gegenteil zu belegen: Die palliativmedizinische Versorgung gilt dort als sehr gut[406], dennoch wird die aktive Sterbehilfe - laut einer Umfrage unter Ärzten aus dem Jahr 1994 – dort illegal mit 32 % sehr viel häufiger als in anderen Ländern praktiziert[407]. Weiterhin sollen es immerhin 5 % aller Patienten sein, deren Schmerzen nicht ausreichend behandelt werden können[408]. Und schließlich aber nicht zuletzt muss akzeptiert werden, dass es auch Menschen gibt, die trotz *„erträglicher Schmerzen"* aus anderen Gründen nicht mehr länger leben wollen. Hier ist wieder an den *„Wittig-Fall"* zu denken, aus dessen Tatbestand sich jedenfalls nicht ergibt, dass Frau U. nur aufgrund ihrer (wohl vorwiegend altersbedingten) krankheitsbedingten Schmerzen aus dem Leben scheiden wollte. Nicht zuletzt sei auch an den tragischen Fall des 22-jährigen Vincent Humbert erinnert, der nach einem Unfall stumm, blind und fast völlig gelähmt war und dessen Mutter ihm auf seine aus-

---

404 so z.B. auch die damalige Bundesjustizministerin Däubler-Gmelin in einem Interview mit dem Spiegel vom 26.01.2001 und 05.11.2002; Ingeborg Jonen-Thielemann, Palliativärztin der Uniklinik Köln in einem Interview der ARD vom 31.10.2004 in der Sendung *„Die letzten Tage leben"*.

405 Jonen-Thielemann, siehe vorhergehende Fn.

406 Wolfslast FS-Schreiber S.915

407 Wernstedt/Mohr/Kettler S.229

408 Birnbacher, Tun und Unterlassen, 1995, S.365

drückliche Bitte[409] schließlich eine Überdosis Schlaftabletten verabreichte. Es gibt eben nun einmal neben dem Schmerz *„das (ganz persönliche) Leiden“* als eigene Kategorie[410]. Die Ansicht, angesichts der Möglichkeiten in der Palliativmedizin sei bei einer Konzentration auf eine optimale Versorgung in diesem Bereich das Verlangen nach einer Rechtsänderung obsolet[411], ist daher offensichtlich nicht haltbar.

XII. Formulierungsvorschläge für gesetzliche Regelungen

1.) Der Alternativentwurf eines Gesetzes über Sterbehilfe

a) Gesetzesvorschlag

Ein Arbeitskreis von Professoren des Strafrechts und der Medizin sowie ihre Mitarbeiter erarbeiteten bereits Anfang Juni 1986 einen Entwurf für eine gesetzliche Regelung der Sterbehilfe [412].

Zwar wurde anlässlich einer öffentlichen Anhörung vor dem Rechtsausschuss des Bundestages am 15.05.1985 eine gesetzliche Regelung größtenteils mit dem Argument abgelehnt, diese müsse sich auf einen komplexen Sachverhalt richten, der von sich wandelnden Überzeugungen in der Allgemeinheit bestimmt sei, weshalb die Gefahr bestehe, dass in einer Momentaufnahme der gegenwärtige Konsensansatz festgeschrieben werde; über ungenaue, auf Einzelfälle und Fallgruppen ausgerichtete Formeln werde man nicht hinauskommen können[413]. Daher wurde zum Teil vorgeschlagen, stattdessen die notwendige Einschränkung des bisherigen Lebensschutzes durch eine *„abschleifende Auslegung“* sich entwickeln zu lassen[414]. Andererseits wurde argumentiert, dass bei vernünftiger Auslegung der geltenden Strafgesetze kein rechtliches Hindernis bestehe, in angemessener, humaner Weise Hilfe beim Sterben zu leisten; gesetzliche Neuregelungen könnten wegen ihres notwendig allgemeinen oder nur Teilaspekte erfassenden Gehalts die bestehende Rechtslage nicht verbessern, sondern neue Rechtsunsicherheiten schaffen, weshalb auf die Urteilskraft erfahrener Ärzte

---

409 Vincent Humbert schrieb vor seinem Tod das Buch *„Recht auf Sterben“* und hatte sich mit seinem Gesuch auch an den Staatschef Jaques Chirac gewandt.

410 Leist Berliner Schriften 1996, Heft 5, S.20 f.

411 so z.B. Däubler-Gmelin, siehe Fn.404

412 Alternativentwurf eines Gesetzes über Sterbehilfe (AE-Sterbehilfe), Baumann u.a. 1986

413 So etwa Deutsch, Sten. Prot., 10. Wahlperiode, 51. Sitzung des Rechtsausschusses des Deutschen Bundestages vom 15.05.1985, 117

414 siehe vorhergehende Fn.

und Richter vertraut werden solle[415]. Dass aber gerade nicht darauf vertraut werden kann, es werde schon gut gehen, zeigen die in der Ärzteschaft, aber auch unter den Juristen auch heute noch bestehenden Unsicherheiten bei der strafrechtlichen Beurteilung dieser Fälle. Die Ärzteschaft legte gerade jüngst ihre neuesten Handreichungen hierzu vor[416]. Gäbe es eine eindeutige Regelung oder wäre diese verzichtbar, wären solche Richtlinien und Grundsätze wohl weitgehend obsolet.

Der oben vorgestellte Arbeitskreis formulierte folgende Gesetzestextpassagen:

§ 214 StGB
Abbruch oder Unterlassung lebenserhaltender Maßnahmen

(1) Wer lebenserhaltende Maßnahmen abbricht oder unterlässt, handelt nicht rechtswidrig, wenn
1. der Betroffene dies ausdrücklich und ernstlich verlangt oder
2. der Betroffene nach ärztlicher Erkenntnis das Bewusstsein unwiederbringlich verloren hat oder im Falle eines schwerstgeschädigten Neugeborenen niemals erlangen wird oder
3. der Betroffene nach ärztlicher Erkenntnis sonst zu einer Erklärung über Aufnahme oder Fortführung der Behandlung dauernd außerstande ist und aufgrund verlässlicher Anhaltspunkte anzunehmen ist, dass er im Hinblick auf Dauer und Verlauf seines aussichtslosen Leidenszustandes, insbesondere seinen nahe bevorstehenden Tod, diese Behandlung ablehnen würde oder
4. bei nahe bevorstehendem Tod im Hinblick auf den Leidenszustand des Betroffenen und die Aussichtslosigkeit einer Heilbehandlung die Aufnahme oder Fortführung lebenserhaltender Maßnahmen nach ärztlicher Erkenntnis nicht mehr angezeigt ist.

(2) Abs. 1 gilt auch für den Fall, dass der Zustand des Betroffenen auf einem Selbsttötungsversuch beruht.

§ 214 a StGB Leidensmindernde Maßnahmen
Wer als Arzt oder mit ärztlicher Ermächtigung bei einem tödlich Kranken mit dessen ausdrücklichem oder mutmaßlichen Einverständnis Maßnahmen zur Linderung schwerer, anders nicht zu behebender Leidenszustände trifft, handelt nicht rechtswidrig, auch wenn dadurch als nichtvermeidbare Nebenwirkung der Eintritt des Todes beschleunigt wird.

---

[415] Kutzer MDR 1985, 710, 715 f.

[416] Grundsätze der Bundesärztekammer, Dt. Ärzteblatt Heft 19 vom 07. Mai 2004, siehe auch B. VII. 1.) und 3.), S. 81 ff. und 85 ff.

§ 215 StGB Nichthinderung einer Selbsttötung

(1) Wer es unterlässt, die Selbsttötung eines anderen zu hindern, handelt nicht rechtswidrig, wenn die Selbsttötung auf einer freiverantwortlich, ausdrücklich erklärten oder aus den Umständen erkennbaren ernstlichen Entscheidung beruht.

(2) Von einer solchen Entscheidung darf insbesondere nicht ausgegangen werden, wenn der andere noch nicht 18 Jahre alt ist oder wenn seine freie Willensbestimmung entsprechend §§ 20, 21 StGB beeinträchtigt ist.

§ 216 Abs. 2 StGB Tötung auf Verlangen

(2) Das Gericht kann unter den Voraussetzungen des Absatzes 1 von Strafe absehen, wenn die Tötung der Beendigung eines schwersten, vom Betroffenen nicht mehr zu ertragenden Leidenszustandes dient, der nicht durch andere Maßnahmen behoben oder gelindert werden kann."

b) Erläuterung

Mit dem oben vorgestellten § 214 StGB wird in Ziffer 1) die inzwischen herrschende Ansicht[417] zum einverständlichen Behandlungsabbruch wiedergegeben. Voraussetzung ist die Entscheidungsfähigkeit des Patienten, bei deren Nichtvorliegen oder bei Zweifeln daran, der Grundsatz „*in dubio pro vita*" gilt[418]. Die Ziffern 2) – 4) behandeln Fälle, in denen der Patient nicht mehr entscheidungsfähig ist. Ziffer 4) soll den Abbruch einer Behandlung sogar unabhängig vom wirklichen oder mutmaßlichen Willen des Betroffenen in extremen Fällen zulassen. Durch die in Absatz 2 vorgesehene Gleichstellung von Patienten nach einem Selbsttötungsversuch mit den so genannten „*Normalpatienten*" sollen abträgliche Auswirkungen der BGH-Rechtsprechung zur Hilfeleistungspflicht beim Suizid vermieden werden[419].

Mit § 214 a StGB soll die zur indirekten Sterbehilfe nahezu einheitlich vertretene Ansicht[420] kodifiziert werden, da in der Praxis dennoch erhebliche Unsicherheiten bestehen.

Mit der Formulierung des § 215 StGB hat sich der Arbeitskreis im Streit zwischen Rechtsprechung und Literatur für die Literatur entschieden. Es soll nicht – wie es die Rechtsprechung bevorzugt – auf das kaum überprüfbare Kriterium der (Un-) Zumutbarkeit einer Lebensrettung abgestellt werden, sondern maßgeblich für das Entstehen einer Hilfspflicht soll die frei verantwortliche Entscheidung des Betroffenen sein, deren Erfordernisse aus § 216 StGB abgeleitet

[417] vgl. B. I. 4.), S. 27 f.
[418] AE-Sterbehilfe, Begründung S.14
[419] Schreiber NStZ 1986, 337, 344
[420] vgl. B. I. 3), S. 24 f.

werden sollen[421]. Selbstkritisch wurde zwar gesehen, dass auch die eigenverantwortliche Entscheidung als Kriterium nicht geeignet sein kann, endgültige Klarheit zu schaffen, jedoch zumindest weit mehr sachliche Anhaltspunkte für eine Entscheidung bietet, als das völlig unkontrollierbare Kriterium der Zumutbarkeit. Darüber hinaus ging auch der Arbeitskreis bei seinem Entwurf davon aus, dass der wohl überlegte *„Bilanzselbstmord"* eher der Ausnahmefall ist, weshalb in Zweifelsfällen grundsätzlich eine Rettungspflicht bestehen soll.

An § 216 Absatz 1 StGB, dem Verbot der aktiven Euthanasie, hielt der Arbeitskreis ausdrücklich fest. Nicht nur die grundsätzlichen Bedenken hiergegen sprachen gegen eine Streichung dieser Vorschrift, sondern man ging zudem auch davon aus, dass bei einer Regelung der passiven und indirekten Sterbehilfe kein Bedürfnis mehr hierfür bestünde[422]. Mit der Einführung des neuen Absatzes 2 StGB sollte aber eine besondere Ausnahme für schwerste Konfliktsituationen ermöglicht werden, die dementsprechend auch erst nach Ausschöpfung aller möglichen Maßnahmen passiver und indirekter Sterbehilfe in Betracht gezogen werden soll.

Über diesen Alternativentwurf eines Gesetzes über Sterbehilfe wurde 1986 beim 56. Deutschen Juristentag verhandelt. Kritik erfuhr § 216 Abs. 2 AE, der ausweislich seiner Begründung[423] ausdrücklich nicht auf ärztliche Sterbehilfe bezogen ist, sondern der auch Konstellationen *„im zwischenmenschlichen Jedermanns-Bereich"* erfasst[424].

c) Stellungnahme

Der Alternativentwurf erscheint insgesamt sehr gut durchdacht. Unbefriedigend erscheint allerdings tatsächlich der zuletzt bereits genannte Kritikpunkt, nämlich das Zulassen der Tötung auf Verlangen - wenn auch nur in absoluten Ausnahmesituationen - durch eine nicht ärztliche Person. Wenn es sich schon um eine Art letzter Ausweg handelt, so sollte dieser Konstellation auch durch entsprechend strenge Vorgaben Rechnung getragen werden. Die Missbrauchsgefahr könnte durch die Voraussetzung eines ärztlichen Handelns jedenfalls erheblich reduziert werden.

Erweitert werden sollte durch Verzicht auf das Abstellen der Todesnähe oder des Leidenszustandes der Anwendungsbereich der passiven und aktiven Sterbe-

---

421 Schreiber NStZ 1986, 337, 345

422 AE-Sterbehilfe, Begr. S.34, unter Hinweis auf die Erfahrungen der Ärzte, dass es auch heute kaum je bei hinreichender medizinischer und persönlicher Betreuung zu Tötungswünschen kommt.

423 Begründung I 2., I 3. zu § 216 AE-Sterbehilfe

424 siehe auch Wolfslast FS-Schreiber S.925

hilfe. Es dürfte vielfältige Situationen geben, in denen der Betroffene sich nichts sehnlicher wünscht als zu sterben, ohne jedoch an einer tödlich verlaufenden Krankheit zu leiden und ohne dem Tod bereits nahe zu sein. Auch in diesen Fällen sollte einem urteilsfähigen Bürger nicht verwehrt werden, über sein Schicksal selbst zu entscheiden.

2.) Oliver C. Brändel

a) Gesetzesvorschlag

Der Karlsruher Rechtsanwalt Brändel, der auch Teilnehmer der Podiumsdiskussion zum Alternativentwurf eines Gesetzes über Sterbehilfe anlässlich des Deutschen Anwaltstags in Hamburg[425] war, schlug vor, dem § 216 StGB einen dritten Absatz mit folgendem Inhalt hinzuzufügen:

„*Unter den Voraussetzungen des Absatzes 1 bleibt ein Arzt straffrei, wenn er durch Maßnahmen, die ausschließlich dazu dienen, qualvolle Leiden zu verhindern oder zu lindern, den Tod seines Patienten, ohne ihn zu beabsichtigen, beschleunigt*[426]“.

b) Kritik

Dieser Vorschlag hilft indes nicht weiter. Kritik wurde damals vor allem in zwei Punkten geübt. Zum einen – so wurde befürchtet – könne ein Arzt bei einer solchen Regelung nur noch im Falle eines Geständnisses wegen eines vorsätzlichen Tötungsdelikts bestraft werden, da die ihm zur Verfügung gestellte Schutzbehauptung, er habe in der Absicht des „*neuen § 216 Absatz 3 StGB*“ gehandelt, und der Patient habe vor seinem Tod ernstlich um die Medikation gebeten, kaum jemals widerlegt werden könne[427]. Auch wenn der Vorschlag darauf gerichtet war, Straffreiheit nur für den Fall der nachweislichen freien und zurechenbaren Entscheidung des Patienten zu schaffen, so werde jedoch der im Strafprozess geltende Grundsatz in dubio pro reo sowie die Tatsache, dass dem Täter seine Schuld nachgewiesen werden muss, verkannt.

Diese Argumentation scheint im Hinblick auf die heute einheitliche Rechtsprechung und herrschende Ansicht zur indirekten Sterbehilfe nicht stichhaltig. Die Maßnahmen der indirekten Sterbehilfe dürften sich in der jahrelangen Praxis weniger als Missbrauchsinstrument dargestellt haben als im Vorfeld früher angenommen.

---

[425] NJW 1987, 2216
[426] Brändel ZRP 1985, 85, 92
[427] Kutzer MDR 1985, 710, 715

Der zweite Kritikpunkt überzeugt dagegen: Wenn der Arzt - wenn auch nur mit bedingtem Vorsatz – bereits dann töten dürfen soll, wenn er dadurch qualvolle Leiden „*verhindert*“, dann könnte das konsequenterweise auch beinhalten, dass er schon dann töten darf, wenn qualvolle Leiden erst noch bevorstehen, und er dadurch ihr Auftreten „*verhindert*“[428]. Dieser Schluss ist wohl angesichts der Formulierung Brändels nahe liegend, wenn nicht sogar zwingend.

Darüber hinaus wurde angeführt, dass dann der Weg, solche Fälle über den für jeden Einzelfall – und somit auch für Nichtärzte - anwendbaren § 34 StGB zu lösen, versperrt wäre, da der neue § 216 Abs. 3 StGB dann lex specialis wäre[429]. Die Vorzugswürdigkeit des § 34 StGB ergebe sich im übrigen auch daraus, dass dieser auf die den jeweiligen Einzelfall kennzeichnenden Tatumstände abstellt, während die von Brändel vorgeschlagene Normierung den Richter generell binden würde. Dieser Gesetzesvorschlag hilft daher jedenfalls nicht weiter als es bereits der Alternativentwurf eines Gesetzes über die Sterbehilfe getan hat.

3.) Norbert Hoerster

a) Gesetzesvorschlag

Schon vor dem Alternativentwurf von 1986 hatte Hoerster einen eigenen Vorschlag zur Legalisierung der aktiven Sterbehilfe veröffentlicht. In seinem hier dargestellten jüngsten Entwurf finden sich zwei wesentliche Änderungen. Diese von ihm formulierte Ergänzung des Strafgesetzbuches lautet:

„*Ein Arzt, der einen schwer und unheilbar leidenden Menschen tötet, handelt nicht rechtswidrig, wenn der Betroffene die Tötungshandlung auf Grund freier und reiflicher Überlegung, die er in einem urteilsfähigen Zustand durchgeführt hat, ausdrücklich wünscht oder wenn, sofern der Betroffene zu solcher Überlegung nicht imstande ist, die Annahme berechtigt ist, dass er die Tötungshandlung auf Grund solcher Überlegung für den gegebenen Fall ausdrücklich wünschen würde*“.

Ein zweiter Absatz soll dann die schriftliche Dokumentation durch zwei Ärzte voraussetzen[430].

---

[428] Kutzer MDR 1985, 710, 715

[429] Kutzer MDR 1985, 710, 715

[430] Diese und nachfolgende Ausführungen stammen – soweit sie nicht eigene Meinung sind – von Hoerster, Sterbehilfe im säkularen Staat, Frankfurt am Main 1998, zitiert von Achim Bahnen, Buchkritik in Frankfurter Allgemeine Zeitung vom 12.04.1999, S. 55

b) Kritik

Hoersters Vorstoß in Richtung aktiver Sterbehilfe ist in der Öffentlichkeit derart auf Widerspruch gestoßen, dass seine Auftritte mit Boykotten, Ausladungen und auch gewaltsamen Protestaktionen regelmäßig unterbunden wurden. 1998 legte er sogar seine Mainzer Professur für Rechts- und Sozialphilosophie nieder. Dennoch soll er an dieser Stelle nicht unerwähnt bleiben. Verfechter von neuen Ideen oder Extrempositionen sind auch in der Vergangenheit stets verurteilt worden, obwohl diese dann häufig nach einer Eingewöhnungsphase wie selbstverständlich in die Praxis umgesetzt wurden. Zudem bringt Hoerster den nennenswerten neuen Aspekt, die aktive Sterbehilfe auch im Hinblick auf die Praxis des Schwangerschaftsabbruchs zu sehen. Doch zunächst seien die erwähnten Änderungen in der Position Hoersters selbst dargestellt.

Neu ist vor allem die Tatsache, dass nun ausschließlich dem Arzt erlaubt sein soll, die Tötungshandlung vorzunehmen. Auch wenn dies im krassen Gegensatz zu den Grundsätzen der Bundesärztekammer[431] steht, die auch in ihrer aktuell überarbeiteten Fassung davon ausgehen, dass eine aktive, gezielte Todesherbeiführung nicht mit dem ärztlichen Heilauftrag vereinbar ist, so verweist Hoerster darauf, dass auch beim Schwangerschaftsabbruch Ärzte töten dürfen, ohne eine Heilbehandlung durchzuführen.

Die zweite wesentliche Änderung in Hoersters Vorschlag betrifft den Verzicht auf die Voraussetzung, dass das Leben durch eine unheilbare Krankheit so beeinträchtigt sein müsse, dass es nach gewöhnlichen Maßstäben nicht mehr als lebenswert erscheine. Der Verzicht auf die Formulierung *„lebenswert"* entschärfte die Debatte erheblich. Zu sehr erinnerte sie an das Euthanasieprogramm der NS-Zeit. Dennoch bleibt Hoerster konsequent, wenn er auch mit seinem neuen Vorschlag die Selbstbestimmung wieder in die höchste Position setzt, indem er ganz auf den ausdrücklichen Wunsch des Betroffenen bzw. dessen mutmaßlichen Wunsch abstellt.

Problematisch bleibt aber auch weiterhin, dass sich eine Unantastbarkeit menschlichen Lebens, die eine Sterbehilfe verbietet, aus unserer Verfassung in keiner Weise herleiten lässt. Vor allem der zur Begründung herangezogene Vergleich mit dem grundrechtlich geschützten Recht auf Eigentum, nämlich dass man schließlich auch ein Klavier wegwerfen könne und auch dabei Dritten ja die Mithilfe gestattet sei, ist aber abzulehnen. Richtigerweise wird hierzu festgestellt, dass dieser Vergleich außer Acht lässt, dass das Leben immerhin die Bedingung der Möglichkeit ist, überhaupt weiterhin Interessen zu haben.

---

[431] siehe zu den Grundsätzen der Bundesärztekammer auch B. VII. 1.) und 3.), S. 81 ff./ 85 ff.

4.) Arthur Kaufmann

a) Lösungsansatz

Bereits 1970 erklärte Kaufmann auf einer Strafrechtslehrertagung, er neige dazu, die Tötung auf Verlangen künftig nicht mehr unter Strafe zu stellen[432]. Es bedeute keine Ausnahmeregelung für die Tötung und schon gar kein „*Recht auf Tötung*", sofern der Einwilligung des Getöteten bzw. seinem ernsthaften Verlangen in gewissen Grenzen strafausschließende Wirkung beigemessen werde; es bedeute nur, dass die uralte Regel „*volenti non fit iniuria*" grundsätzlich auch in diesem Bereich gelten solle[433]. So gehe es auch nicht um die Schaffung einer Ausnahmeregelung zum Tötungsverbot, sondern um die Beseitigung einer Ausnahmeregelung, nämlich die des § 216 StGB, zu dem allgemeinen Rechtsgrundsatz, dass Selbstschädigung nicht strafbar ist und daher auch nicht die Schädigung eines anderen, der auf den Rechtsschutz wirksam verzichtet[434]. Dementsprechend lautet sein Formulierungsvorschlag für eine gesetzliche Neuregelung:

„*Wer eine Tötung auf Grund des ausdrücklichen und ernstlichen Verlangens des Getöteten vornimmt, ist nur dann strafbar, wenn die Tat trotz des Verlangens gegen die guten Sitten verstößt*"[435].

Kaufmann betont indes, dass es sich hierbei nicht um einen „*Freibrief für die direkte aktive Euthanasie*" handele. So sollen selbstverständlich die Fälle, denen es bereits an einem ausdrücklichen Sterbeverlangen mangelt, sowie Fälle der so genannten „*Früheuthanasie*" hiervon ausgenommen sein[436]. Ebenso soll weder eine bloß mutmaßliche Einwilligung genügen noch soll eine sonstige Relativierung des Wertes eines menschlichen Lebens durch Abwägung oder Rückgriff auf allgemeine Wertvorstellungen – sei es durch den Arzt oder einen Dritten - stattfinden[437].

b) Kritik

Zuzugeben ist, dass § 216 StGB insbesondere vor dem Hintergrund des grundrechtlich geschützten Selbstbestimmungsrechts, man erinnere sich nur an den Fall der Britin Diane Pretty, die Entscheidungsfreiheit des einzelnen – sicherlich aus gut gemeinten, vernünftigen Gründen – extrem eingeschränkt bzw. in die-

---

[432] vgl. Tagungsbericht von J. Meyer ZStW 83, (1971), S: 251 f.; siehe auch Kaufmann MedR 1983, 121, 124 f.

[433] Kaufmann MedR 1983, 121, 124

[434] Kaufmann wie vor

[435] Kaufmann wie vor

[436] Kaufmann MedR 1983, 121, 125; siehe zur Problematik „*Früheuthanasie*" auch Kaufmann JZ 1982, 481 ff. und unten B. XIII., S. 124 ff.

[437] Kaufmann MedR 1983, 121, 125

sem Bereich sogar gänzlich unterbunden wird. Es wird dem Einzelnen gerade das Recht, den Zeitpunkt seines Todes selbst zu bestimmen – aus welchen Gründen auch immer der Tod gewünscht sein mag – ausnahmslos genommen.

Diese Konsequenz so klar vor Augen drängt sich die Frage nach der Verfassungsmäßigkeit der Norm auf. Kann dieser massive Grundrechtseingriff wirklich noch durch höherrangige Güter des Allgemeinwohls gerechtfertigt sein? Zweifel bestehen schon an der Höherrangigkeit kollidierender Grundrechte, aber auch an dem einseitig ausgefallenen Abwägungsergebnis. Führt dieser Grundrechtseingriff doch in zahlreichen Einzelfällen zu unendlichem physischem und psychischem Leid, qualvollen Angstzuständen und zum Teil auch zu einem – vorher befürchteten - qualvollen Tod, zum Beispiel durch Ersticken, den es gerade durch geringfügiges Abkürzen der verbleibenden Lebenszeit zu verhindern gilt. Nicht jede Tötung eines Menschen ist tatsächlich eine verwerfliche Tötung im herkömmlichen Sinne, sondern kann letztlich Erlösung von einem Leben sein, das letztlich von der Natur nicht mehr als Leben gedacht ist, das der Mensch aber aufgrund seiner technischen und medizinischen Fortschritte dennoch als Leben zu erhalten in der Lage ist.

Und dennoch, auch wenn der Argumentation von Kaufmann durchaus etwas abzugewinnen ist, sein Lösungsvorschlag – so kurz wie er ist – kann nicht mehr als ein Denkanstoß bleiben.

Zum einen eröffnet er – so pauschal und ohne große Voraussetzungen er gehalten ist – wohl doch ungewollt Willkür Tür und Tor. Zum anderen dürfte es wenig Erfolg versprechend sein, eine juristische Grauzone durch eine Vorschrift erhellen zu wollen, die die Strafbarkeit an einem „*Verstoß gegen die guten Sitten*" ausrichtet. Auch wenn sich in anderen Rechtsgebieten wie zum Beispiel im Polizei- und Ordnungsrecht ebenfalls unbestimmte Rechtsbegriffe wie der der „*öffentlichen Ordnung*"[438], der abgekürzt als „*herrschende Sozialmoral*" definiert wird[439], finden, so sollte man es doch dringlichst vermeiden, noch weitere Unklarheiten zu schaffen, derer es bereits mehr als genug gibt. Gerade die guten Sitten als herrschende Wertvorstellung sind kaum präzise ermittelbar bzw. unterliegen einem stetigen Wandel. Als Abgrenzung für eine Strafbarkeit dürften sie daher wenig geeignet sein. Darüber hinaus sollte eine gesetzliche Regelung der Sterbehilfe – welchen Inhalts sie auch immer sein sollte – sehr viel differenzierter ausfallen.

---

[438] Der Begriff ist zwar in Niedersachsen anlässlich der Novellierung des allgemeinen Polizei- und Ordnungsrechts 1994 als Schutzgut aus der polizei- und ordnungs- rechtlichen Generalklausel gestrichen worden, hat aber immer noch in anderen Gesetzen Bedeutung, so zum Beispiel im Versammlungsgesetz: §§ 12a Abs.1 Satz 1, 15 Abs.1, 17a Abs.3.

[439] vgl. Legaldefinition § 3 Nr.2 SachsAnhSOG; Schöch JuS 1994, 570, 574

5.) Gabriele Wolfslast

a) Lösungsansatz

Wolfslast fordert eine umfassende, die Bedingungen für Straffreiheit nennende Regelung, die zugleich auch bei Vorliegen der gesetzlichen Voraussetzungen die Straffreiheit als zwingende – im Gegensatz zum Alternativentwurf von 1986[440] nicht nur fakultative – Rechtsfolge beinhaltet[441]. Ebenfalls sollte ihrer Ansicht nach über die Beratung des entscheidenden Arztes durch eine interdisziplinär besetzte Ethikkommission nachgedacht werden[442]. Hierzu zieht sie zu Recht vergleichend § 218 a Abs. 1 StGB (Schwangerschaftsabbruch) sowie § 331 Abs. 3 StGB (Vorteilsannahme) heran. Beide Vorschriften knüpfen ebenfalls die Straflosigkeit an eine vorangegangene Beratung der Schwangeren durch eine anerkannte Beratungsstelle bzw. an eine vorherige Genehmigung der Annahme des Geschenks für den Amtsträger durch die zuständige Behörde.

Die Möglichkeit einer Kommissionsentscheidung ist für Deutschland stets mit dem Argument abgelehnt worden, dass eine ärztliche Entscheidung stets eine individuelle, einzelverantwortliche Entscheidung bleiben müsse, während bei Einsetzung einer Kommission die Gefahr bestünde, dass das Gefühl des Einzelnen für seine (Mit-) Verantwortung schwinde und leichtfertig irreversible Entscheidungen getroffen würden[443].

Allerdings bedeutet das Einsetzen einer Kommission nicht zwangsläufig auch das Entscheiden durch eine Kommission. So weist auch Wolfslast darauf hin, dass dem Arzt gleichsam dem Betreuer, der bei Einstellung lebenserhaltender Maßnahmen gemäß § 1904 Abs. 2 BGB die Genehmigung des Vormundschaftsgerichts einholen muss, nicht die Entscheidung abgenommen werde[444]. Die Genehmigung durch eine Kommission biete nicht nur zusätzlichen Missbrauchsschutz, sondern zwinge den entscheidenden Arzt darüber hinaus dazu, seine Entscheidung darlegen und begründen zu müssen; dementsprechend könne die Erteilung einer solchen Genehmigung bzw. zumindest die Beteiligung einer Ethik-Kommission zusätzliche Bedingung für die Annahme eines Strafausschließungsgrundes sein[445].

---

[440] siehe B. XII. 1. a), S. 101 ff.
[441] Wolfslast FS-Schreiber S.925
[442] Wolfslast FS-Schreiber S.925
[443] Zur strafrechtlichen Verantwortung bei Kollegialentscheidungen Knauer, Die Kollegialentscheidung im Strafrecht, 2001, passim, zitiert bei Wolfslast FS-Schreiber S.926 mit Fn.72.
[444] Wolfslast FS-Schreiber S.926
[445] Wolfslast FS-Schreiber S.926

Als Eckpunkte müssen nach Wolfslast folgende Kriterien für die Möglichkeit der aktiven Sterbehilfe vorliegen:
- ein objektiv aussichtslos Kranker, der subjektiv unerträglich leidet
- ausdrückliches Verlangen des Patienten
- einsichtsfähiger Patient.[446]

b) Stellungnahme

Der Ansatz von Wolfslast ist erfreulich klar und direkt, ohne dabei allerdings konkrete Formulierungsvorschläge zu nennen. Die zwingende Rechtsfolge der Straffreiheit bei Vorliegen bestimmter Voraussetzungen erscheint sehr weitgreifend; wird doch so geradezu schematisch eine Tötung auf Verlangen straffrei möglich. Im Sinne der Rechtssicherheit wäre eine solche Regelung zwar wünschenswert, ohne jedoch die konkrete Ausgestaltung einer solchen Norm zu kennen, bleibt eine abschließende Entscheidung darüber, ob dieser Ansatz eine Lösung sein kann, unmöglich.

Ein Kritikpunkt bleibt jedenfalls. Auch Wolfslast knüpft die Möglichkeit aktiver Sterbehilfe unter anderem an das objektive Kriterium des irreversiblen, zum Tode führenden Leidens. Auch insofern sei ein Blick Richtung Niederlande empfohlen: In den Niederlanden sollen Ärzte nach dem Vorschlag einer vom niederländischen Ärzteverband KNMG eingesetzten Kommission auch bei Lebensmüden Menschen Sterbehilfe leisten dürfen[447]: *„Diese Schlussfolgerung zogen die Fachleute nach mehrjährigen Beratungen. Sowohl der Hohe Rat (das oberste Gericht) als auch die Regierung hatten zuvor die Ansicht vertreten, Lebensüberdruss könne Sterbehilfe nicht rechtfertigen. 1998 hatte ein Arzt einem ehemaligen Senator Sterbehilfe geleistet, weil dieser gesagt hatte, er sei lebensmüde. Der Hohe Rat hatte vor zwei Jahren entschieden, dass der Arzt sich strafbar gemacht hatte. (...) 30 % der niederländischen Ärzte werden nach Angaben der Kommission von lebensmüden Patienten um Sterbehilfe gebeten. Die Fachleute raten, Ärzte müssten zunächst untersuchen, ob Therapien den Leidensdruck des Patienten vermindern könnten. Erst wenn dies nicht möglich sei, sollte über aktive Sterbehilfe entschieden werden. Die zuständige Staatssekretärin Ross erklärte, die Regierung wolle das Sterbehilferecht nicht ändern. Die Kommission hält eine Gesetzesänderung jedoch nicht für notwendig, um ihre Vorschläge umzusetzen.“*

---

[446] Wolfslast FS-Schreiber S.924

[447] FAZ vom 17.12.2004, Seite 1

6.) Klaus Kutzer

a) Lösungsansatz

Der Vorsitzende Richter am Bundesgerichtshof in Karlsruhe a. D. Klaus Kutzer, der auch dem 3. Strafsenat angehörte, der wiederum die passive Sterbehilfe für grundsätzlich zulässig erklärte[448], schlägt vor, § 216 StGB, der die aktive Sterbehilfe sanktioniert, wie folgt zu ergänzen:

„Eine Tötung im Sinne des Absatzes 1 liegt nicht vor, wenn eine lebenserhaltende (oder lebensverlängernde) ärztliche Maßnahme auf Wunsch des Patienten unterlassen oder beendet wird."

Vor allem aber – so stellt Kutzer klar – sei eine solche gesetzliche Einschränkung auch bereits deshalb angebracht, da derjenige, der etwa die Sondenernährung einstellt, nach herkömmlicher Tatbestandsauslegung im Sinne der Tötungsdelikte tötet[449].

Kutzer schlägt weiterhin insbesondere im Hinblick auf die widersprüchlich erscheinende Rechtsprechung des BGH, die nur die vor dem Verlust der Tatherrschaft (etwa durch Bewusstloswerden des Suizidenten) geleistete Beihilfe zum Suizid straflos lässt, eine Ergänzung des § 323 c StGB wie folgt vor:

„Hilfe ist nicht erforderlich, wenn ein Suizid nach ernsthafter Überlegung zur Beendigung schweren Leidens begangen wird."[450]

b) Stellungnahme

Der von Kutzer vorgeschlagenen gesetzlichen Regelung der passiven Sterbehilfe ist zuzustimmen. Allerdings sollte eine Formulierung detaillierter ausfallen und nicht lediglich pauschal auf den „*Wunsch des Patienten*" abstellen. Würde man es hierbei belassen, würde es zum Beispiel schon ausreichen, einem älteren Menschen durch entsprechende Beeinflussung und Bearbeitung einen solchen Wunsch schriftlich oder auch nur mündlich abzuringen. Sicherlich besteht die Gefahr eines nicht ernsthaften oder frei verantwortlichen Wunsches nach Einstellung der lebenserhaltenden Maßnahmen auch, wenn man – z. B. wie der oben unter Ziffer 1.) (S. 102 ff.) zitierte Arbeitskreis - die Voraussetzungen konkretisiert.

---

[448] B. I. 4.), S. 27 ff.

[449] Vortrag Kutzer, Tagung von „*pro voluntate*" in Dresden am 09.11.2002

[450] aus einem Antwortschreiben vom 07.03.2003: www.wernerschell.de/Rechtsalmanach/Heilkunde/beihilfe_zur_selbsttötung_st...

An sich sind klare, knappe Gesetzesformulierungen gerade in der Bundesrepublik Deutschland wünschenswert. Dies um so mehr, wenn man bedenkt, dass dies Gesetzestexte sein werden, die gerade auch von dem Normalbürger ohne rechtlichen Beistand gelesen und verstanden werden wollen. Allein die Verringerung eines solchen Missbrauchsrisikos sollte es doch aber wert sein, ein entsprechendes Gesetz so konkret wie möglich und auch mit einigen Hürden, sprich hohen Anforderungen zu versehen. Wenn es um das höchste Gut Leben und vor allem um eine unumkehrbare Entscheidung geht, so müssen alle Unannehmlichkeiten in Form von auslegungsbedürftigen Tatbestandsmerkmalen oder unbestimmten Rechtsbegriffen hierfür in Kauf genommen werden. Dies ist man letztlich auch der nicht außer Acht zu lassenden bedeutenden Gruppe der Gegner einer solchen Öffnung des Gesetzes schuldig. Nur wenn man hierin einen Kompromiss findet, mit dem alle gegensätzlichen Lagervertreter leben können, werden weitere Schritte, die zum heutigen Zeitpunkt noch undenkbar erscheinen, zumindest offen diskutiert werden oder sogar realisiert werden können. Vielleicht wird dann sogar in hoffentlich nicht allzu ferner Zukunft der ärztlich assistierte Suizid gesetzlich geregelt werden können. Darüber hinaus sollte aber auch die indirekte Sterbehilfe, die ebenfalls weitgehend als zulässig anerkannt ist[451], in das Gesetz aufgenommen werden.

Der Vorschlag Kutzers zur Klärung des Widerspruchs im Rahmen des § 323 c StGB erscheint ungeeignet. Mit einer solchen Formulierung würde dem Lebensschutz nicht ausreichend Rechnung getragen. Man stelle sich vor, dass ein jeder, der beispielsweise einen pubertierenden Teenager nach einem noch nicht vollendeten Suizidakt auffindet, selbigen liegenlassen könnte mit der Begründung, er habe gedacht, es habe sich um einen Suizid nach ernsthafter Überlegung zur Beendigung schweren Leidens gehandelt. Selbst wenn ihm im Nachhinein etwas anderes bewiesen werden könnte, so bliebe er mit aller Wahrscheinlichkeit dennoch straffrei. Es würde sich vorliegend um einen Erlaubnistatbestandsirrtum handeln, das heißt die irrtümliche Annahme einer rechtfertigenden Sachlage. Während – verkürzt dargestellt - nach einer Ansicht hier sogar gemäß § 16 Abs. 1 StGB analog das Vorsatzunrecht entfiele[452], also nicht einmal eine vorsätzlich und rechtswidrige Tat vorläge, entfiele nach der rechtsfolgenverweisenden Variante zumindest der Vorsatzschuldvorwurf[453], so dass auf der Schuldebene höchstens ein Fahrlässigkeitsvorwurf in Betracht käme, vgl. § 16 Abs. 1 Satz 2 StGB.

Zudem wäre fraglich, was denn ein *„schweres Leiden“* alles umfassen soll. Hierunter könnte man schließlich auch Liebeskummer verstehen, was sicherlich

---

[451] siehe B. I. 3.), S. 24 ff.
[452] Schönke/Schröder-Cramer/Sternberg-Lieben § 16 Rn.18
[453] Wessels AT Rn.478/ 479; Tröndle/Fischer § 16 Rn.20

nicht gemeint sein soll. Auch die „*ernsthafte Überlegung*" könnte und sollte sicherlich noch konkreter gefasst werden.

7.) Abschlussbericht der Arbeitsgruppe „Patientenautonomie am Lebensende – Ethische, rechtliche und medizinische Aspekte zur Bewertung von Patientenverfügungen" des Bundesministeriums der Justiz[454]

a) Einführung

Die von der Bundesjustizministerin Brigitte Zypries im September 2003 eingesetzte Arbeitsgruppe hat sich mit Fragen der Verbindlichkeit und Reichweite von Patientenverfügungen befasst und hierzu am 10. Juni 2004 ihren Abschlussbericht vorgelegt. Ebenso enthält der Bericht neben Thesen und Empfehlungen an den Gesetzgeber im Betreuungs- und Strafrecht auch Formulierungshilfen für die Erstellung einer Patientenverfügung. Ausgangspunkt für die Initiierung dieser Arbeitsgruppe war der Beschluss des XII. Zivilsenats des Bundesgerichtshofs vom 17. März 2003. Mit dieser Entscheidung hatte der BGH die Verbindlichkeit von Patientenverfügungen als Ausdruck des Selbstbestimmungsrechts ausdrücklich bestätigt, zugleich aber Fragen zur Durchsetzbarkeit einer Patientenverfügung aufgeworfen. Der Senat hatte entschieden, dass bei Konflikten zwischen Arzt und Betreuer beim Abbruch lebenserhaltender Maßnahmen das Vormundschaftsgericht eingeschaltet werden müsse. Gleichzeitig hatte er eine gesetzliche Klarstellung für wünschenswert erachtet.

Die Arbeitsgruppe war multidisziplinär aus Vertretern der Konferenzen der für die Justiz und das Gesundheitswesen zuständigen Ministerinnen und Minister sowie Senatorinnen und Senatoren der Länder sowie aus Interessenvertretern der Patienten, der Ärzteschaft, der Wohlfahrtspflege, der Hospizbewegung, einem Medizinethiker und Vertretern der beiden großen deutschen Kirchen besetzt und stand unter der Leitung des Vorsitzenden Richters a. D. Klaus Kutzer. Die Justizministerin will nun die Anregungen der Arbeitsgruppe aufgreifen und zügig einen Gesetzentwurf erarbeiten, in dem die Bedeutung der Patientenverfügung und die Rolle der Vormundschaftsgerichte im Betreuungsrecht klargestellt werden sollen[455].

---

[454] Die nachfolgenden Ausführungen sind –soweit nicht anders gekennzeichnet – dem Abschlussbericht der Arbeitsgruppe „*Patientenautonomie am Lebensende*", einsehbar im Internet unter:
www.bmj.bund.de/enid/0,0/Presse/Pressemitteilungen_58html?druck=1&press entnommen.

[455] Stellungnahme der Bundesarbeitsgemeinschaft Hospiz zum Abschlussbericht der Arbeitsgruppe „*Patientenautonomie am Lebensende*", nachzulesen unter:
www.pflegekolleg.com/artikel/drucken.htm?d_id=232456&t_id_=2519&seite.

Inhaltliche Kernaussage ist das grundrechtlich geschützte Selbstbestimmungsrecht des Menschen, das ihn auch gerade in Grenzsituationen des Lebens vor Fremdbestimmung schützen soll[456]. Dementsprechend bedürfe jeder ärztliche Eingriff der Einwilligung durch den Patienten, die – einmal erteilt – jederzeit widerruflich ist.

Klargestellt ist des weiteren, dass ein Patient eine lebensverlängernde oder lebenserhaltende Maßnahme auch ohne Rücksicht darauf, ob die Krankheit bereits einen unumkehrbar tödlichen Verlauf genommen hat und der Tod nahe bevorsteht, ablehnen kann. Ist der Patient nicht mehr einwilligungsfähig, so soll eine frühere Willensbekundung fortgelten, falls keine konkreten Anhaltspunkte dafür vorliegen, dass der Patient oder die Patientin sie widerrufen hat[457].

b) Gesetzesvorschlag
Die Arbeitsgruppe schlägt vor, § 216 StGB wie folgt zu ergänzen[458]:

„§ 216 Abs.3 StGB
Nicht strafbar ist
1. die Anwendung einer medizinisch angezeigten leidmindernden Maßnahme, die das Leben als nicht beabsichtigte Nebenwirkung verkürzt,
2. das Unterlassen oder Beenden einer lebenserhaltenden medizinischen Maßnahme, wenn dies dem Willen des Patienten entspricht."

Darüber hinaus soll das Betreuungsrecht nach Maßgabe der obigen Einführung folgendermaßen geändert werden[459]:

„§ 1901 b BGB Patientenverfügungen (neu einzufügen)
(1) Der Betreuer hat den in einer Patientenverfügung geäußerten Willen des Betreuten zu beachten. Liegt eine Patientenverfügung über die Einwilligung oder die Verweigerung der Einwilligung in bestimmte ärztliche oder pflegerische Maßnahmen vor, die auf die konkrete Entscheidungssituation zutrifft, so gilt die Entscheidung des Betreuten nach Eintritt der Einwilligungsunfähigkeit fort. Dem Betreuer obliegt es, diese Entscheidung durchzusetzen, soweit ihm dies zumutbar ist. Das gilt auch dann, wenn die Erkrankung noch keinen tödlichen Verlauf genommen hat.

---

456 Patientenautonomie am Lebensende, S. 6 ff.
457 Zu diesem Punkt gibt es unterschiedliche Auffassungen und einen anderen, gut begründeten Formulierungsvorschlag, siehe Abschlussbericht S.8 mit Fn.1.
458 Abschlussbericht S.50 ff.
459 Abschlussbericht S.42 ff.

(2) Der Absatz 1 gilt auch für Bevollmächtigte, soweit der Vollmachtgeber nichts anderes bestimmt hat.

§ 1904 BGB Genehmigung des Vormundschaftsgerichts bei ärztlichen Maßnahmen

(1) Die Einwilligung des Betreuers in eine Untersuchung des Gesundheitszustands, eine Heilbehandlung oder einen ärztlichen Eingriff bedarf der Genehmigung des Vormundschaftsgerichts, wenn die begründete Gefahr besteht, dass der Betreute auf Grund der Maßnahme stirbt oder einen schweren und länger dauernden gesundheitlichen Schaden erleidet. Ohne die Genehmigung darf die Maßnahme nur durchgeführt werden, wenn mit dem Aufschub Gefahr verbunden ist.

(2) Die Verweigerung oder der Widerruf der Einwilligung des Betreuers in eine ärztliche Maßnahme nach Absatz 1 Satz 1 bedarf der Genehmigung des Vormundschaftsgerichts, wenn die Maßnahme medizinisch angezeigt und anzunehmen ist, dass der Betreute auf Grund des Unterbleibens oder des Abbruchs der Maßnahme stirbt. Bis zur Entscheidung über die Genehmigung hat das Vormundschaftsgericht die im Interesse des Betreuten erforderlichen Maßregeln zu treffen.

(3) Eine Genehmigung nach Absatz 1 und 2 ist nicht erforderlich, wenn zwischen Betreuer und Arzt Einvernehmen darüber besteht, dass die Erteilung, die Verweigerung oder der Widerruf der Einwilligung dem Willen des Patienten entspricht.

(4) Die Genehmigung nach Absatz 1 und 2 ist zu erteilen, wenn die Erteilung, die Verweigerung oder der Widerruf dem mutmaßlichen Willen des Betreuten entspricht. Hierfür bedarf es individueller konkreter Anhaltspunkte. Fehlen diese, ist das Wohl des Betreuten maßgebend. Dabei ist im Zweifelsfall dem Lebensschutz des Betreuten Vorrang einzuräumen. Liegt eine ausdrückliche, auf die Entscheidung bezogene Erklärung des Patienten vor, so hat das Vormundschaftsgericht festzustellen, dass es einer Genehmigung nicht bedarf.

(5) Ein Bevollmächtigter kann in eine der in Absatz 1 Satz 1 oder Absatz 2 Satz 1 genannten Maßnahmen nur einwilligen, sie verweigern oder die Einwilligung widerrufen, wenn die Vollmacht diese Maßnahmen ausdrücklich umfasst und schriftlich erteilt ist. Die Genehmigung des Vormundschaftsgerichts ist nicht erforderlich."

c) Stellungnahme

(1) zu § 216 Absatz 3 StGB

Die beabsichtigte Regelung der passiven und indirekten Sterbehilfe in einem neu einzufügenden § 216 Absatz 3 StGB ist grundsätzlich schnellstmöglich erstrebenswert, entspricht eine solch ausdrückliche Legalisierung doch den Grundsätzen der höchstrichterlichen Rechtsprechung[460]. Allerdings ist eine Regelung innerhalb der Vorschrift *„Tötung auf Verlangen“* nicht besonders glücklich; zu favorisieren ist diesbezüglich der Alternativentwurf[461], der hierfür eigene, neu einzufügende Paragraphen vorsieht und sehr viel differenzierter ist.

Hervorzuheben ist, dass die lindernde Maßnahme im Sinne des § 216 Absatz 3 StGB zwar medizinisch indiziert sein muss, aber in Abweichung zur Rechtsprechung nicht nur die Absicht der Schmerzlinderung ausreicht, sondern auch bereits die Notwendigkeit, andere schwere Symptome und Unruhezustände zu lindern oder zu beseitigen. Auch dies erscheint fast beängstigend weitreichend, ist aber angesichts des Regulativs *„wenn dies dem Willen des Patienten entspricht“* durchaus akzeptabel.

Der Aussage, dass Befürwortern der aktiven Sterbehilfe mit solchen Möglichkeiten wirksam begegnet werden kann[462], die aktive Sterbehilfe daher weiter als Tötung auf Verlangen strafbewehrt zu bleiben hat, ist zuzustimmen, wenn auch die darüber hinausgehende Zulassung des ärztlich assistierten Suizids durchaus noch einmal in Erwägung gezogen werden sollte. Es gibt eben über Krankheits- oder andere Zustände hinaus auch Situationen, in denen sich jemand ernsthaft, freiwillig und aus welchen zu respektierenden Motiven auch immer, entschlossen hat, aus dem Leben zu scheiden. Es darf hier doch nicht darauf ankommen, dass dieser Mensch bereits medizinisch versorgt wird, so dass ggf. durch Erhöhung der Medikation als *„unbeabsichtigte“* Nebenfolge schließlich doch vorzeitig der Tod wunschgemäß eintreten kann. Die Zulässigerklärung der indirekten Sterbehilfe öffnet wieder eine Hintertür, so dass die ärztlich assistierte Sterbehilfe eigentlich unter deren Deckmantel doch straffrei möglich wird. Warum regelt man sie denn dann aber nicht besser gleich mit, als sehenden Auges diese Grauzone, die sicherlich viel Raum für Missbrauch und eine Art unbefriedigender *„Selbstjustiz“* lässt, zu belassen? Schaut man sich die gut durchdachte Regelung des ärztlich assistierten Suizids im US-Bundesstaat Oregon[463] an, könnte man dem ärztlich assistierten Suizid *„über den illegalen Umweg“* der indirekten Sterbehilfe durch ein vielfältig auszugestaltendes vorausgehendes Verfahren, in dem z. B. verschiedene Behörden oder Ärzte zu beteiligen wären, begegnen.

(2) zu § 1901 b BGB

Zu begrüßen ist grundsätzlich die Aufwertung der Patientenverfügung durch Kodifizierung derselben als Ausdruck des grundrechtlich garantierten Selbstbe-

---

[460] siehe B. I. 3) und 4), S. 24 ff. und 27 ff.; Abschlussbericht S. 51 ff.
[461] siehe B. XII. 1.a), S. 101 ff.
[462] Abschlussbericht S. 51
[463] siehe hierzu B. VIII., S. 88 ff.

stimmungsrechts. Der neu einzufügende § 1901 b BGB soll dem Beschluss des BGH vom 17. März 2003 Rechnung tragen. In diesem wurde unter anderem ausgeführt, dass es bei Vorliegen einer eindeutigen, auf die Situation zutreffenden Willenserklärung des Patienten Aufgabe des Betreuers ist, für die Durchsetzung der vom Betreuten bereits getroffenen Entscheidung Sorge zu tragen, ihr „*Ausdruck und Geltung zu verschaffen*"[464]. Auch die Erweiterung auf Situationen, in denen die Krankheit noch keinen tödlichen Verlauf genommen hat, dürfte angesichts des Selbstbestimmungsrechts richtig sein, vgl. § 1901 b Abs. 1 Satz 4 BGB.

(3) zu § 1904 BGB

Ebenso ist der Neuformulierung des § 1904 Abs. 4 BGB zuzustimmen. Hiermit soll in dubio pro vita entscheiden werden und der Rechtsprechung des BGH[465], die bei nicht aufklärbarem Willen einen Rückgriff auf allgemeine Wertvorstellungen zulässt, eine Absage erteilt werden[466]. Insgesamt sollen durch die Neuformulierungen des § 1904 BGB die Einschaltung des Vormundschaftsgerichts klarer geregelt, die zustimmungspflichtigen Entscheidungen des Betreuers auf Konfliktfälle beschränkt werden[467]. Eine klarere Regelung, wann das Vormundschaftsgericht zu beteiligen ist, ist sicherlich dringend erforderlich. Jedoch erscheint eine Beschränkung auf Konfliktfälle problematisch.

§ 1904 Absatz 3 BGB ist dagegen abzulehnen. Das Vormundschaftsgericht soll hiernach nicht hinzuzuziehen sein, sofern zwischen Betreuer und Arzt Einvernehmen darüber besteht, dass die Erteilung, die Verweigerung oder der Widerruf der Einwilligung dem Willen des Patienten entspricht. Der dahinter stehende Gedanke, bei offensichtlich eindeutigen Fällen „*die Durchsetzung des zwischen Betreuern und Arzt unstrittigen Patientenwillens nicht mit einem gerichtlichen Verfahren*" zu belasten[468], ist vernünftig. Dennoch liegt hierin eine zu hohe Missbrauchsgefahr. Eine Entscheidung über Leben und Tod wird in die Hände von nur zwei Personen gegeben. Auch die nach der neuen Regelung vorgesehene Befugnis jedermanns, das Vormundschaftsgericht auch in diesen Fällen zur Missbrauchskontrolle anzurufen, ändert nichts an der bestehenden Missbrauchsmöglichkeit bei kollusivem Zusammenwirken zwischen Arzt und Betreuer. Im Normalfall wird das getroffene Einvernehmen sicherlich auch dem tatsächlichen Willen des Patienten entsprechen. Allerdings ist es doch für einen böswilligen Betreuer, der zum Beispiel aufgrund eigensüchtiger Beweggründe – die ggf. auch erst im Laufe einer längeren Betreuungszeit entstanden sind –

[464] Abschlussbericht S.45
[465] BGHSt 40, 257 ff.
[466] Abschlussbericht S.49
[467] Abschlussbericht S.47
[468] Abschlussbericht S.48

nicht schwierig, ein solches Einvernehmen mit dem behandelnden Arzt durch bewusst falsche Angaben zu erwirken. Zu denken wäre auch an Fälle, in denen Betreuer und Arzt sich evtl. bereits länger kennen, bzw. der behandelnde Arzt bewusst vom Betreuer ausgewählt worden ist und beide zusammenwirken, um evtl. finanzielle Vorteile bei Todeseintritt zu erzielen. Es mag übertrieben klingen, aber kann die Vorsicht vor Missbrauch – entscheidet man sich schon für einen uneingeschränkten Vorrang des Selbstbestimmungsrechts – angesichts einer Entscheidung, die das Leben betrifft, wirklich übertrieben sein?

Aus den gleichen grundsätzlich misstrauischen Erwägungen gegenüber einem potentiellen *„Bevollmächtigten im Schafspelz"* – mag dies auch der absolute Ausnahmefall sein – ergeben sich Bedenken gegen die in § 1901 Abs. 5 BGB von der Arbeitsgruppe vorgesehene Stärkung der Stellung des Bevollmächtigten. Auch wenn durch diese Vorschrift weder die Möglichkeit, das Vormundschaftsgericht zur Missbrauchskontrolle anzurufen noch die Möglichkeit, einen Betreuer zur Kontrolle des Bevollmächtigten einzusetzen, berührt werden sollen, und der Privatautonomie des Patienten eigentlich zur Geltung verholfen wird, so scheint diese Regelung doch zu weit zu gehen.

Die Privatautonomie ist nur dann uneingeschränkt auch nach Wegfall der Entscheidungsfähigkeit umzusetzen, wenn feststeht, dass die Bevollmächtigung an sich nicht bereits in einem Endstadium des Bevollmächtigenden, vielleicht unter Einfluss von Medikamenten, eventuell durch falsche Auskünfte über den Gesundheitszustand oder die weiteren Aussichten gesteuert, zustande gekommen ist. All das darf nicht von dem Zufall abhängig gemacht werden, dass irgendein Verdachtsmoment entsteht, der einen Dritten veranlasst, das Vormundschaftsgericht ausnahmsweise als Missbrauchsinstanz einzuschalten.

8.) Zwischenbericht der Enquete-Kommission des Deutschen Bundestages „Ethik und Recht der modernen Medizin"[469]

a) Einführung

Die oben bereits angesprochenen Bedenken[470] finden sich unter anderem auch im Zwischenbericht *„Patientenverfügungen"* der Enquete-Kommission *„Ethik und Recht der modernen Medizin"*. Dort heißt es zunächst, dass das Recht, Verfügungen zur medizinischen Behandlung zu treffen, verfassungsrechtlich veran-

---

[469] Die nachfolgenden Ausführungen sind dem Bericht der Arbeitsgruppe *„Patientenautonomie am Lebensende"* vom 10. Juni 2004 unter dem Vorsitz des Vorsitzenden Richters am BGH a.D. Klaus Kutzer entnommen. Dieser ist einsehbar auf der Internetseite des Deutschen Bundestages (pdf-Format).

[470] B. XII. 7.c) Ziff. (3), S. 118

kert ist, womit auch Patientenverfügungen grundsätzlich verbindlich seien. Dennoch geht die Enquete-Kommission davon aus, dass jede Willenserklärung, so auch jede Patientenverfügung – sei sie auch noch so konkret abgefasst – der Interpretation bedürfe. Daher verbiete sich auch eine starre Festsetzung der Verbindlichkeit von Patientenverfügungen durch den Gesetzgeber.

Zur Reichweite und problematischen Frage des Grades der Verbindlichkeit[471] von Patientenverfügungen, die einen Behandlungsabbruch oder – verzicht vorsehen, der zum Tode führen würde, wird ausgeführt, dass solche Verfügungen nicht unabhängig vom Krankheitsverlauf gültig sein sollten, sondern nur bei einer infausten Prognose, also in den Fällen, in denen das Grundleiden irreversibel ist und trotz medizinischer Behandlung nach ärztlicher Erkenntnis zum Tode führen wird. Konsequent sollen daher nach Ansicht der Kommission Krankheitszustände wie Wachkoma und Demenz, die als solche keine irreversiblen tödlichen Grundleiden darstellen, wenn nicht zusätzliche schwere unheilbare Erkrankungen auftreten, keine Unterlassung lebenserhaltender Maßnahmen erlauben, auch wenn dies ausdrücklich in einer Patientenverfügung gewünscht wurde. Maßnahmen der Basisversorgung sollten zudem gänzlich dem Zugang durch Patientenverfügungen entzogen werden.

Als Begründung wird angeführt, dass die durch Patientenverfügung mögliche Einschränkung des Verzichts auf (weitere) lebenserhaltende Maßnahmen auf zum Tode führende Krankheiten daraus gefolgert werde, dass dann der Tod durch die Folgen der nicht weiter behandelten Krankheiten eintrete. Beim Verzicht auf (weitere) Maßnahmen bei einer behandelbaren Krankheit führe dagegen der Verzicht der Behandlung selbst zum Tod. Weiter heißt es hierzu: „*Nach bisher übereinstimmender und bewährter Auffassung kann dies aber nur durch den unmittelbar geäußerten Willen des Patienten, der sich in der Situation auch der Konsequenzen seiner Entscheidung bewusst sein muss, legitimiert werden, nicht durch einen zeitlich versetzt geäußerten Willen und erst recht nicht durch einen gemutmaßten Willen.*“

Weiterhin könnten Vorausverfügungen, die ja Patientenverfügungen schließlich sind, und aktuelle Willensäußerungen nicht gleichbehandelt werden. Bei Vorausverfügungen handele es sich auch nicht um eine unmittelbare Ausübung des Selbstbestimmungsrechts, sondern lediglich um einen Rahmen für eine nur schwer voraussehbare Situation. Es sei eine immer wiederkehrende Erfahrung, dass Menschen mit schweren Krankheiten oftmals ihre Einstellung zum Leben ändern und eine Lebenssituation mit Krankheit und Einschränkung positiver bewerten, als sie es im Voraus im gesunden Zustand getan hätten. Erst in der

---

[471] siehe auch B. V. 1.b), S. 70 ff.

konkret eingetretenen Situation könne die Lebensqualität gegenüber dem Leiden erwogen und abgewogen werden, welche Behandlung noch gewünscht wird oder nicht. Der Staat habe darüber hinaus die Entstehung eines Klimas zu vermeiden, in dem auf ältere und schwerkranke Menschen Druck ausgeübt werde, ihr Leben für den Fall des Verlustes ihrer Handlungs- und Kommunikationsfähigkeit mittels einer Patientenverfügung beenden zu lassen. Besondere Beachtung verdient aber auch die Besorgnis, dass es sich bei den Wünschen in Bezug auf das Sterben nicht nur um Ergebnisse isolierter individueller Entscheidungsprozesse handele, sondern diese auch durch mediale und gesellschaftliche Trends relativ leicht beeinflussbar sein können. Hinsichtlich der Wirksamkeit von Patientenverfügungen empfiehlt die Kommission das Schriftformerfordernis und die eigenhändige Unterschrift.

b) Gesetzesvorschlag
Die Kommission schlägt zur Umsetzung ihrer Empfehlungen folgende Gesetzesformulierungen vor:

„§ 1901 b (Patientenverfügung)
(1) Eine einwilligungsfähige Person kann schriftlich festlegen, welche medizinischen Maßnahmen sie für den Fall des Verlustes ihrer Einwilligungsfähigkeit wünscht oder ablehnt (Patientenverfügung). Einwilligungsfähigkeit liegt vor, wenn die Person Bedeutung, Umfang und Tragweite der Erklärung beurteilen kann. Maßnahmen der Basisversorgung können durch eine Patientenverfügung nicht ausgeschlossen werden.
(2) Der Betreuer hat die Patientenverfügung zu überprüfen. Ergeben sich keine Anhaltspunkte dafür, dass der Betreute seinen Willen geändert hat oder bei Kenntnis der vorliegenden Umstände zu einer anderen Entscheidung gekommen wäre, und trifft die in der Patientenverfügung getroffene Entscheidung auf die vorliegende Situation zu, hat der Betreuer die Patientenverfügung umzusetzen.
(3) Hat die Patientenverfügung den Verzicht oder Abbruch einer medizinisch indizierten oder ärztlicherseits vorgeschlagenen lebenserhaltenden Maßnahme zum Ziel, darf der Betreuer die Patientenverfügung nur umsetzen, wenn das Grundleiden irreversibel ist und trotz medizinischer Behandlung nach ärztlicher Erkenntnis zum Tode führen wird.
(4) Hat eine einwilligungsfähige Person mündlich erklärt oder auf andere Weise zum Ausdruck gebracht, welche medizinische Maßnahme sie im Falle des Verlustes ihrer Einwilligungsfähigkeit wünscht oder ablehnt, hat der Betreuer diese Erklärung als Indiz bei der Ermittlung des Willens des Betreuten zu berücksichtigen. Eine medizinisch indizierte oder ärztlicherseits vorgeschlagene lebenserhaltende Maßnahme darf nur abgelehnt werden,

wenn das Grundleiden irreversibel ist und trotz medizinischer Behandlung nach ärztlicher Erkenntnis zum Tode führen wird.

(5) Im Zweifel haben bei der Umsetzung einer Patientenverfügung oder einer mündlichen Erklärung das Wohl des Betreuten und sein Lebensschutz Vorrang.

(6) Vor einer Entscheidung nach Absatz 3 und Absatz 4 Satz 2 hat der Betreuer die Beratung durch ein Konsil einzuholen. Dem Konsil sollen mindestens der behandelnde Arzt, ein Vertreter der Pflegenden und, soweit vorhanden, ein Angehöriger angehören. Gegenstand der Beratungen sind insbesondere die Fragen,

- ob die Patientenverfügung formal gültig ist,

- ob es einen Hinweis auf eine beachtliche aktuelle Willensänderung gibt,

- ob und inwiefern die konkrete aktuelle medizinische Situation mit einer der in der Verfügung beschriebenen Situation übereinstimmt,

- wie der in der Patientenverfügung geäußerte Wille auf die konkrete medizinisch indizierte Behandlung angewendet werden kann.

Die Beratung findet im Wege einer gemeinsamen Besprechung statt, deren Ergebnis zu dokumentieren ist.

(7) Die Ablehnung der Einwilligung des Betreuers in die Aufnahme oder Fortsetzung einer medizinischen Maßnahme nach Abs. 3 und Abs. 4 Satz 2 ist nur mit Genehmigung des Vormundschaftsgerichts zulässig.

(8) Abs. 1 und 7 gelten für die Entscheidung des Bevollmächtigten entsprechend. Die Vollmacht ist nur wirksam, wenn sie schriftlich erteilt ist und die in Abs. 1 genannten Maßnahmen ausdrücklich umfasst.“

§ 1896 Absatz 1 BGB soll wie folgt durch Einfügung eines 2. Satzes geändert werden:

„Dies gilt auch dann, wenn eine Patientenverfügung vorliegt.“

c) Stellungnahme

Gerade wieder im Hinblick auf die Wachkoma-Patientin Terri Schiavo erscheint es richtig, ausdrücklich für Zweifelsfälle den Vorrang des Lebensschutzes festzuhalten.

Ein weiterer sehr guter Gedanke ist das Einsetzen eines Konsils, das in jedem Fall des Verzichts oder Abbruchs lebenserhaltender Maßnahmen zur Beratung zusammenzukommen hat. Denn zutreffend ist wohl – wie auch die Enquete-Kommission ausführt - dass aktuell und immer mehr durch in der Presse vorherrschende Themen die Sterbegedanken und damit solche rund um Patientenverfügungen gesellschaftlich und medial im Trend sind. Es waren noch nie so viele Formulierungshilfen und Formulare im Umlauf – sei es im Internet für jedermann z. B. über entsprechende Organisationen abrufbar, beim Hausarzt, in Krankenhäusern oder bei Anwälten – noch nie war dieses Thema so präsent, dass sich sogar bei Personen, die sich hierüber bislang keine Gedanken gemacht haben, ein Gefühl des individuellen Regelungsbedarfs aufdrängt. Auch wenn dann eine Patientenverfügung zum Beispiel nach Rücksprache mit dem Hausarzt verfasst wird, so ist es dennoch nicht auszuschließen, dass sich dieselbe Person im tatsächlichen Fall ihrer Erkrankung gänzlich anders entscheidet oder zumindest einige der sonst so gefürchteten Maßnahmen wie zum Beispiel eine nur temporäre künstliche Ernährung plötzlich gar nicht mehr als so furchtbar, unerträglich und schlichtweg ablehnungsbedürftig empfindet wie zuvor angenommen.

Die Aktualisierung einer Patientenverfügung wird zwar empfohlen - von der Enquete-Kommission zum Beispiel alle zwei Jahre-, ist aber zum einen nicht als Wirksamkeitsvoraussetzung gesetzlich vorgesehen und gibt zum anderen auch keine Garantie dafür, dass nicht doch kurz vor Eintritt der Entscheidungsunfähigkeit ein Sinneswandel stattgefunden hat. Im übrigen würde eine Verpflichtung zur regelmäßigen Aktualisierung von Patientenverfügungen auch nicht viel weiterhelfen: Was für eine Konsequenz soll sich aus einem Verstoß hiergegen ergeben? Der Aspekt der Aktualität, Konkretheit und letztlich der Grad der Verbindlichkeit einer Willenserklärung sind und bleiben wohl stets ein unvermeidliches Problem einer Vorauserklärung.

Erweitert werden sollte aber die Besetzung des Konsils um eine weitere, völlig unabhängige Person, zum Beispiel mit einem Berufsrichter. Dies hätte zum einen den Vorteil, dass ein Außenstehender die Situation objektiv beurteilt. Denn alle im Vorfeld in die Pflege involvierten Personen könnten sich bereits gegenseitig unbewusst beeinflusst und eine bestimmte *„Lösung“* eingeredet haben. Auch wenn der Vergleich nur sehr beschränkt passt, so könnte sich darüber hinaus quasi eine *„Betriebsblindheit“* eingeschlichen haben. Schließlich ist aber auch daran zu denken, dass ungeachtet der letztlich tatsächlichen Gesetzesänderung und der Art der Neuformulierung gerade zu Beginn für Ärzte- und Pflegeschaft eine neue Situation entstehen wird, in der es sehr hilfreich sein würde, wenn zum Beispiel ein Vormundschaftsrichter zu beteiligen ist, der sich von Berufs wegen ständig mit solchen Fällen befasst.

Abzulehnen ist aber eine von der Enquete-Kommission befürwortete drastische Reduzierung des Selbstbestimmungsrechts dergestalt, dass Wachkoma- und Demenzpatienten oder besser gesagt alle, deren Krankheit oder sonstiges Leiden keine tödlichen Grundleiden darstellen, der Möglichkeit, lebenserhaltende Maßnahmen abzulehnen, enthoben werden sollen. Auch hier sei wieder an das Schicksal der Terri Schiavo erinnert. Wachkoma-Patienten leben nicht selten noch viele Jahre in einem Zustand einer nur noch sehr eingeschränkten Teilnahme am Leben, das sicherlich viele von ihnen – hätten sie es vorher entscheiden können – für sich abgelehnt hätten. Auch wenn es hart und unmenschlich klingen mag, sollte hier auch der Gedanke an die Angehörigen erlaubt sein, für die die Pflege eines solchen Patienten – ggf. über Jahrzehnte hinweg – eine fast nicht mehr zumutbare Belastung darstellt. Die Gründe der Enquete-Kommission für eine solche Beschränkung sind durchaus nachvollziehbar, und dennoch erscheint sie nicht angemessen und vor allem der Bedeutung des grundrechtlich gewährleisteten Selbstbestimmungsrechts nicht ausreichend Rechnung zu tragen.

XIII. „*Früheuthanasie*": Schwerstgeschädigte Neugeborene und Frühgeborene

1.) Spezieller Regelungsbedarf

Der High Court, das Oberste Gericht in London, entschied am 07.10.2004, dass die das frühgeborene Baby Charlotte Wyatt im Krankenhaus von Portsmouth behandelnden Ärzte berechtigt sind, Charlotte sterben zu lassen, falls sich der Gesundheitszustand deutlich verschlechtert und die Atmung erneut aussetzen sollte. Charlotte kam drei Monate zu früh zur Welt. Bei ihrer Geburt war sie 13 cm groß und wog 450 Gramm. Ihre Atmung und ihr Nervensystem waren schwer gestört; sie lebte in einem Plexiglaskasten und wurde mit Sauerstoff versorgt. Ihre Atmung hatte bereits drei Mal ausgesetzt. Die Ärzte hatten sie jedes Mal erfolgreich wieder beleben können. Nach Einschätzung der Ärzte hätte Charlotte, die mittlerweile 11 Monate alt war, weder ihre Kindheit überleben noch je das Krankenhaus verlassen können. Der Vater hatte dagegen argumentiert, man könne sich von dem Kind nicht trennen „*wie von einem faulen Ei*", weil man ein anderes bekommen könne. Die Eltern erwarteten zur Zeit der Entscheidung ihr drittes Kind. Angefochten werden sollte die gerichtliche Entscheidung allerdings nicht[472].

Dieser jüngste Fall sei vorangestellt, um zu verdeutlichen, dass die Situation Frühgeborener[473] und schwerstgeschädigter Neugeborener im Hinblick auf die Problematik der Sterbehilfe einer besonderen Regelung bedarf. Gerade die sonst angestellten Erwägungen zur Ermittlung eines mutmaßlichen Willens des Betroffenen helfen hier nicht weiter. Die im folgenden dargestellten Handreichun-

---

472 Nachzulesen etwa unter: www.rp-online.de/public/article/nachrichten/journal/katastrophe/ausland/64665.

473 Eine normale Schwangerschaft dauert 40 Wochen; bei einer Geburt vor der 38. Woche spricht man von einer Frühgeburt.

gen zeigen eine grobe Richtung an, ohne Verbindlichkeit für sich in Anspruch nehmen zu können. Letztlich sollte das Schicksal eines betroffenen Kindes aber nicht von der Zufälligkeit des Landes, der Stadt oder des Vormundschaftsgerichtsbezirks abhängen, in der/ dem es zur Welt kommt.

2.) Grundsätze der Bundesärztekammer zur ärztlichen Sterbebegleitung

Die ärztlichen Grenzen der Behandlungspflicht bei schwerstgeschädigten Neugeborenen und Frühgeborenen sind in Deutschland ebenso wenig geregelt wie die bei im Endstadium Erkrankten. In den Grundsätzen der BÄK[474] heißt es hierzu: „*Bei Neugeborenen mit schwersten Beeinträchtigungen durch Fehlbildungen oder Stoffwechselstörungen, bei denen keine Aussicht auf Heilung oder Besserung besteht, kann nach hinreichender Diagnostik und im Einvernehmen mit den Eltern eine lebenserhaltende Behandlung, die ausgefallene oder ungenügende Vitalfunktionen ersetzen soll, unterlassen oder nicht weitergeführt werden. Gleiches gilt für extrem unreife Kinder, deren unausweichliches Sterben abzusehen ist, und für Neugeborene, die schwerste Zerstörungen des Gehirns erlitten haben. Eine weniger schwere Schädigung ist kein Grund zur Vorenthaltung oder zum Abbruch lebenserhaltender Maßnahmen, auch dann nicht, wenn Eltern dies fordern. Wie bei Erwachsenen gibt es keine Ausnahmen von der Pflicht zu leidensmindernder Behandlung und Zuwendung, auch nicht bei unreifen Frühgeborenen.*“

3.) Die Einbecker Empfehlungen

Die Einbecker Empfehlungen der Deutschen Gesellschaft für Medizinrecht (DGMR e.V.) sind lediglich eine unverbindliche Regelung, die Lösungsvorschläge zur Problematik der Früheuthanasie geben. Sie wurden erstmals 1986 veröffentlicht[475]. Da der damalige Text in der Praxis zu Missdeutungen Anlass gegeben hatte, haben die Akademie für Ethik in der Medizin, die Deutsche Gesellschaft für Kinderheilkunde und die Deutsche Gesellschaft für Medizinrecht Arbeitsgruppen eingesetzt, um eine Fortschreibung der Empfehlungen zu diskutieren. So entstanden die Einbecker Empfehlungen in ihrer revidierten Fassung von 1992[476], deren Veröffentlichung die Vorstände der drei genannten beteiligten Institutionen empfohlen haben. Einer Umfrage zufolge haben 87 % der befragten Ärzte Kenntnis von diesen Richtlinien[477].

---

[474] Dt. Ärztebl., Heft 19 vom 07. Mai 2004, A 1298 - 1299
[475] MedR 1986, 281
[476] MedR 1992, 206 f.
[477] Zimmermann S. 107

Bereits in der Präambel wird darauf hingewiesen, dass die nachfolgenden Empfehlungen nicht als Handlungsanweisung aufzufassen sind, „*sondern als Orientierungshilfe für die konkrete, vom einzelnen Arzt jeweils zu verantwortende Situation. Sie sollen gleichermaßen der Entscheidungsfindung und der Beratung dienen.*“ Ebenfalls wird dort darauf hingewiesen, dass Ausgangspunkt der Überlegungen zwar die grundsätzliche Unverfügbarkeit menschlichen Lebens ist. „*Dennoch können in den Empfehlungen angesprochene Grenzsituationen dazu führen, dass dem Bemühen um Leidensvermeidung oder Leidensminderung im wohlverstandenen Interesse des Patienten ein höherer Stellenwert eingeräumt werden muss als dem Bemühen um Lebenserhaltung oder Lebensverlängerung.*“

Hervorzuheben sind zunächst die Passagen, die eindeutig dem Schutz des Lebens dienen sollen und dem Verdacht der Vernichtung so genannten lebensunwerten Lebens entgegentreten wollen: „*Eine Abstufung des Schutzes des Lebens nach der sozialen Wertigkeit, der Nützlichkeit, dem körperlichen oder dem geistigen Zustand verstößt gegen Sittengesetz und Verfassung*“, Ziffer I. 2). „*Die gezielte Verkürzung des Lebens eines Neugeborenen durch aktive Eingriffe ist Tötung und verstößt gegen die Rechts- und die ärztliche Berufsordnung. Der Umstand, dass dem Neugeborenen ein Leben mit Behinderungen bevorsteht, rechtfertigt es nicht, lebenserhaltende Maßnahmen zu unterlassen oder abzubrechen*“, Ziffer II 1) und 2).

Andererseits wird der Problematik der Grenzen der ärztlichen Behandlungspflicht mit den folgenden Ziffern Rechnung getragen:

„*IV.*

1. (...)

2. Die ärztliche Behandlungspflicht wird jedoch nicht allein durch Möglichkeiten der Medizin bestimmt. Sie ist ebenso an ethischen Kriterien und am Heilauftrag des Arztes auszurichten. Das Prinzip der verantwortungsvollen Einzelfallentscheidung nach sorgfältiger Abwägung darf nicht aufgegeben werden.

3. Es gibt daher Fälle, in denen der Arzt nicht den ganzen Umfang der medizinischen Behandlungsmöglichkeiten ausschöpfen muss.

V.

Diese Situation ist gegeben, wenn nach dem aktuellen Stand der medizinischen Erfahrungen und menschlichem Ermessen das Leben des Neugeborenen nicht auf Dauer erhalten werden kann, sondern ein in Kürze zu erwartender Tod nur hinausgezögert wird.

VI.
Angesichts der in der Medizin stets begrenzten Prognosesicherheit besteht für den Arzt ein Beurteilungsrahmen für die Indikation von medizinischen Behandlungsmaßnahmen, insbesondere, wenn diese dem Neugeborenen nur ein Leben mit äußerst schweren Schädigungen ermöglichen würden, für die keine Besserungschancen bestehen. Es entspricht dem ethischen Auftrag des Arztes, zu prüfen, ob die Belastung durch gegenwärtig zur Verfügung stehende Behandlungsmöglichkeiten die zu erwartende Hilfe übersteigt und dadurch der Behandlungsversuch ins Gegenteil verkehrt wird.

VII. (...)

VIII.
3. *Gegen den Willen der Eltern/ Sorgeberechtigten darf eine Behandlung nicht unterlassen oder abgebrochen werden. Verweigern die Eltern/ Sorgeberechtigten die Einwilligung in ärztlich gebotene Maßnahmen oder können sie sich nicht einigen, so ist die Entscheidung des Vormundschaftsgerichtes einzuholen. Ist dies nicht möglich, hat der Arzt die Pflicht, eine medizinisch dringend indizierte Behandlung (Notmaßnahmen) durchzuführen.*"

4.) Schweizerische Empfehlungen zur Betreuung von Frühgeborenen an der Grenze der Lebensfähigkeit

Eine Arbeitsgruppe[478] hat im Auftrag der Schweizerischen Gesellschaft für Neonatalogie[479] Empfehlungen für die Betreuung von Frühgeborenen mit einem Gestationsalter zwischen 22 und 26 Schwangerschaftswochen (= SSW) ausgearbeitet. Sie richten sich an Ärzte, Hebammen, Kinderkrankenschwestern und Mitglieder anderer Berufsgruppen, die bei der Betreuung von sehr unreifen Frühgeborenen mitwirken. Von der Schweizerischen Gesellschaft für Gynäkologie und Geburtshilfe (SGGG), der Schweizerischen Gesellschaft für Pädiatrie (SGP) und der Schweizerischen Gesellschaft für Neonatalogie (SGN) sind die Empfehlungen genehmigt worden; von der Zentralen Ethikkommission (ZEK) der Schweizerischen Akademie der Medizinischen Wissenschaften (SAMW) werden sie unterstützt. Als Grundlage dienten unter anderem Empfehlungen europäischer, amerikanischer und kanadischer Fachgruppen sowie die relevanten medizinisch-ethischen Richtlinien der Schweizerischen Akademie der Medizinischen Wissenschaften.

---

[478] Dr. T. M. Berger, Dr. V. Büttiker, Dr. J.-C. Fauchère, Prof. W. Holzgreve, PD Ch. Kind, Prof. R. Largo, Prof. A. Moessinger, PD R. Zimmermann (http://www.swiss-paediatrics.org./paediatrica/vol13/n2/pm-ge.htm)

[479] = Frühgeborenenmedizin

a) Hintergrund

Das Gestationsalter ist das postmenstruelle Alter und basiert auf Ultraschallmessungen der Scheitel-Steiss-Länge (= SSL) in der Frühschwangerschaft (8. – 12. SSW) und/ oder auf der anamnestischen Angabe der letzten Periode. Die Eltern sind hierbei darüber aufzuklären, dass die Präzision des Früh-Ultraschalls bei 4 Tagen, die der anamnestischen Angabe bei -6 bis +14 Tagen liegt. Liegt keine sonographische Bestimmung vor, kann manchmal eine Beurteilung des Kindes nach der Geburt dazu führen, dass die Schätzung des Gestationsalters revidiert wird. Zudem muss man sich im Klaren darüber sein, dass die biologische Variabilität außerdem dazu führen kann, dass Frühgeborene mit identischem Gestationsalter wesentliche Reifeunterschiede aufweisen, die sich ihrerseits auf die therapeutischen Bedürfnisse nach der Geburt und auf die individuellen Mortabilitäts- und Morbiditätsrisiken auswirken können.

b) Ethische und rechtliche Überlegungen

Ähnlich wie bereits in der Allgemeinmedizin beschrieben[480], hat auch die kontinuierliche Weiterentwicklung der neonatalen Intensivmedizin dazu geführt, dass die Grenze der Lebensfähigkeit (limit of viability) immer weiter nach unten verlagert wird, so dass heute sogar ein Überleben nach 22 vollendeten Schwangerschaftswochen möglich ist. Gerade aber die hohen Mortalitäts- und Morbiditätsraten haben dazu geführt, dass im Zusammenhang mit der Betreuung von Frühgeborenen an der Grenze der Lebensfähigkeit erhebliche ethische Bedenken aufgekommen sind. Eltern und betreuende Medizinalpersonen sollen gemeinsam entscheiden, welche Maßnahmen im besten Interesse des Kindes sind. Dabei sollen die Prinzipien der Autonomie, der Non-Malefizienz (Nichtschadensprinzip), der Benefizienz (Fürsorgeprinzip) und der Gerechtigkeit beachtet werden.

Ebenso wie bei Erwachsenen stellt sich bei Frühgeborenen die Frage, wie weit die ärztliche Pflicht zur Lebenserhaltung durch Überlegungen zur erreichbaren Lebensqualität modifiziert werden soll. Wenn ein Urteil über den Lebenswert eines Menschen grundsätzlich nicht statthaft ist, und deshalb jedes menschliche Leben mit allen zur Verfügung stehenden Mitteln erhalten werden muss, besteht die Gefahr der Übertherapie. Werden lebensverlängernde Therapien hingegen nur akzeptiert, wenn daraus eine möglichst hohe Lebensqualität für das behandelte Frühgeborene resultiert, kommt dies einer Diskriminierung Behinderter gleich.

Ziel muss daher in erster Linie ein therapeutisches Abwägen zwischen dem durch die Behandlung wahrscheinlich zu ermöglichenden Gewinn einerseits und

---

[480] Teil A., S. 17 ff.

dem während der Therapie zugemuteten Leiden andererseits sein. Zu betonen ist hierbei, dass die Motivation für einen Therapieverzicht oder Therapieabbruch nicht der Wunsch ist, zu verhindern, dass das Frühgeborene mit einer Behinderung überlebt, sondern dem Frühgeborenen unverhältnismäßig großes Leiden zu ersparen. Die Entscheidung sollte letztendlich idealerweise nicht von einer Einzelinstanz getroffen werden, sondern aus einem kontinuierlichen Dialog zwischen allen Beteiligten (Ärzten, Eltern, Pflegepersonal, ggf. einer ethischen Kommission oder auch unter Beteiligung eines Gerichtes) erarbeitet werden. Aspekte der Begrenztheit der Ressourcen im Gesundheitswesen sollten aus dieser ethischen Güterabwägung herausgehalten werden; solche Entscheide sollten grundsätzlich auf Gesellschaftsebene getroffen werden.

c) Empfehlungen

aa) Vorgehen bei Frühgeburtlichkeitsbestrebungen vor 26 vollendeten Schwangerschaftswochen

< 22 0/7[481]	nicht indiziert	nur aus mütterlicher Indikation	comfort care
22 0/7 – 23 6/7	evtl. indiziert	nur aus mütterlicher Indikation	comfort care
24 0/7 – 24 6/7	Indiziert	aus kindlicher Indikation	Einsatz intensivmedizinischer Maßnahmen je nach individueller Situation
25 0/7 – 25 6/7	Indiziert	auch aus kindlicher Indikation	Einsatz intensivmedizinischer Maßnahmen je nach individueller Situation

Die Eltern sollen bereits vor der Geburt des Frühgeborenen benachrichtigt und informiert werden, insbesondere über mögliche Komplikationen, aber auch die intensivmedizinischen Maßnahmen, die in den ersten Lebenstagen wahrscheinlich eingesetzt werden. Angesichts der sich nach eingehender Beratung ergebenden Prognose kommt es auch zum Verzicht der Eltern auf den Einsatz le-

481 Das Gestationsalter wird in Tagen und Wochen angegeben. Die Zeitperiode von z.B.25 Wochen und 0 Tagen (25 0/7 SSW) bis zu 25 Wochen und 6 Tagen (25 6/7 SSW) wird als Woche nach der vollendeten 25. Schwangerschaftswoche (175 – 181 Tage, completed weeks of gestation) definiert; der Fetus hat 25 SSW vollendet und befindet sich in der 26. Schwangerschaftswoche.

benserhaltender Maßnahmen. Dieser Wunsch soll vor allem in echten Grenzbereichen (Gestationsalter < 26 SSW) berücksichtigt werden. Er ist aber nicht in jedem Fall (z. B. reiferes Kind als pränatal geschätzt) für die betreuenden Personen bindend.

bb) Nach der Geburt

(1) Reanimation bei unsicherem Gestationsalter
Ein erfahrenes Neonatalogie-Team sollte bei allen Geburten, die möglicherweise nach 23 vollendeten Schwangerschaftswochen stattfinden, anwesend sein, um aufgrund des Zustandes des Frühgeborenen zu entscheiden, ob der Einsatz intensivmedizinischer Maßnahmen gerechtfertigt ist. In unklaren Fällen kann es angezeigt sein, eine intensivmedizinische Betreuung zu beginnen und das Frühgeborene in die Neugeborenen-Intensivstation zu verlegen (provisional intensiv care), bis aufgrund des klinischen Verlaufs endgültig – unter Einbeziehung der Eltern - entschieden werden kann, ob weitere intensivmedizinische Maßnahmen indiziert sind oder abgebrochen werden sollten.

(2) Reanimation bei sicherem Gestationsalter
Die Betreuung von Frühgeborenen mit einem Gestationsalter < 24 SSW soll sich in der Regel auf Palliativmaßnahmen beschränken. Sofern allerdings ein Frühgeborenes erheblich reifer erscheint oder bei ausdrücklichem Wunsch der vollumfänglich aufgeklärten Eltern besteht aber auch die Möglichkeit, eine intensivmedizinische Behandlung im Sinne einer provisional intensiv care zu beginnen, bis eine gesicherte Prognose gestellt werden kann.

Sofern das primäre Ziel nicht erreicht werden kann, verlieren die intensivmedizinischen Maßnahmen ihren Sinn und andere Aspekte der Betreuung (z. B. Einsatz von Opiaten zur Linderung von Schmerzen und Leiden) gewinnen den Vorrang (redirection of care). Sobald auf lebenserhaltende Interventionen verzichtet wird, ist dem Kind ein menschenwürdiges Sterben zu ermöglichen (comfort care). Eine Schmerzmittelgabe, die im Sinne der aktiven indirekten Sterbehilfe möglicherweise lebensverkürzend wirkt, ist zulässig; eine Dosierung in der Absicht, das Leben eines Frühgeborenen zu beenden, ist strafbar und auch nicht mit den ethischen Überlegungen dieser Empfehlungen vereinbar.

5.) Das Heidelberger Schema[482]

Neonatologische Gesellschaften in Deutschland halten eine feste zeitliche Grenze für die Überlebensprognose von Frühgeborenen für problematisch. Anlässlich einer Tagung in der Universitätskinderklinik Heildelberg im September 2003 sprachen sich deutsche Neonatologen gegen die gegenwärtig in der Schweiz sowie in den Niederlanden und Dänemark praktizierten Richtlinien aus, Frühgeborene vor der 25. Woche nicht mehr intensivmedizinisch zu behandeln. Dauer der Schwangerschaft und Reife des Ungeborenen seien nicht genau bestimmbar und könnten individuell stark differieren. So wird empfohlen, alle Frühchen mit 24 Schwangerschaftswochen intensivmedizinisch zu versorgen, Kinder mit 23 Wochen jedoch nur bei optimalen Überlebenschancen und mit 22 Wochen nur dann, wenn dies die Eltern ausdrücklich wünschen.

In Heidelberg wird nach folgendem Schema differenziert[483]:

- Frühgeborene ab 24 Wochen Gestationsalter:
  uneingeschränkte Versorgung, etwa Kaiserschnitt-Entbindung, Reanimation, Intensivmedizin

- 23. bis 24. Woche:
  vitale Kinder (etwa stabiler Kreislauf) werden uneingeschränkt versorgt;
  bei den anderen wird die Entscheidung der Eltern respektiert

- 22. bis 23. Woche:
  Versorgung des Kindes nur auf ausdrücklichen Wunsch der Eltern

- 21. Woche:
  keine Versorgung, da wegen fehlender Lungenreife ein Überleben nicht möglich ist

- 22. bis 25. Woche:
  Bei Kindern mit schwerer Hirnblutung oder massiver periventrikulärer Leukomalazie (Schädigung der weißen Substanz im Gehirn) kann die Intensivtherapie abgebrochen werden.

Die medizinische Entscheidung wird von den betreuenden (Stations- und Ober-) Ärzten, Schwestern und Spezialisten getroffen und anschließend mit den Eltern

---

[482] Folgende Ausführungen sind unter anderem nachlesbar unter www.med.uni-heidelberg.de/aktuelles/ als Pressemitteilung Nr.122/2003 oder www.uni-heidelberg.de/presse/news/2309indi.html.

[483] Ingeborg Bördlein, Ärzte Zeitung 06.02.2004, „*Frühchen haben heute gute Überlebenschancen*", www.aerztezeitung.de/docs/2004/02/06/

besprochen, die sodann nach dem mutmaßlichen Willen des Kindes entscheiden können.

Die Erfahrungen am Heidelberger Perinatalzentrum zeigen, dass Frühgeborene, die mit 22 Schwangerschaftswochen geboren werden, selbst bei optimaler Betreuung zu 70 % sterben, während sich die Prognose mit zunehmender Schwangerschaftswoche deutlich verbessert: ab der 23. Woche überleben ungefähr 60 %, ab der 24. Woche ca. 84 %[484].

6.) Formulierungsvorschlag einer gesetzlichen Regelung
Ein Vorschlag einer gesetzlichen Regelung lautet daher[485]:

„§ 217a StGB
Grenzen der ärztlichen Behandlungspflicht bei schwerstgeschädigten Kindern und ultrakleinen Frühgeborenen

(1) Der Arzt, der eine lebenserhaltende Maßnahme aufgrund der Einwilligung der Eltern bzw. anderer sorgeberechtigter Dritter abbricht oder auf die Einleitung einer solchen Maßnahme verzichtet, handelt nicht schuldhaft, wenn das Kind schwerstgeschädigt ist.

(2) Eine schwere Schädigung im Sinne des Abs. 1 liegt vor, wenn
a) das Kind die Fähigkeit zur Eigenständigkeit und Entfaltung nicht erlangen wird, weil es
1. vor Erreichen dieser Fähigkeit sterben wird oder
2. nicht ohne dauerhafte apparative Hilfe existieren kann oder
3. aufgrund schwerer geistiger Störungen nicht in der Lage ist, vorhandene Schäden zu kompensieren.
b) das Kind ein Leben mit großen Schmerzen führen wird.

(3) Die Fähigkeit zur Eigenständigkeit und Entfaltung im Sinne des Abs. 2 setzt voraus, dass
1. das Kind fähig ist, personenbezogene Lebensverrichtungen selbständig auszuüben,
2. es nicht dauerhaft auf die Hilfe Dritter angewiesen ist und
3. seine Vitalfunktionen nicht auf Dauer von apparativer Hilfe abhängig sind.
Die in Nr.2 und Nr.3 angesprochene Dauer ist dabei im extrauterinen Frühjahr zu messen; d. h. die entsprechende personelle oder apparative Hilfe ist dann dauerhaft, wenn sie diesen Zeitraum überschreitet.

(4) Frühgeborene brauchen vom Arzt nicht am Leben erhalten zu werden, wenn

---
[484] Bördlein aaO.
[485] Everschor S.476 ff.

a) ihr geringes Geburtsgewicht die Prognose zulässt, dass sie die Fähigkeit zur Eigenständigkeit und Entfaltung nicht erreichen und bzw. oder ein Leben mit großen Schmerzen führen werden oder
b) sie neben dem geringen Geburtsgewicht zusätzliche angeborene oder perinatal erworbene schwere Schädigungen aufweisen und zu erwarten ist, dass sie die Fähigkeit zur Eigenständigkeit und Entfaltung nicht erreichen und bzw. oder ein Leben mit großen Schmerzen führen werden.
Die Abs. 2 und 3 gelten insoweit entsprechend.

(5) Die Basisversorgung ist auch nach dem Abbruch der lebensverlängernden Maßnahme bzw. bei ihrem Verzicht bis zum Eintritt des Todes des Kindes weiterzuführen.

(6) Der behandelnde Arzt ist nicht verpflichtet, Unzumutbares vorzunehmen. Unzumutbarkeit in diesem Sinne liegt vor, wenn
1. das Kind offensichtlich lebensunfähig ist; Lebensunfähigkeit bedeutet, dass das Kind nach seiner Geburt nicht in der Lage ist zu überleben und dieser Zustand nicht behoben werden kann,
2. nicht genügend personelle bzw. apparative Hilfe zur Verfügung steht.
Ist der Arzt aus den oben genannten Gründen nicht in der Lage, eine entsprechende Behandlung einzuleiten, entfällt dadurch aber nicht seine Pflicht, dem Kranken Hilfe zu leisten. Die Basisversorgung ist bis zum Eintritt des Todes des Kindes sicherzustellen.

(7) Eine mögliche Lebensverkürzung des kranken Kindes kann in Kauf genommen werden, wenn sie ein unvermeidbarer Nebeneffekt schmerzlindernder Therapie ist und sein Schmerzlinderungsinteresse im Vordergrund steht.

§ 217 b StGB Entscheidungskompetenz

(1) Die Eltern bzw. andere sorgeberechtigte Dritte besitzen nach Aufklärung durch den behandelnden Arzt die Entscheidungsbefugnis über den Behandlungsverzicht bzw. Behandlungsabbruch gemäß § 217 a Abs. 1 bis 4. Ihre Entscheidung gegen das Leben ist unbeachtlich, sofern das Kind nicht schwerstgeschädigt im Sinne des § 217 a Abs. 1 ist.

(2) Die Entscheidung nach Abs. 1 ist der zuständigen überregionalen Ethikkommission zu melden.
Ist die Entscheidung von Arzt und Eltern übereinstimmend getroffen worden, so kann die zuständige Ethikkommission die von den Eltern getroffene und vom Arzt gebilligte Entscheidung dahingehend überprüfen, ob die Voraussetzungen des § 217 a eingehalten worden sind.
Besteht zwischen Arzt und Eltern über den Fortgang bzw. die Einstellung der Behandlung gem. § 217a hingegen keine Einigkeit, so überprüft die zuständige überregionale Ethikkommission, ob von den Eltern die in § 217a genannten Voraussetzungen beachtet worden sind. Im Falle eines

Missbrauchs der Eltern entscheidet die zuständige überregionale Ethikkommission anstelle der Eltern."

7.) Stellungnahme

a) Das Problem

Festzustellen ist zunächst, dass das Problem der Grenzen ärztlicher Behandlungspflicht bei Frühgeborenen und schwerstgeschädigten Neugeborenen wie auch das Problem der Zulässigkeit der (allgemeinen) Sterbehilfe zunehmen wird. Liegt es bei letzterer generell an der fortschreitenden Entwicklung medizinischer Möglichkeiten, so verstärkt hier noch ein gesellschaftspolitisches Problem die Entwicklung.

Zum einen haben immer mehr Paare Schwierigkeiten, auf natürlichem Weg Nachwuchs zu zeugen. Dies – so wird vermutet - liegt zum einen an der Verweiblichung der Gesellschaft. Dadurch, dass ein Großteil der Frauen der Verhütung dienende Hormonpräparate einnimmt und auch wieder ausscheidet, gelangen diese Hormone über den Wasserkreislauf auch in den Organismus der Männer. Zum anderen wirkt sich der zunehmende berufliche (Leistungs-) Druck gepaart mit einer ungesunden Lebensweise (Stress, Alkohol, Fastfood, Tabak) ebenfalls negativ auf die Zeugungsfähigkeit aus.

Zudem wird die Familienplanung in der heutigen Zeit immer mehr zeitlich nach hinten verschoben; primär werden Ausbildung, Beruf und Karriere, Wertschaffung und auch Altersvorsorge, aber auch das unabhängige, ungebundene Leben wie z. B. ausgiebiges Reisen als primäre Ziele angestrebt. Die feste Bindung an einen Partner folgt dementsprechend zunehmend auch erst jenseits der 30. Das alles führt wiederum dazu, dass immer mehr ältere Paare sich noch Kinder wünschen. Dank des medizinischen Fortschritts haben nun auch ältere oder normalerweise unfruchtbare Frauen/ zeugungsunfähige Männer zum Beispiel mittels Hormonbehandlungen oder In-vitro-Fertilisation die Möglichkeit, sich den Kinderwunsch noch zu erfüllen. Die Folgen zeigen sich in den Kreißsälen: Da bei der künstlichen Befruchtung mehrere Embryos eingepflanzt werden, kommt es häufiger zu Zwillings- oder Drillingsschwangerschaften – viele von ihnen führen zu Frühgeburten. Jede vierte Frühgeburt wird durch solche Mehrlingsschwangerschaften verursacht[486]. Ärzte werden wieder einmal Opfer ihres eigenen Erfolges: Ethik und Justiz können mit dem rasanten Tempo des medizinischen Fortschritts kaum Schritt halten. Anhand von Grundsätzen und Richtlinien versuchen Mediziner, Hilfestellungen für die Praxis zu geben, um die juristische

486 Hénard/Wüsthof, Die Zeit, 43/2000

Grauzone, in der schließlich auch jeder Arzt für sich allein vor seinem Gewissen entscheiden muss, erträglicher zu machen.

b) Die aktuelle Situation

Eine internationale Umfrage auf 122 Frühgeborenenstationen in acht Ländern ergab, dass 73 % der französischen Neonatologen es für zulässig halten, ein schwerstgeschädigtes Frühchen aktiv zu töten, während sich in Deutschland lediglich 4 % der befragten Mediziner hierzu bekannten[487]. Dass die Veröffentlichung dieser Ergebnisse in Frankreich nicht zu einem Aufschrei durchs Land oder zumindest zu großer Empörung geführt hat, zeigt eine breite Akzeptanz.

Letztlich klingt es im ersten Moment ungerecht und hart, wenn scheinbar mehrheitlich bei Frühchen sehr viel eher die Bereitschaft besteht, dem Schicksal seinen Lauf zu lassen, das heißt nicht alle intensivmedizinischen Maßnahmen unendlich lange anzuwenden, sondern das Gehenlassen zu akzeptieren. Es scheint vor allem widersprüchlich, wenn man sich die sehr viel schärfere Diskussion bei älteren Menschen zum Vergleich hierzu vergegenwärtigt. Jedoch liegt es auf der Hand, dass bei älteren Menschen auch die Missbrauchsgefahr einer legalisierenden Regelung sehr viel größer ist. Wer hat schon ein nicht gut gemeintes Interesse daran, eines der jüngsten der menschlichen Leben auszulöschen?

Bei älteren Menschen können dagegen zahlreiche bedenkliche Motive mitbestimmend sein. Zu allgegenwärtig und vor allem viel zu oft gibt es Ehetragödien oder andere zwischenmenschliche Dramen, nicht zuletzt solche finanzieller Natur, die Menschen dazu bringen, auch vor einem Mord nicht zurückzuschrecken. Ein weiterer Unterschied ist, dass ältere Menschen häufig auch selbst den Wunsch äußern, sterben zu wollen. Viele empfinden sich für ihre Umwelt nur noch als Belastung, sehen in ihrem Leben keinen Sinn mehr und ein Großteil ist wohl auch einfach nur einsam.

Zudem besteht aber bei nicht mehr entscheidungsfähigen Patienten die Möglichkeit, aufgrund früherer Äußerungen oder bei Vorliegen entsprechender schriftlicher Erklärungen auf das Institut der mutmaßlichen Einwilligung abzustellen. Diese Möglichkeit ist bei Säuglingen auf einen nur mutmaßlichen Willen, der durch keine subjektiven Indizien gestützt, sondern lediglich objektiv erörtert werden kann, reduziert. Je mehr einzelne Schicksale bekannt werden, desto mehr tendiert man – je nachdem, welches man zuletzt erfahren hat – zu der einen oder der anderen Extremposition. Hierzu einige Einzelschicksale.

---

[487] Hénard/Wüsthof aaO.

So wird das Schicksal des frühgeborenen Stefan wie folgt geschildert[488]. Wegen einer Plazentaablösung kam er mit gerade 500 Gramm per Notfallkaiserschnitt zur Welt, 14 Wochen zu früh. Er wurde auf der Intensivstation sofort an einen Beatmungsapparat angeschlossen und medikamentös versorgt. Seine Eltern freuten sich zunächst über jede seiner Bewegungen – jedes Zucken, so wird es beschrieben, bedeutete Hoffnung. Am zweiten Lebenstag sank jedoch der Blutdruck, Stefan lag wie leblos im Brutkasten. Eine Ultraschalluntersuchung ergab, dass schwere Blutungen im Gehirn hierfür verantwortlich waren. Die Ärzte prognostizierten, dass Stefan überleben könne, allerdings voraussichtlich niemals Sprechen und Laufen lernen werde. Epileptische Anfälle würden ihn quälen, ein Leben ohne fremde Hilfe sei undenkbar. Die Eltern empfanden die Fortsetzung der Behandlung als sinnlos, hätten die Maschinen am liebsten eigenhändig gestoppt. Die Ärzte im Hamburger Krankenhaus entschieden sich aber für den rechtssicheren Weg. Stefan überlebte schwer behindert. Die Eltern fragen sich immer noch, ob die Entscheidung der Mediziner richtig war.

Volker von Loewenich, Leiter der Neonatologie der Uni-Kinderklinik in Frankfurt und Mitglied der Akademie Ethik in der Medizin würde im Fall von Stefan den Wunsch der Eltern respektiert haben. Darüber hinaus weist er auf einen anderen Fall hin, in dem ein Kind mit der Glasknochenerkrankung zur Welt kam und bereits bei der Geburt zahlreiche gebrochene Glieder aufwies. Da es keine Aussicht auf Besserung gab, besprach sich Loewenich ausführlich mit den Eltern und beendete schließlich mit deren Einvernehmen die intensivmedizinischen Bemühungen. Das Kind starb im Alter von wenigen Tagen. Ein Neugeborenes, das in einem anderen Krankenhaus mit derselben Krankheit zur Welt kam, lebte von der Medizin am Leben gehalten, fast ein Jahr weiter.

Aufrüttelnd ist dagegen ein weiterer, wohl der berühmteste Fall der Glasknochenkrankheit. Peter Radtke, 1943 geboren, am 04. Juni 2003 von Bundeskanzler Gerhard Schröder in den Nationalen Ethikrat berufen und mit zahlreichen Auszeichnungen versehen, schrieb jüngst eine Neuauflage seiner Autobiographie *„Karriere mit 99 Knochenbrüchen"*. Er schildert, dass ihn die Nationalsozialisten wegen seiner Behinderung als Kleinkind seiner Mutter wegnehmen wollten. Nur ihrem couragiertem Einsatz habe er es zu verdanken, dass er heute noch lebt.

Jeder Fall ist anders; auch hat jede Krankheit ihre eigenen Schweregrade. Das bedeutet aber nur – wie auch bei den sonstigen Diskussionen rund um die Sterbehilfe – dass *keine* Regelung jedenfalls auch nicht weiterhilft, sondern nur mehr Spielraum für Missbrauch eröffnet, aber vor allem auch unzählige Betrof-

---

[488] Hénard/Wüsthof aaO.

fene wie auch Ärzte in ihrer täglichen Praxis im Stich lässt und der durchaus nicht immer einheitlichen Rechtsprechung preisgibt.

Wie auch jede andere gesetzliche Regelung, wird auch eine Regelung - z. B. zum ärztlich assistierten Suizid - nicht verhindern, dass es zu Ungerechtigkeiten, aber auch zu Missbrauch kommt. Selbstredend ist die Inkaufnahme solcher bewussten Dunkelfelder hinsichtlich des hier betroffenen höchsten Rechtsgutes Leben sehr viel schwerer hinnehmbar als vergleichsweise bei zivilrechtlichen Regelungen, die z. B. lediglich den Besitzstand betreffen. Es liegt doch aber auf der Hand, dass diese Dunkelfelder, die Missbrauchsgefahr und vor allem auch die Einzelfallungerechtigkeiten bereits aktuell existieren. Wie lange soll denn dann mit einer Abhilfe noch zugewartet werden und vor allem worauf? Das Problem wird sich – wie bereits dargestellt – nicht von allein entschärfen, sondern im Gegenteil, es wird bei fortschreitender Zeit immer vielfältiger und bedeutender. Juristen sollten sich hier nicht diplomatisch aus der Verantwortung ziehen und die Ärzte ihren eigenen Grundsätzen und Richtlinien überlassen, bis wieder einmal ein Fall - wie z. B. der Fall Hackethal - an die Öffentlichkeit gelangt und Gerichte klar Stellung beziehen müssen.

Oberste Priorität sollte der Wille der Eltern haben. Sie sind es letztlich, die mit der zu treffenden Entscheidung – unabhängig davon, wie sie nun lautet – ein Leben lang leben müssen. Entscheiden Ärzte, bestätigt durch die Gerichte – wie im Ausgangsfall der frühgeborenen Charlotte – dass das Kind beim nächsten Atemaussetzer nicht wieder belebt und somit sterben soll, wird den Eltern quasi gegen ihren Willen ihr eigenes Kind genommen. Sie sind gezwungen, hilflos mit anzusehen, wie ihr Kind stirbt. Entscheiden sich die Ärzte – wie wohl in Deutschland üblich[489] – für den ihrer Ansicht nach rechtssicheren Weg der Lebenserhaltung um jeden Preis, so sind es ebenfalls die Eltern, die ihr Leben lang mit dieser Entscheidung leben müssen, das heißt, entweder den Leidensweg des Kindes sehr viel länger als gewollt mit gebundenen Händen mitverfolgen müssen, oder unter Umständen über Jahre hinweg ein Kind zu versorgen haben, das keine lange Lebenserwartung hat oder das ein Leben voller Leiden erwartet.

Es soll an dieser Stelle nicht zu dem Missverständnis kommen, dass – wie so oft – die Diskussion auf die Frage, was denn *„lebenswertes Leben“* ist, reduziert wird. Es geht nicht darum, im Sinne des heutzutage immer mehr Raum greifenden gesellschaftlichen Strebens nach Makellosigkeit, ein Leben mit einer Behinderung rechtlich zulässig auslöschen zu können. Es geht vielmehr darum, nicht aus falsch verstandener Sorge, wieder in die Euthanasieprogramme der Nationalsozialisten zu verfallen, neugeborenes Leben, das nicht zum Leben bestimmt

---

[489] siehe oben unter B. XIII. Ziffer 7.b), S. 135

ist, künstlich am Leben zu erhalten bzw. den Tod nur hinauszuzögern. Auch ein Neugeborenes empfindet Schmerzen und Leiden, die es vorrangig zu lindern gilt. Es soll hier auch gerade nicht um die Diskriminierung Behinderter gehen. Dass gerade körperlich wie auch geistig Behinderte für eine unverzichtbare Pluralität in der Gesellschaft sorgen, hat Peter Radtke bereits beeindruckend beschrieben[490].

Es muss aber die Möglichkeit gegeben sein, unter Abwägung aller relevanten Umstände und unter Einbeziehung aller beteiligten Personen zu entscheiden, was wohl dem mutmaßlichen Willen des Kindes entspricht. Letztlich sind es auch die Eltern, die sich dafür entschieden haben, ein Leben in die Welt zu setzen. So sollten sie nicht plötzlich mit der Geburt des Kindes von der weiteren Entscheidung über das Ob und vor allem das Wie des (Weiter-) Lebens ausgenommen werden können. Genauso wie bei den oben bereits dargestellten Sterbehilfefällen[491] sollte jedenfalls gesetzlich geregelt werden, dass aktive indirekte Sterbehilfe ebenso wie die passive Sterbehilfe auch bei Neugeborenen zulässig sein kann. Ebenfalls sollte es aber geregelt werden, dass intensivmedizinische Maßnahmen – wie im Fall des Babys Charlotte - nicht gegen den Willen der Eltern abgebrochen werden können. Mag es auch vor dem Hintergrund der begrenzten Ressourcen im Gesundheitswesen noch so unvernünftig sein, den Tod nur unwesentlich hinauszuzögern, so wäre es doch eine unvertretbare Grausamkeit, den Eltern diesen letzten Wunsch, das Leben ihres Kindes so lange wie möglich zu erhalten, abzuschlagen. Vorausgesetzt ist natürlich, dass die Eltern an diesem Wunsch auch nach sorgfältiger Aufklärung und Beratung noch festhalten.

Zu den Gesetzesformulierungen von Everschor[492] konkret ist festzustellen, dass diese sehr detailliert und im Ergebnis ausgewogen erscheinen. Hervorzuheben sind insbesondere die Statuierung, dass die Basisversorgung in jedem Fall bis zum Ende aufrechtzuerhalten ist sowie die in § 217 b Abs. 1 StGB formulierte Entscheidungskompetenz, in der einem vorschnellen *„Entledigen“* durch die Eltern ein Riegel vorgeschoben wird. Es dürfte aber eine solch spezielle Regelung wenig praktikabel sein und sich vor allen Dingen angesichts des nachfolgenden Gesetzesvorschlags unter C. II. 1.) weitestgehend erübrigen. Nicht jeder Fall von Sterbehilfe kann kodifiziert werden. Gerade die von Everschor angesprochene indirekte und passive Sterbehilfe wird unter C. II. 1.) mitberücksichtigt. Geregelt werden sollte daher zur Vermeidung einer gesetzlichen Überfrachtung nur das, was neugeborenenspezifisch ist.

---

[490] Radtke, Universitas, Zeitschrift für interdisziplinäre Wissenschaft 7/94, Nr.577, S. 641 ff.
[491] B. I. Ziffern 3.) und 4.), S. 24 ff. und 27 ff.
[492] B. XIII. Ziffer 6.), S. 132 f.

C. Schlussfolgerung und Lösungsansatz

I. Schlussfolgerung

Zur *„Geschichte der Sichtötung“* führte bereits Hackethal aus, dass die Sichtötung eine lange Geschichte voll von Würde und Ehre, Schimpf und Schändung hat[493]: So nahm bereits der griechische Philosoph Sokrates (470 – 399 v. Chr.) den berühmten Schierlingsbecher zu sich. Die Römer standen dem Freitod gleichgültig, aber nicht feindlich gegenüber. Auch im jüdischen Reich war Sichtötung keine Schande. Die Inder sahen in der Sichtötung ein Opfer, das stets als eine der willkommensten Gaben angesehen wurde, die ihren Göttern dargeboten werden konnte. Zu denken ist darüber hinaus an den ehrvollen Harakiri in Japan. Und Goethe äußerte hierzu: *„Der Selbstmord ist ein Ereignis der menschlichen Natur, welches, mag auch noch so viel darüber gesagt und geschrieben sein, in jeder Zeitepoche wieder einmal verhandelt werden muss.“*

Der Suizid ist von jeher ein Thema gewesen und wird – was aus obiger kurzer Darstellung hervorgeht – je nach Kultur und Religion völlig unterschiedlich bewertet. In der Geschichte zurückblickend unterliegt aber auch die öffentliche Meinung - unabhängig vom Thema - einem stetigen Wandel. Daher sollte akzeptiert werden, dass es offensichtlich für eine breite Masse, wenn nicht sogar für die Mehrheit der Bevölkerung in Deutschland – einen starken Bedarf an einer gesetzlichen Klärung gibt. Wie weit diese Regelung nun Öffnungen in Richtung zulässige Formen der Sterbehilfe zulässt, sei zunächst dahingestellt. Es grenzt aber fast an einen Skandal, dass ein so wichtiger Bereich auch nach so langer Zeit einer nunmehr gefestigten Rechtsprechung - zumindest zur passiven und indirekten Sterbehilfe - schlichtweg ausgegrenzt wird.

Unumgänglich ist daher eine gesetzliche Regelung. Teilweise wird zwar vertreten, dass bei *„vernünftiger Auslegung der geltenden Strafgesetze kein rechtliches Hindernis“* bestehe, in *„angemessener humaner Weise Hilfe beim Sterben leisten zu können“*[494]. Zuzugestehen ist dieser Ansicht sicherlich, dass die Fernwirkung einer Strafnorm ebenso wichtig sein kann wie die sichtbare Reaktion im Einzelfall, sprich schon die Existenz einer das Leben schützenden Strafnorm wohl auch Einfluss auf die Wertvorstellungen und Verhaltensweisen der Bevölkerung hat[495]. Ebenso stellte das Bundesverfassungsgericht in seinen Erwägungen zum strafrechtlichen Schutz gegen Abtreibungen fest, dass der gefährliche Schluss von der rechtlichen Sanktionslosigkeit auf das moralische Erlaubtsein zu nahe

---

[493] Hackethal S.163
[494] Kutzer MDR 1985, 710, 716
[495] Kutzer MDR 1985, 710, 716

liegt, als dass er nicht von einer großen Anzahl Rechtsunterworfener gezogen würde[496].

Die derzeit bestehende Unsicherheit und die damit einhergehende Grauzone sind dennoch nicht weiter hinnehmbar. Auch wenn dagegen gewichtige Argumente der Missbrauchsgefahr, Gefahr eines Dammbruchs[497], Unterhöhlung der Freiwilligkeit durch fremde Interessen, Schädigung des Arzt-Patienten-Verhältnisses[498], Änderung des gesellschaftlichen Umgangs mit Schwächeren, Verhinderung eines Ausbaus der Palliativmedizin, Unterdrucksetzen der Patienten etc. ins Feld geführt werden, so bleiben doch am Ende auch die Patienten und deren Angehörige auf der Strecke, denen in ihrer Situation eine Alternative verwehrt wird.

Denn wie oben[499] aufgezeigt, ist die Palliativversorgung bedauerlicherweise nicht in allen Fällen eine echte Alternative und macht die Sterbehilfediskussion daher auch nicht bei optimalem Einsatz derselben obsolet. Zum einen können Patienten selbst bei optimaler Schmerzbehandlung nicht immer schmerzfrei gehalten werden, zum anderen ist es nicht stets allein der Wunsch eines Sterbewilligen, einen schmerzvollen Zustand zu beenden[500]. Und ist es nicht sogar auch eine Art von Missbrauch, schwerst leidenden Menschen unter Hinweis darauf, dass sich ausbreitender sozialer Kälte nicht Vorschub geleistet werden dürfe[501], die gewünschte Sterbehilfe ausnahmslos zu versagen, eine solche Handlung sogar als unärztlich und unethisch weit von sich zu weisen und damit auch schon das bloße Gespräch über eventuelle Sterbehilfe abzuwehren?[502] Werden damit nicht die Interessen der Schwächsten geopfert, um die Gesellschaft zur Fürsorge zu zwingen?[503] Die den Ärzten und Patienten durch die bestehende Rechtsunsicherheit auferlegte Bürde scheint zu groß[504]. Betroffene, Angehörige und solche der Pflegeberufe befinden sich in einem Zwiespalt, in dem sie sehenden Auges allein gelassen werden.

---

496 BVerfGE 39, 1, 57 f.

497 Birnbacher, Tun und Unterlassen, S.358 ff.; Schönke/Schröder-Eser Vorbem §§ 211 ff. Rn.27 ff.

498 Wiesing in: Holderegger, S.229 ff.

499 B. XI., S. 99 f.

500 Z.B. Illhardt, Der Schmerz, Jg. 1998/ Heft 12, S. 12 f.: *„Etwa 5 % aller Patienten sollen es sein, deren Schmerzen nicht ausreichend behandelt werden können“*; Leist, Berliner Schriften 1996, Heft 5, S.20 f.: *„Außerdem gibt es Schwerstkranke, bei denen es nicht um Schmerzbekämpfung geht, sondern eben um Leiden, was eine eigenständige Kategorie neben dem Schmerz ist.“*

501 Koch in: Holderegger, S.301

502 Wolfslast FS-Schreiber S.917

503 Wolfslast FS-Schreiber S.917

504 Wolfslast FS-Schreiber S.922

Dass die passive Sterbehilfe nach ganz herrschender Rechtsprechung gerade nicht strafbar, sondern zulässig ist, wurde bereits dargestellt[505]; ebenso die Akzeptanz der indirekten Sterbehilfe[506]. Dennoch gibt es ganz offenbar Bedarf, ja sogar die Notwendigkeit, diese Rechtsprechung zu kodifizieren.

Die immer noch bestehenden Unsicherheiten werden unter anderem in einer rheinland-pfälzischen Ärztebefragung[507] eklatant deutlich: Für rechtlich zulässig sahen es nur 20 % der befragten Ärzte, die Flüssigkeitszufuhr bei einer PEG zu beenden, nur 39 %, die entsprechende Ernährung zu beenden und nur 41 % hielten es für straffrei, die künstliche Beatmung abzubrechen. In einem Privatklageverfahren[508] hatte das Landgericht über einen Chefarzt zu entscheiden, der sich geweigert hatte, die in einer Patientenverfügung gewünschte künstliche Ernährung einer 86-jährigen Frau nach einem Schlaganfall abzubrechen, da er dies als einen Akt aktiver Sterbehilfe wertete. Ebenso berichtete die NJW[509] über den Fall der Dianne Pretty unter der Überschrift *„Britisches Urteil gestattet aktive Sterbehilfe"*, dass ein britisches Urteil erstmals das Abstellen eines Beatmungsgerätes bei einer vom Hals abwärts gelähmten Frau *erlaubt* hat.

Der Lebensschutz und (damit) das Verbot der Fremdtötung sind gerade nicht absolut, wie etwa die straffreie Tötung in Notwehr[510] oder die Regelung zum Schwangerschaftsabbruch[511] zeigen; Einschränkungen des Lebensschutzes werden aus begründeten Erwägungen akzeptiert[512]. Der grundsätzlich absolute Lebensschutz steht somit einer Regelung nicht entgegen.

Auch der mahnende Verweis auf das nationalsozialistische Euthanasieprogramm geht fehl, handelte es sich dabei doch gerade nicht um Sterbehilfe, sondern um staatlichen Mord an Schutzbefohlenen[513].

Nicht von der Hand zu weisen ist dagegen sicherlich, dass vor allem ältere Patienten sich selbst als Belastung für ihre Umwelt empfinden und sich daher genötigt fühlen könnten, ein Tötungsverlangen zu äußern[514]. Wolfslast weist zurecht

---

505 siehe B. I. 4.), S. 27 ff.
506 siehe B. II. 3.), S. 24 ff.
507 vgl. Dt. Ärztebl. vom 30.11.2001, B-2697 ff.
508 BVerfGE NStZ-RR 2002, 169 f.
509 NJW 2002, 2851 ff.
510 Roxin FS-Schreiber 399, 401
511 so auch Hoerster B. XII. 3.)
512 Wolfslast FS-Schreiber S.916; Roxin FS-Schreiber 399, 401
513 Wolfslast FS-Schreiber S.916
514 Wolfslast FS-Schreiber S.916 mit Fn.24: *„So – auch unter Hinweis auf die knappen Ressourcen im Gesundheitswesen – Schreiber, z.B. in: Gose/Hoffmann/Wirtz (Hrsg.), Aktive Sterbehilfe?, 1997, S.130 ff.*"; (...) m.w.N.

darauf hin, dass diese Gefahr – ihrer Ansicht nach sogar stärker noch – im Zusammenhang mit passiver Sterbehilfe, die auf der Grundlage von Patientenverfügungen gewährt werden kann, besteht[515]: „*Der Arzt, dem gegenüber die Bitte um aktive Sterbehilfe geäußert wird, kann sich wohl leichter einen Eindruck auch vom psychischen Zustand eines Patienten verschaffen als der, der sich mit einer schriftlichen Verfügung konfrontiert sieht; aus welchen Gründen eine Patientenverfügung wirklich erstellt wurde, entzieht sich weitgehend der Kontrolle.*"

Die dargestellte Rechtsprechung, die selbstverständlich noch durch weitere Urteile ergänzt werden könnte, lässt jedenfalls einen (zu) großen Interpretationsspielraum. Vor allem der Grad zwischen zulässiger indirekter und unzulässiger direkter Sterbehilfe ist außerordentlich schmal und äußerlich nicht erkennbar[516]. An der Feststellung der Professoren des Strafrechts und der Medizin von 1986[517], das geltende Strafrecht biete keine hinreichende Orientierung, hat sich bis heute nichts geändert. Im Gegenteil, die medizinischen Möglichkeiten werden stetig weiterentwickelt, so dass auch entsprechend der Regelungsbedarf zugenommen hat. Die Grundsätze der Bundesärztekammer zur ärztlichen Sterbebegleitung tragen dem Rechnung, indem sie im Jahr 2004 ein weiteres Mal der medizinischen und rechtlichen Praxis angepasst wurden[518].

Der Regelungsbedarf ergibt sich vor allem aber aus der Tatsache, dass aktive Sterbehilfe bereits gegenwärtig in Deutschland und auch in anderen Ländern[519], die diese strafrechtlich verbieten, stattfindet; sie ist – geleugnete - Realität[520]. Es ist folglich eine Tatsache, an der wir nicht vorbeikommen, dass es auch in Deutschland Fälle aktiver Sterbehilfe gibt[521]. Hermann Pohlmeier[522] äußerte sich hierzu 1996 in einer Diskussion: „*Seit ein paar Jahren weiß ich sehr viel mehr als früher darüber, dass die Sterbehilfe im Keller und auf der Treppe, wie vor 20 Jahren die Schwangerschaftsunterbrechung passiert*"[523]. Zudem hat eine Umfrage des Allensbacher Instituts für Demoskopie von Februar/März 2001 ergeben, dass sich über 70% der erwachsenen Bevölkerung für die Zulässigkeit aktiver Sterbehilfe für unheilbar und qualvoll leidende Kranke ausgesprochen haben

---

515 Wolfslast FS-Schreiber S.917

516 Wolfslast FS-Schreiber S.914; Schreiber NStZ 1986, 337, 341, der aber der Ansicht ist, dass diese hauchdünne Trennlinie „*aber doch auf einem akzeptablen Bewertungs- unterschied beruht*".

517 siehe auch B. XII. 1.), S. 101 ff.

518 siehe B. VII. 3.), S. 85 ff.

519 Nachweise zu Studien bei Wernstedt/Mohr/Kettler, S.228 f.

520 Wehkamp, passim/ S.4

521 Wolfslast FS-Schreiber S.915

522 vgl. B. VI. 2.a), S. 76

523 zitiert bei Wolfslast FS-Schreiber S.915

sollen[524]. Ein demokratischer Staat kann doch nicht einen Großteil seiner Bevölkerung schlichtweg ignorieren.

Bedenklich muss wohl aber auch für alle Befürworter der Sterbehilfe sein, dass die Euthanasie eine einmalige, unumkehrbare Entscheidung ist, die auch bei der bestmöglichen Vorbereitung und selbst bei Abwägung aller Interessen und Berücksichtigung aller Umstände sich letztlich als falsch herausstellen könnte, was man letztlich – „*glücklicherweise*" - nur vermuten, aufgrund des Todeseintritts jedoch nicht mehr mit Sicherheit feststellen können wird. Aber zumindest bei der passiven Sterbehilfe kann sich im Gegensatz zu der aktiven Sterbehilfe nach einem Behandlungsabbruch „*das Blatt noch einmal wenden*"[525]. So sei nicht nur an die Krebserkrankung des Ausnahmesportlers Lance Armstrong (Rekordhalter als siebenmaliger Tour-de-France-Gewinner seit 1999 in Folge) erinnert, der von den Ärzten wegen Hoffnungslosigkeit bereits aufgegeben worden war (nur eine 3%-ige Überlebenschance wurde ihm eingeräumt, da der Hodenkrebs bereits Metastasen in Lunge und Gehirn gestreut hatte), dann aber wie durch ein Wunder doch die Krankheit besiegen konnte und erfolgreicher denn je wurde.

Erschütternd ist auch ein weiterer Fall, über den der Berliner Kurier berichtete[526]: Ein 15-jähriger Krebspatient äußerte einst: „*Und nun ist der Tag gekommen, an dem ich sterben will. Einfach tot sein. Nicht mehr diese fürchterlichen Schmerzen ertragen. Und wenn ich tot bin, dann ist doch auch das Fieber endlich weg! Oder? Also, ihr Ärzte, gebt mir ein Mittel, damit ich sterbe. Ich habe ein Recht darauf, zu sterben. Sterbehilfe sollt ihr mir leisten, einfach Sterbehilfe.*" Der junge Mann, der dies sagte, so schreibt der Berliner Kurier, ist nicht tot, sondern heute mittlerweile 20 Jahre alt, voller Optimismus und geht auf Kinderstationen, um Mut zu machen. Kritisch kommentiert die EEG[527] diesen Fall in ihrem 13. Rundbrief: „*Ob er auch heute noch eine Chance hätte? Kaum, wenn er einem Sterbehelfer in Holland oder nun auch in Deutschland in die Hände gefallen wäre. Diese hätten gewiss seine „freie, selbstbestimmte Entscheidung" akzeptiert.*"

Vielmehr als bloß striktes Ablehnen sollte jedenfalls zunächst die Diskussion gesucht und ein zum Ausgleich aller Interessen führender Ausweg gefunden

---

524 zitiert bei Uhlenbruck NJW 2001, 2770, 2770, der auf FAZ vom 12.04.2001 verweist.

525 Höfling JUS 2000, 111, 113 mit Verweis in Fn.25 auf : Beauchamp in Sass (Hrsg.), Medizin und Ethik, 1989, 265, 271; Birnbacher Medizin-Ethik-Recht, Rechtsphilosophische Hefte VIII, 1989, 75, ff., 82.

526 Berliner Kurier 25.10.2001

527 Die Initiative „*Europäische Euthanasie Gegner*" beschreibt sich selbst als Initiative christlicher Lebensrechtler, die sich für den Schutz und die Würde des Menschen von der Empfängnis bis zum natürlichen Tod einsetzt.

werden. Dieser könnte in Deutschland dergestalt aussehen, den ärztlich assistierten Suizid in Grenzen und für Ausnahmefälle zuzulassen. Dem Problem eines dadurch belasteten Arzt-Patienten-Verhältnisses könnte dadurch begegnet werden, dass es eben nicht generell jedem Mediziner erlaubt wird, diese Form von Hilfe zu leisten, sondern dass diese Möglichkeit nur einem eng umgrenzten Kreis von Personen vorbehalten bleibt, die diese dann evtl. auch zur Hauptaufgabe haben.

Im übrigen sei aber in diesem Zusammenhang auf das gegenteilige Ergebnis einiger Untersuchungen hingewiesen, die feststellten, dass viele Patienten – 41,6 % nach der Untersuchung von E. J. Emanuel – und ein kleinerer, aber immer noch beachtlicher Teil der allgemeinen Öffentlichkeit, nämlich 32,8 %, meinen, dass das Vertrauen in die Ärzte sogar steigen würde, wenn Arzt und Patient *„offen über Suizidassistenz"* sprechen würden[528].

In Deutschland – wie auch weltweit – dürften wir die Geschichte der Frauen, die in Verzweiflung selbst Hand an sich legten oder sich in die Hände fragwürdiger Personen begaben, um eine - aus welchen Gründen auch immer – ungewollte Schwangerschaft zu beenden, lange genug, nämlich jahrzehntelang, ohne Rücksicht auf die tatsächlich Betroffenen ignoriert haben. Diese Fehler der Vergangenheit wurden und werden nun im Bereich der Sterbehilfe - erinnert sei an dieser Stelle noch einmal an Dianne Pretty oder Terri Schiavo – mehr als genug wiederholt, um endlich den Schritt zu einer gesetzlichen Regelung zu wagen. *„Der Wunsch nach Sterbehilfe, der Wunsch zu wissen, dass man, wenn man es möchte, sein Leiden beenden kann, ist auch Ausdruck des Bedürfnisses des modernen Menschen, sein Leben kontrolliert und eigenen Wertvorstellungen gemäß zu leben"*[529].

Auch wenn es bereits Vorschriften gibt, die eine Korrektur unbilliger Ergebnisse zulassen, so reicht das doch nicht aus. In Fällen geringer Schuld und fehlenden öffentlichen Interesses kann beispielsweise von der Erhebung einer Anklage abgesehen werden, §§ 153 ff. StPO. Hat die Staatsanwaltschaft die Anklage erhoben, so ist das Gericht berechtigt, bei Freiheitsstrafen unter einem Jahr von Strafe abzusehen, wenn die Folgen der Tat, die den Täter getroffen haben, so schwer sind, dass die Verhängung einer Strafe offensichtlich verfehlt wäre, § 60 StGB. Es ist möglich, es bei dem Schuldspruch zu belassen, wenn die Gefahr einer erneuten Begehung von Straftaten nicht besteht und besondere Umstände, die in der Tat und der Persönlichkeit des Täters liegen, die Verschonung angezeigt erscheinen lassen. Angesichts dieser Überlegungen kommt Wassermann auf den

---

[528] Schöne-Seifert in: Holderegger S.98 ff., S.104 f.
[529] Wolfslast FS-Schreiber S.918

Vorschlag der so genannten Alternativprofessoren – ein Arbeitskreis deutscher und schweizerischer Hochschullehrer – zurück[530], die schon 1966 einen Alternativentwurf zum offiziellen Entwurf der Strafrechtsreform gemacht haben: Es handele sich um den Schuldspruch unter Strafverzicht. Der Richter erhielte damit für Konfliktsfälle, wie sie bei der aktiven Strebehilfe vorliegen, die Möglichkeit, die ethischen Motive des Täters dadurch zu respektieren, dass er keine Strafe verhängt und dem Täter das Stigma des Vorbestraftseins erspart. Die rechtswidrig und schuldhaft begangene Tötung aus Barmherzigkeit geschah, würde aber einen Grund bedeuten, der den Verzicht auf Strafe erlaube[531].

Dass aber auch dieser Vorschlag nur eine halbherzige Regelung ist, zeigt sich unter anderem an den Aufzeichnungen eines an Multipler Sklerose erkrankten und mittlerweile verstorbenen Journalists, Sven-Erik Handberg. Dieser war weltweit tätig und engagierte sich besonders für humanitäre Lebenshilfe, bis ihn die Krankheit traf und immer mehr lähmte. Ihm wurde schließlich durch die schwedische Journalistin Berit Hedeby Sterbehilfe geleistet, die hierfür vor Gericht gestellt wurde. Hedeby veröffentlichte ihre Erinnerungen und Erfahrungen hierzu in dem Werk *„Ja zur Sterbehilfe"*. Handberg hatte geschrieben, dass er einst selbst sofort Protest erhob, sobald das Wort Sterbehilfe nur fiel. Nachdem er aber selbst unheilbar erkrankte, änderte sich seine Einstellung und er bezeichnete die Sterbehilfe sogar als *„Barmherzigkeit"*: *„Muss nicht auch der persönliche Wunsch eines Menschen, dem trostlosen Krankheitszustand und dem unerträglichen Leiden zu entgehen, respektiert werden? Keine Lebensregel darf so hoch und heilig gehalten werden, dass es nicht Ausnahmen geben könnte. (...) Mir persönlich würde das bloße Wissen, dass ich Sterbehilfe bekommen kann im Falle einer vollständigen Lähmung, ein Gefühl der Beruhigung, der Sicherheit einer ungewissen Zukunft gegenüber bedeuten. Ein Leben der Untätigkeit fürchte ich weit mehr als den Tod*[532]*."*

Es ist daher völlig richtig, wenn ausgeführt wird, der Arzt müsse – will er strafrechtliche Konsequenzen vermeiden – einen sterbenden Patienten, dem er eigentlich beistehen will, alleine lassen, eine Sterbebegleitung bis zum Tod würde unmöglich gemacht[533].

Dem oben dargestellten *„Treiben"* von selbsternannten Sterbehelfern unter fragwürdigen Umständen muss doch ein Ende gesetzt werden. Eine gesetzliche Regelung für den ärztlich assistierten Suizid könnte daher eine Alternative zur

---

[530] Wassermann in Hedeby S.145
[531] Wassermann in Hedeby S.146
[532] Handberg in Hedeby S.169
[533] Schreiber, Tagung der Evangelischen Akademie Tutzing im Oktober 2002

(straffreien) Tötung auf Verlangen sein. Der Vorteil beim ärztlich assistierten Suizid liegt auf der Hand:

- es ist ein Arzt, der aufgrund seiner Sachkunde fachgetreue Hilfe leistet, zum Beispiel bei der Auswahl des Giftes; er kann über die Art und das Wirken des Giftes ebenso gut aufklären wie über den Gesundheitszustand und die Lebenserwartungen, Heilungsschancen etc.,
- das assistierte Sterben fände gerade nicht mehr hinter zugezogenen Vorhängen unter dubiosen Umständen statt; der Ort ist, soweit physisch noch möglich, frei wählbar; Angehörige, Freunde etc. können in beliebigem Ausmaß zuvor informiert werden, ohne Gefahr zu laufen, durch einen „*Verrat*“ und behördliches Einschreiten am Vorhaben gehindert zu werden,
- die auch vom BGH stets betonte hohe Hemmschwelle, sprich die Tatherrschaft über den todbringenden Moment, die Einnahme des Giftes, das Ob und Wie des Sterbens, aber auch der Zeitpunkt, alles bliebe letztlich in der Hand des Suizidenten, der diesen letzten gravierenden Schritt selbst zu gehen hätte, statt bei der aktiven Sterbehilfe, die letztlich den Arzt zum Handelnden macht und ihn in Konflikte mit seinem beruflichen Selbstverständnis bringt.

II. Lösungsansatz

1.) Gesetzesvorschlag

Das Rad muss nicht neu erfunden werden und eine Lösung der vorliegend behandelten Problematik sollte nicht unter dem Stern einzelner Verfasser stehen, zu versuchen, sich ein Denkmal zu setzen. Daher werden die nachfolgend in Anlehnung an die oben zitierten Formulierungsvorschläge und an im Ausland bereits bestehende Regelungen folgende Gesetzesänderungen vorgeschlagen:

a) § 214 StGB Passive Sterbehilfe

(1) Wer als Arzt lebenserhaltende Maßnahmen abbricht oder unterlässt, handelt nicht schuldhaft, wenn
1. der Betroffene, der das 21. Lebensjahr vollendet hat, dies nach reiflicher Überlegung ausdrücklich und ernstlich verlangt, oder, wenn der Betroffene, der das 21. Lebensjahr noch nicht vollendet hat, dies nach reiflicher Überlegung ausdrücklich und ernsthaft verlangt und der gesetzliche Vertreter zugestimmt hat, oder
2. der Betroffene nach ärztlicher Erkenntnis das Bewusstsein unwiederbringlich verloren hat, ein zweiter Arzt konsultiert worden, eine Anzeige beim Vormundschaftsgericht erfolgt ist und kein Angehöriger widersprochen hat, oder

3. der Betroffene, der das 21. Lebensjahr vollendet hat, nach ärztlicher Erkenntnis sonst zu einer Erklärung über Aufnahme oder Fortführung der Behandlung dauernd außerstande ist und aufgrund verlässlicher Anhaltspunkte anzunehmen ist, dass er diese Behandlung ablehnen würde, oder

4. bei nahe bevorstehendem Tod im Hinblick auf den Leidenszustand des Betroffenen und die Aussichtslosigkeit einer Heilbehandlung die Aufnahme oder Fortführung lebenserhaltender Maßnahmen nach ärztlicher Erkenntnis nicht mehr angezeigt ist.

(2) Abs. 1 gilt auch für den Fall, dass der Zustand des Betroffenen auf einem Selbsttötungsversuch beruht.

(3) Der Arzt handelt auch dann nicht schuldhaft, wenn er bei schwerstgeschädigten Kindern oder schwerstgeschädigten ultrakleinen Frühgeborenen eine lebenserhaltende Maßnahme aufgrund der Einwilligung der Eltern bzw. anderer sorgeberechtigter Dritter abbricht oder auf die Einleitung einer solchen Maßnahme verzichtet. Besteht zwischen behandelndem Arzt und Eltern über den Fortgang bzw. die Einstellung der Behandlung keine Einigkeit, so hat das Vormundschaftsgericht zu entscheiden.

(4) Im Zweifel haben das Wohl des Betroffenen und sein Lebensschutz Vorrang.

b) § 214 a StGB Nichthinderung einer Selbsttötung

(1) Wer es unterlässt, die Selbsttötung eines anderen zu hindern, handelt nicht schuldhaft, wenn die Selbsttötung auf einer freiverantwortlich, ausdrücklich erklärten oder aus den Umständen erkennbaren, nach reiflicher Überlegung erfolgten ernstlichen Entscheidung beruht.

(2) Von einer solchen Entscheidung darf insbesondere nicht ausgegangen werden, wenn der andere noch nicht 21 Jahre alt ist oder wenn seine freie Willensbestimmung entsprechend §§ 20, 21 StGB beeinträchtigt ist.

(3) Im Zweifel haben das Wohl des Suizidenten und sein Lebensschutz Vorrang.

c) § 215 StGB Indirekte Sterbehilfe

Wer als Arzt bei einem tödlich Kranken mit dessen ausdrücklichem oder mutmaßlichen Einverständnis Maßnahmen zur Linderung schwerer, anders nicht zu behebender Leidenszustände trifft, handelt nicht schuldhaft, auch wenn dadurch als nicht vermeidbare Nebenwirkung der Eintritt des Todes beschleunigt wird.

d) § 217 StGB Ärztlich assistierter Suizid

(1) Nicht rechtswidrig handelt ein Arzt, der einem Patienten dadurch Hilfe beim Sterben leistet, indem er ihm ein tödlich wirkendes Medikament überlässt, wenn
1. der urteilsfähige Patient nach reiflicher Überlegung ausdrücklich und ernstlich diese Form der Suizidhilfe verlangt hat,
2. der Arzt den Patienten eingehend untersucht und ihn über seinen Zustand und dessen Aussichten informiert und eingehend beraten hat,
3. alternative Möglichkeiten, insbesondere solche der Palliativmedizin, erörtert und soweit gewünscht auch eingesetzt wurden,
4. der Arzt mindestens einen anderen, unabhängigen Arzt, der durch die Bundesärztekammer zur Begutachtung im Sinne dieser Vorschrift legitimiert ist, hinzugezogen hat, der den Patienten untersucht und sein schriftliches Gutachten über die beabsichtigte Suizidhilfe gegeben hat,
5. der Arzt zuvor unter Vorlage des schriftlichen Gutachtens das Vormundschaftsgericht in Kenntnis gesetzt und dieses der beabsichtigten ärztlichen Suizidhilfe zugestimmt hat,
6. der Patient nach Vorliegen der Voraussetzungen der Ziffern 1. – 5. ein weiteres mal ausdrücklich und ernstlich schriftlich diese Form der Suizidhilfe verlangt hat, und zwischen erstmaligem Antrag und diesem Antrag mindestens 30 Tage liegen.

(2) Bei einem Patienten, der das 21. Lebensjahr noch nicht vollendet hat, ist für eine ärztliche Hilfe im Sinne des Abs. 1 die Einwilligung des gesetzlichen Vertreters oder des Vormundschaftsgerichts erforderlich.

(3) In dringenden Fällen kann der behandelnde Arzt in seinem Bericht an das Vormundschaftsgericht beantragen, die Frist des Abs. 1 Nr. 6 aus wichtigen Gründen abzukürzen und auf die Schriftform zu verzichten.

(4) Das Vormundschaftsgericht soll die Zustimmung gemäß Abs. 1 Nr. 5 erteilen, wenn die Suizidhilfe der Beendigung eines schwersten, vom Betroffenen nicht mehr zu ertragenden Leidenszustandes dient, der nicht durch andere Maßnahmen behoben oder gelindert werden kann.

(5) Das Vormundschaftsgericht soll bei Verlust der Kommunikationsfähigkeit des Betroffenen die Zustimmung auf Antrag des behandelnden Arztes oder Betreuers gemäß Abs. 1 Nr. 5 erteilen, wenn eine „Patientenverfügung Typ A" vorliegt, die auf die konkrete Entscheidungssituation zutrifft, keine Anhaltspunkte dafür vorliegen, dass der Betroffene seinen Willen geändert hat oder bei Kenntnis der vorliegenden Umstände zu einer anderen Entscheidung gekommen wäre, und zwar auch dann, wenn die Erkrankung noch keinen tödlichen Verlauf genommen hat.

(6) Im Zweifel haben das Wohl des Betroffenen und sein Lebensschutz Vorrang.

2.) Erläuterungen zum Gesetzesvorschlag
Zunächst ist festzuhalten, dass mehrfach darauf abgestellt wird, dass der Betroffene das 21. Lebensjahr vollendet haben muss. Hat er dies nicht, so soll die Zuziehung des gesetzlichen Vertreters erforderlich sein. Die Abweichung von der Volljährigkeit gemäß § 2 BGB erscheint nicht nur sinnvoll, sondern erforderlich, wenn man sich die veränderten Verhältnisse in der Gesellschaft verdeutlicht.

Wenn Jugendliche heutzutage möglicherweise in geschlechtlicher Hinsicht früher reifen als z. B. noch vor 30 Jahren, so ist doch festzustellen, dass die geistige Reife in wesentlichen Bereichen im Vergleich zu früher erst sehr viel später eintritt. Dies ist zum einen durch einen in der Regel längeren Schul- und Ausbildungsweg bedingt, der ein eigen- und selbstständiges Leben, z. B. indiziert durch den späten Auszug aus dem Elternhaus oder die späte finanzielle Abkoppelung von den Eltern, und damit ein Selbständigwerden zeitlich verzögert. Zum anderen bedingt diese verzögerte Selbstständigkeit gepaart mit einer höheren durchschnittlichen Lebenserwartung, dass heutzutage die Altersstufen um ein Jahrzehnt „*nach hinten verschoben*" werden. So entspricht die frühere Lebensstufe der 20iger den heutigen 30iger, die früheren 30iger sind die heutigen 40iger und so weiter. Das heißt am Beispiel der Familienplanung, dass es früher eher üblich war, mit Anfang 20 zu heiraten und auch in den Zwanzigern Kinder zu bekommen, während mittlerweile der Trend der so genannten Spätgebärenden zu beobachten ist, da Ausbildung und berufliche Karriere nun – vor allen Dingen auch bei Frauen – vermehrt im Vordergrund stehen. Im übrigen wird hinsichtlich der Reife auch in § 3 JGG zwischen den Altersstufen 18 und 21 noch einmal differenziert.

Weiterhin soll mit dieser recht hohen Altersgrenze der Tendenz zu schnellen und ggf. übereilten Entscheidungen Rechnung getragen werden. Das heißt zum einen, dass früher im Vergleich zu heute die Leidensfähigkeit größer war. Heutzutage gibt es für jedes Wehwehchen eine Medizin. Mittlerweile greifen sogar Schüler schon teilweise regelmäßig zu Kopfschmerztabletten oder ähnlichem. Früher wurden ein psychisches Unwohlsein oder psychische Probleme eher hingenommen. Heute – wo scheinbar annähernd alles behebbar ist – ist die Akzeptanz von unter Umständen nur kurzfristigen Problemen stark gesunken. Das führt dazu, dass mit der Existenz einer solchen Regelung vorschnell auf selbige zurückgegriffen werden könnte, ohne alternative Möglichkeiten hinreichend ausgeschöpft zu haben. Der noch nicht 21-jährige Betroffene könnte daher vergleichbar einer Kurzschlussreaktion eine schnelle Erlösung von seinem subjektiv und nur temporär nicht mehr länger zu ertragendem Leiden verlangen.

Sofern in einigen Vorschriften lediglich die Schuldhaftigkeit eines Handelns und nicht bereits dessen Rechtswidrigkeit ausgeschlossen wird, so trägt dies dem im deutschen Strafrecht geltenden Prinzip der limitierten Akzessorietät Rechnung und soll unbillige Ergebnisse im Bereich der Teilnahme, z. B. auch bei Irrtümern, verhindern. So kann z. B. auch der Teilnehmer (Anstifter oder Gehilfe) einer von einem schuldlos handelnden Täter begangenen Tat noch bestraft werden.

Die Patientenverfügung, die gemäß § 217 Abs. 5 StGB das Vormundschaftsgericht binden soll, sollte nicht irgendeine sein, sondern erhielt aus diesem Grund den Zusatz „*Typ A*". Es sind mittlerweile von zahlreichen Sterbehilfeorganisationen, Kirchen, Ärzten, Anwälten etc. Formulare im Umlauf. Hinzu kommen von Betroffenen selbst verfasste Dokumente, von denen im Nachhinein nur gemutmaßt werden kann, unter welchen Umständen sie zustande kamen und welcher Grad der Verbindlichkeit ihnen zuteil werden darf.

Die oben „*Patientenverfügung Typ A*" genannte Willenserklärung sollte zur Herstellung einer vom Betroffenen gewollten größtmöglichen Verbindlichkeit folgende Vorgaben erfüllen:
1.)
Es handelt sich um ein Formular „*Patientenverfügung Typ A*", das ausschließlich beim Vormundschaftsgericht und bei der Bundesärztekammer erhältlich ist.
2.)
Dieser Patientenverfügung Typ A liegt ein Nachweis über eine Beratung eines im Sinne des § 217 Abs. 1 Nr. 4 StGB legitimierten Arztes bei.
3.)
Die Patientenverfügung ist beim Vormundschaftsgericht hinterlegt worden.

Denkbar wäre zudem als zusätzliches Kriterium, dass die Patientenverfügung des Typs A nicht älter als zum Beispiel 2 Jahre sein darf.

Zur Bezeichnung „*Typ A*" ist folgendes zu erläutern. Typ A soll nicht nur sicherstellen, dass auch jeder Laie, der sich selbst Wissen rund um den oben genannten § 217 StGB anliest, verstünde, dass nicht jede Patientenverfügung die gleiche Verbindlichkeit oder die Wirkung des § 217 Abs. 5 StGB entfaltet. Diese Bezeichnung soll zugleich den Grad der Verbindlichkeit benennen. Handelt es sich folglich nicht um eine nach den oben genannten Vorgaben Patientenverfügung des Typs A, so kann das Vormundschaftsgericht oder das später erkennende Strafgericht andere Patientenverfügungen oder schriftliche Willenserklärungen – je nach dem Grad ihrer Verbindlichkeit - mit Typ B, Typ C etc. benennen, so dass sich der nächsten Instanz oder jedem Leser des Urteils sogleich der zuerkannte Grad der Verbindlichkeit der Erklärung erschließt.

Der im Sinne des § 217 Abs. 1 Nr. 4 StGB legitimierte Arzt, dessen Beratungsnachweis auch für eine Patientenverfügung Typ A erforderlich ist, soll ein solcher sein, der speziell für Fälle des § 217 StGB ausgebildet ist. Ein spezielles Schulungserfordernis dürfte sich von selbst verstehen. Vergleichbar den verschiedenen Facharzt oder auch Fachanwaltsausbildungen müssen Ärzte, die Gutachten über eine beabsichtigte Suizidhilfe erstellen und Beratungsgespräche im Vorfeld einer Patientenverfügung Typ A führen sollen, für solche Fälle speziell ausgebildet sein. Es sollte sich darüber hinaus idealerweise hierbei um einen festen Kreis speziell ausgebildeter Ärzte handeln. Nicht jedem Arzt sollte es möglich sein, eine solche Qualifikation zu erlangen. Der Pool dieser speziell geschulten Ärzte könnte somit eine größtmögliche Unabhängigkeit gewährleisten. Dieses Ärztegremium soll damit einer großen, unabhängigen Kontrollkommission vergleichbar sein.

In einer Gesamtschau des obigen Gesetzesvorschlags dürfte sich weiterhin ergeben, dass der Arzt nicht nur Suizidassistenz durch Überlassen eines tödlich wirkenden Medikamentes, sondern auch *„echte Sterbehilfe"*, nämlich menschlichen Beistand bis zuletzt, leisten darf.

Des weiteren soll die Regelung des ärztlich assistierten Suizids in § 217 StGB gerade nicht auf den Kreis Betroffener beschränkt sein, der sich bereits im Sterben befindet oder unheilbar erkrankt ist oder unerträgliche Schmerzen erleidet. Nochmals sei das grundrechtlich garantierte Selbstbestimmungsrecht betont und daran erinnert, dass Leiden sehr subjektiv bedingt ist und empfunden wird, sehr unterschiedlich ausgeprägt ist und nicht beschränkt auf bestimmte Krankheitsstadien oder Symptome sein kann.

Um die zu Beginn aufgeworfene Frage zu beantworten: Ja, die gesetzliche Einführung des ärztlich assistierten Suizids könnte für die Bundesrepublik Deutschland eine Lösung der endlos erscheinenden Sterbehilfedebatte sein. Der obige Formulierungsvorschlag nimmt selbstverständlich keine Vollständigkeit oder Perfektion für sich in Anspruch. Es bleibt aber zu hoffen, dass ein entsprechender Gesetzentwurf bald Realität wird, um dem großen Kreis der Betroffenen zeitnah und angemessen helfen zu können.

D. Anhang

I. Literaturverzeichnis

Arzt, Gunther: Anmerkung zu Straf- und Strafprozessrecht; JZ 1984, (423) 428 - 430

Auer, Alfons/ Menzel, Hartmut/ Eser, Albin: Zwischen Heilauftrag Sterbehilfe – Zum Behandlungsabbruch aus ethischer, medizinischer und rechtlicher Sicht; Köln, Berlin, Bonn, München 1977

Baldus, Manfred: Wehrpflichtige bei Auslandseinsätzen der Bundeswehr?; NJW 1995, 1134- 1136

Bassenge, Peter/ Brudermüller, Gerd/ Diederichsen, Uwe/ Edenhofer, Wolfgang/ Heinrichs, Helmut/ Heldrich, Andreas/ Putzo, Hans/ Sprau, Hartwig/ Weidenkaff, Walter: Palandt - Bürgerliches Gesetzbuch, Beck`sche Kurzkommentare, 64. Auflage, München 2006

Baumann, Jürgen/ Bochnik, Hans Joachim/ Brauneck, Anne-Eva/ Calliess, Rolf Peter/ Carstensen, Gert/ Eser, Albin/ Jensen, Hans-Peter/ Kaufmann, Arthur/Klug, Ulrich/ Koch, Hans-Georg/ Lutterotti, Markus von/ Perels, Michael/ Rolinski, Klaus/ Roxin, Claus/ Schöch, Heinz/ Schöne, Wolfgang/ Schreiber, Hans-Ludwig/ Schüler-Springorum, Horst/ Teyssen, Johannes/ Wawersik, Jürgen/ Wolfslast, Gabriele/ Zülch, Klaus-Joachim: Alternativentwurf eines Gesetzes über Sterbehilfe (AE-Sterbehilfe) Entwurf eines Arbeitskreises von Professoren des Strafrechts und der Medizin sowie ihrer Mitarbeiter, Stuttgart, New York 1986

Baumann, Jürgen: Strafrecht Allgemeiner Teil, 9. Auflage, Bielefeld 1985

Baumann, Jürgen: Beihilfe bei eigenhändiger voller Tatbestandsverwirklichung NJW 1963, 561 - 565

Benzenhöfer, Udo: Euthanasie und ärztliche Beihilfe zum Suizid, Dt. Ärzteblatt 1996, Heft 25, 21.06.1999, A – 1708 - 1709

Bernsmann, Klaus: Der Umgang mit irreversibel bewusstlosen Personen und das Strafrecht: ZRP 1996, 87 – 92

Birnbacher, Dieter: Tun und Unterlassen, Stuttgart 1995

Birnbacher, Dieter: Medizin-Ethik-Recht, Rechtsphilosophische Hefte, Stuttgart 1989

Blei, Herrmann: Strafrecht II. Besonderer Teil - Ein Studienbuch, 12. Auflage, München 1983

Bockelmann, Paul: Arztrecht – Das Strafrecht des Arztes - Hilfeleistungspflicht in: Ponsold, Albert, Lehrbuch der Gerichtlichen Medizin, Für Mediziner und Juristen, 3. Auflage, Stuttgart 1967

Bördlein, Ingeborg: Frühchen haben heute gute Überlebenschancen, Ärzte Zeitung vom 06.02.2004, www.aerztezeitung.de

Brändel, Oliver: Über das Recht, den Zeitpunkt des eigenen Todes selbst zu bestimmen, ZRP 1985, 85 - 92

Bottke, Wilfried: Probleme der Suizidbeteiligung, GA 1983, 22 - 37

Charalambakis, Aristotelis: Selbsttötung aufgrund Irrtums und mittelbare Täterschaft, GA 1986, 485 - 507

Coeppicus, Rolf: Behandlungsabbruch, mutmaßlicher Wille und Betreuungsrecht, NJW 1998, 3381 - 3387

Damm, Reinhard: Persönlichkeitsschutz und medizintechnische Entwicklung – Auf dem Weg in die persönlichkeitsrechtliche Moderne, JZ 1998, 926 - 938

Deichmann, Marco: Vormundschaftsgerichtlich genehmigtes Töten durch Unterlassen?, MDR 1995, 983 -985

Dellingshausen, Ulrike von: Sterbehilfe und Grenzen der Lebenserhaltungspflicht des Arztes, Düsseldorf, 1981

Dölling, Dieter: Fahrlässige Tötung bei Selbstgefährdung des Opfers, GA 1984, 71 - 94

Engisch, Karl: Euthanasie und Vernichtung lebensunwerten Lebens in strafrechtlicher Beleuchtung, Schriftenreihe Lebendige, Wissenschaft Heft 7 (Sammelband 3), Stuttgart/ Aalen/Württemberg 1948

Engisch, Karl: Der Arzt an den Grenzen des Lebens - Strafrechtliche Probleme des Lebensschutzes, Bonn 1973 (Sammelband 9)

Engisch, Karl: Aufklärung und Sterbehilfe bei Krebs in rechtlicher Sicht, 519 - 537 in: Festschrift für Paul Bockelmann, München 1979

Eser, Albin: Neues Recht des Sterbens? Einige grundsätzliche Betrachtungen in: Eser, Albin, Suizid und Euthanasie als human- und sozialwissenschaftliches Problem, 392 – 407, Stuttgart 1976

Eser, Albin: Sterbehilfe und Euthanasie in rechtlicher Sicht, 45 – 70, in: Eid, Volker, Euthanasie oder soll man auf Verlangen töten?, Mainz 1975

Everding,Gustava/ Westrich, Angelika: Würdig leben bis zum letzten Augenblick – Idee und Praxis der Hospizbewegung, 2. Auflage, Bremen 2001

Everschor, Monika: Probleme der Neugeboreneneuthanasie und der Behandlungsgrenzen bei schwerstgeschädigten Kindern und ultrakleinen Frühgeborenen aus rechtlicher und ethischer Sicht, Dissertation Frankfurt am Main 2001

Fink, Udo: Selbstbestimmung und Selbsttötung - Verfassungsrechtliche Fragestellungen im Zusammenhang mit Selbsttötungen, Dissertation, Köln, Berlin, Bonn, München 1992

Fröschle, Tobias: Maximen des Betreuerhandelns und die Beendigung lebenserhaltender Eingriffe, JZ 2002, 72 - 80

Geiger, Michael: Anmerkung zu BGH, Urteil vom 26.10.1982 – 1 StR 413/82, JZ 1983 (151) 153 – 154
Geilen, Gerd: Medizinischer Fortschritt und juristischer Todesbegriff, 373 – 396 in: Festschrift für Ernst Heinitz, Berlin 1972
Geilen, Gerd: Suizid und Mitverantwortung, JZ 1974, 145 – 154
Geilen, Gerd: Euthanasie und Selbstbestimmung, Tübingen 1975
Geppert, Klaus: Die gegenwärtige gesetzliche Regelung der Zwangsernährung von Gefangenen (§ 101 Strafvollzugsgesetz), JURA 1982, 177 – 191
Hackethal, Julius: Humanes Sterben, München 1988
Hanack, E.-W.: Euthanasie in strafrechtlicher Sicht, 121 – 168 in: Hiersche, Hans – Dieter, Euthanasie – Probleme der Sterbehilfe – Eine interdisziplinäre Stellungnahme, München 1975
Hartung, Fritz: Der „Badewannenfall", JZ 1954, 430 - 431
Helgerth, Roland: Anmerkung zum Urteil des BGH vom 13.09.1994 – 1 StR 357/ 94, (BGHSt 40, 257), JR 1995, 338 - 340
Hénard, Jaqueline/ Wüsthof, Achim: Zu krank für das Leben, Die Zeit, 43/ 2000: www.zeit.de/2000/ 43/Wissen/200043_fruehchen.html
Herzberg, Rolf Dietrich: Der Fall Hackethal: Strafbare Tötung auf Verlangen?, NJW 1986, 1635 - 1644
Herzberg, Dietrich: Beteiligung an einer Selbsttötung oder tödlichen Selbstgefährdung als Tötungsdelikt – Teil 1 –, JA 1985, 131 - 138
Herzberg, Dietrich: Beteiligung an einer Selbsttötung oder tödlichen Selbstgefährdung als Tötungsdelikt – Teil 4 –, JA 1985, 336 - 344
Herzberg, Rolf Dietrich: Sterbehilfe als gerechtfertigte Tötung im Notstand?, NJW 1996, 3043 – 3049
Hiersche, Hans-Dieter: Das Recht des Menschen auf seinen würdigen Tod, MedR 1987, 83 - 85
Hirsch, Hans Joachim: Anmerkung zu BGH, Urteil vom 18.07.1978 – 1 StR 209/78, JR 1979, 429 – 433
Hirsch, Hans Joachim: Einwilligung und Selbstbestimmung", 775 – 800 in: Festschrift für Hans Welzel, Berlin, New York 1974
Höfling, Wolfram: Forum: Sterbehilfe zwischen Selbstbestimmung und Integritätsschutz, JuS 2000, 111 – 118
Holderegger, Adrian: Das medizinisch assistierte Sterben. Zur Sterbehilfe aus medizinischer, ethischer, juristischer und theologischer Sicht, Stuttgart 2002
Hufen, Friedhelm: In dubio pro dignitate, NJW 2001, 849 – 920
Illhardt, Franz-Josef: Der Schmerz, Jg. 1998, Heft 12
Jähnke, Burkhard/ Laufhütte, Heinrich Wilhelm/ Odersky Walter: Strafgesetzbuch Leipziger Kommentar - Großkommentar Erster Band, Einleitung; §§ 1 bis 31, 11. Auflage, Berlin 2003

Jähnke, Burkhard/ Laufhütte, Heinrich Wilhelm/ Odersky Walter: Leipziger Kommentar - Großkommentar §§ 211 – 219 b, 11. Auflage, Berlin 2002
Jakobs, Günther: Strafrecht Allgemeiner Teil - Die Grundlagen und die Zurechnungslehre, 2. Auflage, Berlin, New York 1991
Jarass, Hans D./ Pieroth, Bodo: Grundgesetz für die Bundesrepublik Deutschland – Kommentar, 7. Auflage, München 2004
Jescheck, Hans Heinrich/ Weigend, Thomas: Lehrbuch des Strafrechts, Allgemeiner Teil, 5. Auflage, Berlin 1996
Joecks, Wolfgang/ Miebach, Klaus: Münchener Kommentar zum Strafgesetzbuch, Band 1 §§ 1 – 51 StGB, 1. Auflage, München 2003
Joerden, Jan C.: Der Mensch und seine Behandlung in der Medizin, Berlin , Heidelberg 1999
Kaufmann, Arthur: Euthanasie – Selbsttötung – Tötung auf Verlangen, MedR 1983, 121 - 125
Kaufmann, Arthur: Zur ethischen und strafrechtlichen Beurteilung der sogenannten Früheuthanasie, JZ 1982, 481 - 487
Kieper, Judith: Vormundschaftsgerichtliche Genehmigung des Abbruchs lebenserhaltender Maßnahmen, NJW 1998, 2720 – 2721
Kohlhaas, Max: Das Recht auf den eigenen Tod, NJW 1973, 548 – 550
Krey, Volker: Deutsches Strafrecht, Allgemeiner Teil Band 2: Täterschaft und Teilnahme, Unterlassungsdelikte, Versuch und Rücktritt, Fahrlässigkeitsdelikte, Stuttgart, Berlin, Köln 2002
Krey, Volker: Strafrecht Besonderer Teil Band 1: Besonderer Teil ohne Vermögensdelikte, 12. Auflage, Stuttgart 2002
Kühl, Kristian: Strafgesetzbuch – Kommentar, 25. Auflage, München 2004
Kutzer, Klaus: Strafrechtliche Überlegungen zum Selbstbestimmungsrecht des Patienten und zur Zulässigkeit der Sterbehilfe, MDR 1985, 710 – 716
Laufs, Adolf: Arztrecht, 5. Auflage, München 1993
Laufs, Adolf: Zivilrichter über Leben und Tod?, NJW 1998, 3399 – 3401
Leist, Anton: Das Dilemma der aktiven Euthanasie. Gefahren und Ambivalenzen des Versuchs, aus Töten eine soziale Praxis zu machen, Berliner Schriften, 1996, Heft 5
Leuthold, Margrit: Sterbehilfe: die nächsten Schritte, Schweizerische Ärztezeitung 2001, 1093 - 1095
Martens, Wolfgang: Der Schutz des einzelnen im Polizei- und Ordnungsrecht, DÖV 1976, 457 – 463
Marti, Mario M.: Sterbehilfe in der Schweiz, Schweizerische Ärztezeitung 2002; 83: Nr.12, 570 – 573
Maurach, Reinhart/ Gössel, Karl Heinz/ Zipf, Heinz: Strafrecht Allgemeiner Teil, Teilband 2, Erscheinungsformen des Verbrechens und Rechtsfolgen der Tat, 7. Auflage, Heidelberg 1988

Maurach, Reinhart/ Zipf, Heinz: Strafrecht Allgemeiner Teil, Teilband 1 Grundlehren des Strafrechts und Aufbau der Straftat, Ein Lehrbuch, 8. Auflage, Heidelberg 1992

Maurach, Reinhart/ Schroeder, Friedrich-Christian/ Maiwald, Manfred: Strafrecht – Besonderer Teil, Teilband 1 - Straftaten gegen Persönlichkeits- und Vermögenswerte, Lehrbuch, 9. Auflage, Heidelberg 2003

Maurach, Reinhart: Deutsches Strafrecht - Besonderer Teil -Ein Lehrbuch, 5. Auflage, Karlsruhe 1969

Merkel, Reinhard: Ärztliche Enstcheidungen über Leben und Tod in der Neonatalmedizin, JZ 1996, 1145 – 1155

Miebach, Klaus/ Sander Günter M.: Münchener Kommentar zum Strafgesetzbuch, Band 3, §§ 185 – 262 StGB, München 2003

Mitsch, Wolfgang: Grundfälle zu den Tötungsdelikten, JUS 1995, 888 – 892

Möllering, Jürgen: Schutz des Lebens - Recht auf Sterben, Zur rechtlichen Problematik der Euthanasie, Stuttgart 1977

Ozaki, Kyoichi: Denkweisen über Leben und Tod und aktive Euthanasie in Japan, Berliner medizinethische Schriften, Bd. 20, Dortmund 1997

Pieroth, Bodo/ Schlink, Bernhard: Grundrechte Staatsrecht II, 19. Auflage, Heidelberg 2003

Radtke, Peter: Warum unsere Gesellschaft Behinderte braucht, Universitas, Zeitschrift für interdisziplinäre Wissenschaft 7/94, Nr. 577, 641 – 650

Reimer, Christian: Suizid. Ergebnisse und Therapie, Berlin, Heidelberg, New York 1982

Reuter, Birgit: Die gesetzliche Regelung der aktiven ärztlichen Sterbehilfe des Königreichs der Niederlande – ein Modell für die Bundesrepublik Deutschland? 2. Auflage, Frankfurt am Main, Bern 2000

Rickmann, Sabine: Zur Wirksamkeit von Patiententestamenten im Bereich des Strafrechts, Dissertation; Frankfurt am Main, Bern, New York, Paris 1987

Roellecke, Gerd: Lebensschutz, „Schutz von Ehe und Familie“ und Abtreibung, JZ 1991, 1045 – 1050

Röver, Julia: Rechtsprechung Aktuell, Arztstrafrecht, MedR 2001, 307

Roxin, Claus: Anmerkung zu BGH, Urteil vom 05.07.1983 – 1 StR 168/ 83 -, NStZ 1984, (70) 71 - 73

Roxin, Claus: An der Grenze von Begehung und Unterlassung, 380 – 405 in: Festschrift für Karl Engisch, Frankfurt am Main 1969

Roxin, Claus: Die Mitwirkung beim Suizid – ein Tötungsdelikt?, 331 – 355 in: Festschrift für Eduard Dreher, Berlin, New York 1977, ders. NStZ 1984, 71

Roxin, Claus: Fahrlässige Tötung durch Nichtverhinderung einer Tötung auf Verlangen?, 399 – 403 in: Festschrift für Hans-Ludwig Schreiber, Heidelberg 2003

Roxin, Claus: Täterschaft und Tatherrschaft, 7. Auflage, Berlin, New York 2000
Rudolphi, Hans-Joachim/ Horn, Eckhardt/ Samson, Erich/ Günther, Hans-Ludwig/ Hoyer, Andreas/ Rogall, Klaus/ Stein, Ulrich/ Wolter, Jürgen/ Wolters, Gereon: Systematischer Kommentar zum Strafgesetzbuch, Besonderer Teil §§ 201 – 266 b, Band 2, München/Unterschleißheim 2003
Sachs, Michael: Grundgesetz – Kommentar, 3. Auflage, München 2003
Sachs, Michael: Die Pflicht zum Einsatz von Leben und Gesundheit in öffentlich-rechtlichen Dienstverhältnissen, BayVBl. 1983, 460 - 465
Saliger, Frank: Sterbehilfe mit staatlicher Genehmigung - OLG Frankfurt a.M., NJW 1998, 2747, JuS 1999, 16 - 21
Schenker, Tanja Anita: Exit Suizide in Basel, Dissertation, Basel 1999
Schirrmacher, Thomas: Abtreibung – Euthanasie – Bioethik - Konvention. Anregungen für die Lebensrechtbewegungen, Zeitschrift für Lebensrecht 1998, 22
Schmidt, Eberhard: Ärztliche Rechtskunde – Der Arzt im Strafrecht – Ärztliche Lebenserhaltungspflicht, in: Ponsold, Albert, Lehrbuch der Gerichtlichen Medizin – Einschließlich der ärztlichen Rechtskunde und der Versicherungsmedizin, 2. Auflage, Stuttgart 1957
Schmitt, Rudolf: Euthanasie aus der Sicht des Juristen, JZ 1979, 462 – 467
Schmitt, Rudolf: Ärztliche Entscheidungen zwischen Leben und Tod in strafrechtlicher Sicht, JZ 1985, 365 – 370
Schmitt, Rudolf: Strafrechtlicher Schutz des Opfers vor sich selbst?, 113 – 126 in: Festschrift für Reinhart Maurach, Karlsruhe 1972
Schoch, Friedrich: Grundfälle zum Polizei- und Ordnungsrecht, JuS 1994, 570 - 575
Schöch, Heinz: Beendigung lebenserhaltender Maßnahmen – Zugleich eine Besprechung der Sterbehilfeentscheidung des BGH vom 13.9.1994 -, NStZ 1995, 153 -156
Schönke, Adolf/ Schröder, Horst/ Lenckner, Theodor/ Eser, Albin/ Cramer, Peter/ Stree, Walter/ Heine, Günter/ Perron, Walter/ Sternberg-Lieben, Detlev: Strafgesetzbuch – Kommentar, 26. Auflage, München 2001
Schreibauer, Marcus: Strafrechtliche Risiken des Betreuers bei der Sterbehilfe und Suizidbeteiligung, BtPrax 1997, 217
Schreiber, Hans-Ludwig: Das Recht auf den eigenen Tod – zur gesetzlichen Neuregelung der Sterbehilfe, NStZ 1986, 337 – 345
Schreiber, Hans-Ludwig: Der ärztlich assistierte Suizid, in: Festschrift für Günther Jakobs, 2007 (bei Veröffentlichung lag Manuskript vor)
Schünemann, Bernd: Fahrlässige Tötung durch Abgabe von Rauschmitteln? – Besprechung des Urteils BGH, NStZ 1981, 350 –, NStZ 1982, 60 - 63
Schwabe, Jürgen: Der Schutz des Menschen vor sich selbst, JZ 1998, 66 – 75

Simson, Gerhard: Die Suizidtat – Eine vergleichende Betrachtung – München 1976
Simson, Gerhard: Ein Ja zur Sterbehilfe aus Barmherzigkeit, 89 – 110 in: Festsschrift für Erich Schwinge, Köln, Bonn 1973
Spann, Wolfgang: Das Patiententestament, MedR 1983, 13 - 16
Spickhoff, Andreas: Die Patientenautonomie am Lebensende: Ende der Patientenautonomie? Zur Feststellbarkeit und Durchsetzbarkeit des realen oder hypothetischen Willens des Patienten, NJW 2000, 2297 - 2304
Spöndlin, Ruedi: Exit im Altersheim, BioSkop Nr.13, März 2001, 6 - 7
Sternberg-Lieben, Detlev: Selbstbestimmtes Sterben: Patientenverfügung und gewillkürte Stellvertretung, 349 – 375 in: Festschrift für Theodor Lenckner, München 1998
Sternberg-Lieben, Detlev: Strafbarkeit des Arztes bei Verstoß gegen ein Patienten-Testament, NJW 1985, 2734 - 2739
Stratenwerth, Günter: Sterbehilfe, Schweizerische Zeitschrift für Strafrecht, 1978, 60 – 81
Taupitz, Jochen: Zivilrechtliche Regelungen zur Absicherung der Patientenautonomie am Ende des Lebens – eine internationale Dokumentation, Berlin 2000
Tröndle, Herbert/ Fischer, Thomas: Strafgesetzbuch und Nebengesetze, Kommentar, 52. Auflage, München 2004
Uhlenbruck, Wilhelm: Recht auf den eigenen Tod? – Strafrecht im Spannungsverhältnis zwischen Lebenserhaltungspflicht und Selbstbestimmung, ZRP 1986, 209 - 217
Uhlenbruck, Wilhelm: Brauchen wir in Deutschland ein Gesetz zur aktiven Sterbehilfe?, NJW 2001, 2770 – 2772
Verrel, Torsten: Selbstbestimmungsrecht contra Lebensschutz – Zur Sterbehilfeentscheidung des OLG Frankfurt vom 15.7.1998 – 20 W 224/98 -JZ 1996, 224 – 231
von Münch, Ingo/ Kunig, Philip: Grundgesetz – Kommentar Band 1, Präambel Art.1 – 19, 5. Auflage, München 2000
Vossler, Norbert: Bindungswirkung von Patientenverfügungen?, ZRP 2002, 295 – 298
Wachsmuth, Werner/ Schreiber, Hans-Ludwig: Sicherheit und Wahrscheinlichkeit - juristische und ärztliche Aspekte, NJW 1982, 2094 - 2098
Wassermann, Rudolf: Ein Kommentar zum deutschen Recht, Sterbehilfe und Strafrecht, 123 – 146, in: Hedeby, Berit, Ja zur Sterbehilfe Zug 1978
Wassermann, Rudolf: Das Recht auf den eigenen Tod, DRiZ 1986, 291 – 297
Wehkamp, Karl Heinz: Sterben und Töten. Euthanasie aus der Sicht deutscher Ärztinnen und Ärzte, Dortmund 1998

Weißauer, Walther/ Opderbecke, Wolfgang: Behandlungsabbruch bei unheilbarer Krankheit aus medikolegaler Sicht, Anmerkungen zum Urteil des 1. Strafsenats des BGH vom 13. September 1994 – 1 StR 357/194 -, MedR 1995, 72; MedR 1995, 456 – 462

Wernstedt, Thela/ Mohr Marcus/ Kettler D.: Sterbehilfe in Europa. Eine Bestandesaufnahme am Beispiel von zehn Ländern unter besonderer Berücksichtigung der Niederlande und Deutschlands, Anästhesiologie Intensivmedizin Notfallmedizin Schmerztherapie 2000; 35: 220 - 231

Wessels, Johannes/ Beulke, Werner: Strafrecht Allgemeiner Teil, Die Straftat und ihr Aufbau, 34. Auflage, Heidelberg 2004

Wessels, Johannes/ Hettinger, Michael: Strafrecht – Besonderer Teil/ 1, Straftaten gegen Persönlichkeits- und Gemeinschaftswerte, 28. Auflage, Heidelberg 2004

Wolfslast, Gabriele: Rechtliche Neuordnung der Tötung auf Verlangen?, 913 – 927, in: Festschrift für Hans-Ludwig Schreiber, Heidelberg 2003

Zimmermann, Mirjam: Geburtshilfe als Sterbehilfe. Zur Behandlungsentscheidung bei schwerstgeschädigten Neugeborenen und Frühgeborenen. Medizinisch-empirische, juristische, sozialpsychologische und philosophische Grundlagen, ethische Beurteilung und Folgerungen, unter besonderer Berücksichtigung der Infantizidthesen von Peter Singer und Helga Kuhse, Münster, Hamburg, London, 1997

II. Abkürzungsverzeichnis

Zur Erklärung der zusätzlich verwendeten Abkürzungen wird ergänzend auf das Abkürzungsverzeichnis der Rechtssprache von Hildebert Kirchner/ Cornelie Butz (5. Auflage, Berlin 2003) verwiesen.

aaO.	am angegebenen Ort
AE	Alternativentwurf
Anästhesist	Der Anaesthesist
Anästh. Intensivmed	Anaesthesiologie und Intensivmedizin
AWMF	Arbeitsgemeinschaft der Wissenschaftlichen Medizinischen Fachgesellschaften
BAK	Blutalkoholkonzentration
BÄK	Bundesärztekammer
BayVbl.	Bayerische Verwaltungsblätter
BtmG	Betäubungsmittelgesetz
BtPrax	Betreuungsrechtliche Praxis
ders.	derselbe
DGAI	Deutsche Gesellschaft für Anästhesiologie und Intensivmedizin
DGHS	Deutsche Gesellschaft für humanes Sterben
DGP	Deutsche Gesellschaft für Palliativmedizin
DÖV	Die öffentliche Verwaltung
Dt. Ärztebl.	Deutsches Ärzteblatt
etc.	et cetera
FAZ	Frankfurter Allgemeine Zeitung
Fn.	Fußnote
JA	Juristische Arbeitsblätter
JR	Juristische Rundschau
JURA	Juristische Ausbildung
JZ	Juristische Zeitung
LK	Leipziger Kommentar zum Strafgesetzbuch
MedR	Medizinrecht
MDR	Monatsschrift für Deutsches Recht
MünchKommStGB	Münchener Kommentar zum Strafgesetzbuch
m.w.N.	mit weiteren Nachweisen
NJW	Neue Juristische Wochenschrift
PEG	Perkutane endoskopische Gastrostomie
Rn.	Randnummer

SAMW	Schweizerische Akademie der Medizinischen Wissenschaften
Schw. Zeitschr.	Schweizerische Zeitschrift für Strafrecht
SGGG	Schweizerische Gesellschaft für Gynäkologie und Geburtshilfe
SGN	Schweizerische Gesellschaft für Neonatalogie
SGP	Schweizerische Gesellschaft für Pädiatrie
SK	Systematischer Kommentar zum Strafgesetzbuch
SSW	Schwangerschaftswochen
SUPPORT	Südniedersächsisches Projekt zur Qualitätssicherung der palliativmedizinisch orientierten Versorgung von Patienten mit Tumorschmerzen
Vorbem.	Vorbemerkung
ZEK	Zentrale Ethikkommissiion
ZStW	Zeitschrift für die gesamte Strafrechtswissenschaft

Die Reihe RECHT UND MEDIZIN wird von den Professoren Deutsch (Göttingen), Laufs (Heidelberg) und Schreiber (Göttingen) herausgegeben. Ihre Aufgabe ist es, Monographien und Dissertationen auf dem Gebiet des medizinischen Rechts zu veröffentlichen. Dieses Gebiet, das an Bedeutung noch zunehmen wird, umfaßt auf der juristischen Seite sowohl zivilrechtliche als auch straf- und öffentlich-rechtliche Fragestellungen. Die Fragen können von der juristischen oder von der medizinischen Seite aus untersucht werden. Übergreifendes Ziel ist es, den medizin-rechtlichen Fragen nicht etwa ein gängiges juristisches Denkschema überzuwerfen, sondern die besonderen Probleme der Regelung medizinischer Sachverhalte eigenständig aufzufassen und darzustellen.

Die Adressen der drei Herausgeber sind:

Prof. Dr. Dr. h.c. Erwin Deutsch (Zivilrecht und Rechtsvergleichung)
Höltystraße 8
37085 Göttingen

Prof. Dr. Dr. h.c. Adolf Laufs (Zivilrecht und Rechtsgeschichte)
Kohlackerweg 12
69151 Neckargemünd

Prof. Dr. Dr. h.c. Hans-Ludwig Schreiber (Strafrecht und Rechtstheorie)
Grazer Str. 14
30519 Hannover

RECHT UND MEDIZIN

Band 1 Erwin Deutsch: Das Recht der klinischen Forschung am Menschen. Zulässigkeit und Folgen der Versuche am Menschen, dargestellt im Vergleich zu dem amerikanischen Beispiel und den internationalen Regelungen. 1979.

Band 2 Thomas Carstens: Das Recht der Organtransplantation. Stand und Tendenzen des deutschen Rechts im Vergleich zu ausländischen Gesetzen. 1979.

Band 3 Moritz Linzbach: Informed Consent. Die Aufklärungspflicht des Arztes im amerikanischen und im deutschen Recht. 1980.

Band 4 Volker Henschel: Aufgabe und Tätigkeit der Schlichtungs- und Gutachterstellen für Arzthaftpflichtstreitigkeiten. 1980.

Band 5 Hans Lilie: Ärztliche Dokumentation und Informationsrechte des Patienten. Eine arztrechtliche Studie zum deutschen und amerikanischen Recht. 1980.

Band 6 Peter Mengert: Rechtsmedizinische Probleme in der Psychotherapie. 1981.

Band 7 Hazel G.S. Marinero: Arzneimittelhaftung in den USA und Deutschland. 1982.

Band 8 Wolfram Eberbach. Die zivilrechtliche Beurteilung der *Humanforschung*. 1982.

Band 9 Wolfgang Deuchler: Die Haftung des Arztes für die unerwünschte Geburt eines Kindes ("wrongful birth"). Eine rechtsvergleichende Darstellung des amerikanischen und deutschen Rechts. 1984.

Band 10 Hermann Schünemann: Die Rechte am menschlichen Körper. 1985.

Band 11 Joachim Sick: Beweisrecht im Arzthaftpflichtprozeß. 1986.

Band 12 Michael Pap: Extrakorporale Befruchtung und Embryotransfer aus arztrechtlicher Sicht; insbesondere: Der Schutz des werdenden Lebens in vitro. 1987.

Band 13 Sabine Rickmann: Zur Wirksamkeit von Patiententestamenten im Bereich des Strafrechts. 1987.

Band 14 Joachim Czwalinna: Ethik-Kommissionen - Forschungslegitimation durch Verfahren. 1987.

Band 15 Günter Schirmer: Status und Schutz des frühen Embryos bei der *In-vitro*-Fertilisation. Rechtslage und Diskussionsstand in Deutschland im Vergleich zu den Ländern des angloamerikanischen Rechtskreises. 1987.

Band 16 Sabine Dönicke: Strafrechtliche Aspekte der Katastrophenmedizin. 1987.

Band 17 Erwin Bernat: Rechtsfragen medizinisch assistierter Zeugung. 1989.

Band 18 Hartmut Schulz: Haftung für Infektionen. 1988.

Band 19 Herbert Harrer: Zivilrechtliche Haftung bei durchkreuzter Familienplanung. 1989.

Band 20 Reiner Füllmich: Der Tod im Krankenhaus und das Selbstbestimmungsrecht des Patienten. Über das Recht des nicht entscheidungsfähigen Patienten, künstlich lebensverlängernde Maßnahmen abzulehnen. 1990.

Band 21 Franziska Knothe: Staatshaftung bei der Zulassung von Arzneimitteln. 1990.

Band 22 Bettina Merz: Die medizinische, ethische und juristische Problematik artifizieller menschlicher Fortpflanzung. Artifizielle Insemination, In-vitro-Fertilisation mit Embryotransfer und die Forschung an frühen menschlichen Embryonen. 1991.

Band 23 Ferdinand van Oosten: The Doctrine of Informed Consent in Medical Law. 1991.

Band 24 Stephan Cramer: Genom- und Genanalyse. Rechtliche Implikationen einer "Prädiktiven Medizin". 1991.

Band 25 Knut Schulte: Das standesrechtliche Werbeverbot für Ärzte unter Berücksichtigung wettbewerbs- und kartellrechtlicher Bestimmungen. 1992.

Band 48 Bong-Seok Kang: Haftungsprobleme in der Gentechnologie. Zum sachgerechten Schadensausgleich. 2001.

Band 49 Heike Wachenhausen: Medizinische Versuche und klinische Prüfung an Einwilligungsunfähigen. 2001.

Band 50 Thomas Hasenbein: Einziehung privatärztlicher Honorarforderungen durch Inkassounternehmen. 2002.

Band 51 Oliver Nowak: Leitlinien in der Medizin. Eine haftungsrechtliche Betrachtung. 2002.

Band 52 Christina Herrig: Die Gewebetransplantation nach dem Transplantationsgesetz. Entnahme – Lagerung – Verwendung unter besonderer Berücksichtigung der Hornhauttransplantation. 2002.

Band 53 Matthias Nagel: Passive Euthanasie. Probleme beim Behandlungsabbruch bei Patienten mit apallischem Syndrom. 2002.

Band 54 Miriam Ina Saati: Früheuthanasie. 2002.

Band 55 Susanne Schneider: Rechtliche Aspekte der Präimplantations- und Präfertilisationsdiagnostik. 2002.

Band 56 Uta Oelert: Allokation von Organen in der Transplantationsmedizin. 2002.

Band 57 Jens Muschner: Die haftungsrechtliche Stellung ausländischer Patienten und Medizinalpersonen in Fällen sprachbedingter Mißverständnisse. 2002.

Band 58 Rüdiger Wolfrum / Peter-Tobias Stoll / Stephanie Franck: Die Gewährleistung freier Forschung an und mit Genen und das Interesse an der wirtschaftlichen Nutzung ihrer Ergebnisse. 2002.

Band 59 Frank Hiersche: Die rechtliche Position der Hebamme bei der Geburt. Vertikale oder horizontale Arbeitsteilung. 2003.

Band 60 Hartmut Schädlich: Grenzüberschreitende Telemedizin-Anwendungen: Ärztliche Berufserlaubnis und Internationales Arzthaftungsrecht. Eine vergleichende Darstellung des deutschen und US-amerikanischen Rechts. 2003.

Band 61 Stefanie Diettrich: Organentnahme und Rechtfertigung durch Notstand? Zugleich eine Untersuchung zum Konkurrenzverhältnis von speziellen Rechtfertigungsgründen und rechtfertigendem Notstand gem. § 34 StGB. 2003.

Band 62 Anne Elisabeth Stange: Gibt es psychiatrische Diagnostikansätze, um den Begriff der schweren anderen seelischen Abartigkeit in §§ 20, 21 StGB auszufüllen? 2003.

Band 63 Christiane Schief: Die Zulässigkeit postnataler prädiktiver Gentests. Die Biomedizin-Konvention des Europarats und die deutsche Rechtslage. 2003.

Band 64 Maike C. Erbsen: Praxisnetze und das Berufsrecht der Ärzte. Der Praxisverbund als neue Kooperationsform in der ärztlichen Berufsordnung. 2003.

Band 65 Markus Schreiber: Die gesetzliche Regelung der Lebendspende von Organen in der Bundesrepublik Deutschland. 2004.

Band 66 Thela Wernstedt: Sterbehilfe in Europa. 2002.

Band 67 Axel Thias: Möglichkeiten und Grenzen eines selbstbestimmten Sterbens durch Einschränkung und Abbruch medizinischer Behandlung. Eine Untersuchung aus straf- und betreuungsrechtlicher Perspektive unter besonderer Berücksichtigung der Problematik des apallischen Syndroms. 2004.

Band 68 Jutta Müller: Ärzte und Pflegende, die keine Organe spenden wollen. Transplantatmangel muss nicht sein. 2004.

Band 69 Ihna Link: Schwangerschaftsabbruch bei Minderjährigen. Eine vergleichende Untersuchung des deutschen und englischen Rechts. 2004.

Band 70 Susann Tiebe: Strafrechtlicher Patientenschutz. Die Bedeutung des Strafrechts für die individuellen Patientenrechte. 2005.

Band 71 Jörg Gstöttner: Der Schutz von Patientenrechten durch verfahrensmäßige und institutionelle Vorkehrungen sowie den Erlass einer Charta der Patientenrechte. 2005.

Band 72 Oliver Jürgens: Die Beschränkung der strafrechtlichen Haftung für ärztliche Behandlungsfehler. 2005.

Band 73 Stephanie Gropp: Schutzkonzepte des werdenden Lebens. 2005.

Band 74 Clemens Winter: Robotik in der Medizin. Eine strafrechtliche Untersuchung. 2005.

Band 75 Barbara Eck: Die Zulässigkeit medizinischer Forschung mit einwilligungsunfähigen Personen und ihre verfassungsrechtlichen Grenzen. Eine Untersuchung der Rechtslage in Deutschland und rechtsvergleichenden Elementen. 2005.

Band 76 Anastassios Kantianis: Palliativmedizin als Sterbebegleitung nach deutschem und griechischem Recht. 2005.

Band 77 Ulrike Morr: Zulässigkeit von Biobanken aus verfassungsrechtlicher Sicht. 2005.

Band 78 Nora Markus: Die Zulässigkeit der Sectio auf Wunsch. Eine medizinische, ethische und rechtliche Betrachtung. 2006.

Band 79 Michael Benedikt Nagel: Die ärztliche Behandlung Neugeborener – Früheuthanasie. 2006.

Band 80 Regina Leitner: Sterbehilfe im deutsch-spanischen Rechtsvergleich. 2006.

Band 81 Martin Berger:Embryonenschutz und Klonen beim Menschen – Neuartige Therapiekonzepte zwischen Ethik und Recht. Ansätze zur Entwicklung eines neuen Regelungsmodells für die Bundesrepublik Deutschland. 2007.

Band 82 Amelia Kuschel: Der ärztlich assistierte Suizid. Straftat oder Akt der Nächstenliebe? 2007.

Kolibri 360 GmbH
Ferdinand-Jühlke-Straße 7
99095 Erfurt, Deutschland
produktsicherheit@kolibri360.de

Druck:
CPI Druckdienstleistungen GmbH
im Auftrag der
Kolibri 360 GmbH
Ferdinand-Jühlke-Str. 7
99095 Erfurt